校企合作财经商贸专业系列丛书

互联网+创新型“十四五”精品教材

跨境电子商务运营

（微课版）

主　编　陈晓宁　赵　艳　郑　敏

副主编　张雪君　朱晓倩　唐智芳　张警之　曹益平

哈爾濱工程大學出版社
Harbin Engineering University Press

内 容 简 介

本书为项目任务式体例，系统介绍了跨境电子商务概述、跨境电子商务平台操作、跨境电子商务平台的选品、欧洲税务与品牌申请备案、跨境电子商务的产品上架、跨境电子商务的物流、跨境电子商务的营销推广、跨境电子商务平台账号的风险与安全。

本书可作为职业院校电子商务相关专业的教材，也可作为企业界人士阅读参考。

图书在版编目（CIP）数据

跨境电子商务运营 ： 微课版 / 陈晓宁，赵艳，郑敏主编. -- 哈尔滨 ： 哈尔滨工程大学出版社，2025. 1.

ISBN 978-7-5661-4613-7

Ⅰ. F713.365.1

中国国家版本馆 CIP 数据核字第 2024L0P100 号

跨境电子商务运营（微课版）

KUAJING DIANZI SHANGWU YUNYING（WEIKE BAN）

选题策划 张林峰

责任编辑 张林峰

出版发行 哈尔滨工程大学出版社

社　　址 哈尔滨市南岗区南通大街 145 号

邮政编码 150001

发行电话 0451-82519328

传　　真 0451-82519699

经　　销 新华书店

印　　刷 唐山唐文印刷有限公司

开　　本 787 mm×1 092 mm　1/16

印　　张 14

字　　数 358 千字

版　　次 2025 年 1 月第 1 版

印　　次 2025 年 1 月第 1 次印刷

书　　号 ISBN 978-7-5661-4613-7

定　　价 49.80 元

http://www.hrbeupress.com

E-mail:heupress@hrbeu.edu.cn

前　言

党的二十大报告指出，“坚持尊重劳动、尊重知识、尊重人才、尊重创造，实施更加积极、更加开放、更加有效的人才政策”“着力形成人才国际竞争的比较优势，加快建设国家战略人才力量”“深化人才发展体制机制改革……把各方面优秀人才集聚到党和人民事业中来”。

跨境电子商务运营是一种利用互联网技术和数字平台，以跨越国际边界的方式进行电子商务交易的商业模式。这一领域已经成为全球商业的重要组成部分，呈现令人瞩目的增长态势和巨大的商机。跨境电子商务运营代表着未来商业的方向，为企业提供了机会以进一步扩大其国际市场份额，也为个体及毕业生提供了更广阔的就业市场和更多的可能性机遇。

在全球数字化和全球化的时代，跨境电子商务已经成为商业的关键领域之一，值得各界深入研究和探索。为提高高等院校电商类专业学生的整体业务水平，提高其就业竞争力，编写跨境电子商务相关书籍和开设相关课程十分有必要。本书特色如下。

（1）通俗易懂，深入浅出。较生动形象地展示了相关知识点，为学生营造了一个直观的认知环境，便于理解。

（2）图文并茂，具有较强的可读性。本书设置了大量图片，学生可在欣赏美图陶冶情操中，轻松学得跨境电子商务运营知识。

（3）模块丰富，辅助理解。本书在每个项目均设置了学习目标、思政目标、拓展阅读等模块，这些模块既便于学生轻松学习，又能拓宽学生的知识面。

本书由陈晓宁（山东商务职业学院）、赵艳（重庆移通学院）、郑敏（南宁职业技术大学）担任主编；由张雪君、朱晓倩（合肥经济技术职业学院），唐智芳（广东酒店管理职业学院）、张警之（湖南科技职业学院）、曹益平（益阳职业技术学院）担任副主编。本书的相关资料和售后服务可扫封底微信二维码或登录 www.bjzzwh.com 下载获得。

编者在编写本书的过程中参考了大量资料，在此向相关人员表示感谢。由于编者水平有限，书中难免存在不足之处，恳请广大读者批评指正并提出宝贵意见。

编　者

目　录 CONTENTS

项目一

跨境电子商务概述

项目导读

随着全球化的加速和互联网技术的飞速发展，跨境电子商务已成为全球贸易的重要组成部分。它突破了传统贸易的地域限制，为消费者提供了更加丰富的商品选择和更加便捷的购物体验。同时，跨境电子商务也为商家开辟了新的销售渠道，有助于提升品牌知名度和市场份额。因此，深入了解和掌握跨境电子商务的运作模式和关键要素，对于企业和个人而言都具有重要意义。

同时，跨境电子商务的蓬勃发展也伴随着一系列挑战，其中知识产权保护与平台禁售政策的执行尤为突出。为确保平台运营的合法性和公正性，维护消费者权益和品牌形象，跨境电子商务平台必须制定并严格执行相应的知识产权保护与禁售政策。

学习目标

知识目标

1. 了解跨境电子商务的定义及运营模式。
2. 掌握国内外电子商务的发展现状。
3. 掌握知识产权的概念。
4. 了解知识产权对跨境电子商务的重要性。

技能目标

1. 掌握跨境电子商务的交易流程。
2. 分析总结当前全球主流电子商务市场的特点。
3. 熟练掌握全球速卖通禁限售规则。
4. 熟练掌握全球亚马逊禁限售规则。

素质目标

1. 提升学生对跨境电子商务的认知。
2. 增强学生对跨境电子商务的学习和研究意识，拓宽知识框架。
3. 提升学生对跨境电子商务平台规则的认知。
4. 增强学生对跨境电子商务平台规则深入了解的意识，为后面的学习打下基础。

思政目标

跨境电子商务作为一种新兴的国际贸易形式，以其便捷、高效、低成本的优势，得到了国内外消费者的广泛认可。在跨境电子商务发展过程中，国家通过政策引导、人才培养等途径，可以促进企业和个体树立正确的义利观，积极履行社会责任，为消费者提供优质、安全的商品和服务，从而也推动跨境电子商务行业的持续健康发展，为经济社会发展贡献正能量。

跨境电子商务平台规则涉及企业社会责任和消费者权益保护等方面的内容，通过了解跨境电子商务平台的规则，可以引导学生树立社会责任和诚信意识，培养具有国际视野、法治观念、创新能力、团队协作和社会责任感的跨境电子商务人才，为我国跨境电子商务事业的发展提供有力的人才保障。

任务一　跨境电子商务基础知识

任务描述

小苏一直梦想着将自己的手工艺品推向国际市场,但她对跨境电子商务知之甚少。这时，一位经常出差的商人马克，注意到了小苏的困惑。他走过来，微笑着问她是否需要帮助。小苏向马克解释了她的梦想和目前的困境。马克告诉她，他正好对跨境电子商务颇有了解，愿意分享一些基础知识。

任务分析

小苏想要将自己的手工艺品推向国际市场，需要了解目标市场的需求和偏好，确定哪些手工艺品在国际市场上受欢迎。马克可以分享他出差时对不同国家市场的观察和经验，帮助小苏识别潜在的市场机会。马克还为小苏提供了一些入门指导，推荐在线课程、书籍和研讨会，帮助小苏快速掌握必要的基础知识。通过本任务的学习，帮助学生了解跨境电子商务的特点和交易流程。

任务实施

跨境电子商务（cross border E-commerce）是指分属不同关境的交易主体，通过电子商务平台达成交易、进行支付结算，并通过跨境物流送达商品、完成交易的一种国际商业活动（图1-1）。

图 1-1　跨境电子商务广告图

一、电子商务

电子商务作为信息时代下的重要产物，凭借便利性、全球化、互动性强和成本低廉等特点，正在成为商业领域的重要趋势，同时改变着我们的商业生态和消费习惯。

（一）电子商务的定义

电子商务作为一种新型的商业运营模式，通常指的是在全球各地广泛的商业贸易活动中，通过互联网这一开放的网络环境，利用客户端/服务端应用方式，实现买卖双方在不进行面对面接触的情况下，进行多种商贸活动。这些活动包括但不限于消费者的网上购物、商户之间的网上交易、在线电子支付，以及与之相关的各种商务活动、交易活动、金融活动和综合服务活动，这些共同构成了电子商务的核心组成部分。

在我国，人们所熟知的电子商务是狭义的电子商务，仅仅是指利用互联网从事商务贸易活动。而广义的电子商务是指使用各种电子工具从事的商务贸易活动，这些工具包括但不仅限于电报、电话、广播、电视、传真、计算机、计算机网络、移动通信等。

电子商务平台是一个复杂的系统，它借助现代互联网基础环境，运用大量先进的信息技术，为互联网用户提供7×24小时不间断的服务。电子商务一方面可以打破时空的限制，使企业可以全方位地展示产品及服务，密切与用户的关系，加深对用户的了解，从而创造更大的价值；另一方面又能使企业减少库存和中间环节，降低交易费用，进而极大地降低商品零售成本。

经过20多年的发展，电子商务已经彻底改变了人们的生活。网络购物、移动支付这些现在看起来很平常的操作在以前都是人们难以想象的场景。当然，所有这一切还在不停地发展和演变，新型电子商务模式还如雨后春笋般不断地出现，有着无限的发展可能。

此外，电子商务的迅猛发展也为信息技术的不断创新提供了巨大的空间和场景，尤其是在大数据处理和海量用户并发访问方面，取得了一个又一个科技创新。

（二）电子商务的特点

作为互联网的产物，电子商务继承了互联网的便利、快捷、全球性等优势，又以此为基础发展出自有特性。相比于传统商务活动，电子商务具有经营成本低、中间环节少、交易更便捷等特点，总体概括为以下几点。

电子商务的特点

1. 便利性

传统商业模式需要有固定的地点和销售时段，而电子商务不受时间和空间的限制，通过网络操作，客户可以足不出户完成采购活动。电子商务所营造的虚拟市场、虚拟空间的存在形式，为商家和消费者带来了便利。

2. 节约成本

传统商务活动中店面租赁、硬件设施、店铺装修等项目都需要大量的资金支撑。而电子商务将传统的商务流程电子化、数字化，商家通过在线交易节约了店面费、水电费，同时也减少了买卖双方的时间成本。

3. 经营渠道多样

除了常见的电脑端（简称PC）渠道，随着移动智能的日益普及，移动电子商务的销售占比早已超过了PC渠道。另外，随着越来越多电子商务平台的加入，人们可选择的经营平台越发丰富，不仅可以进行商品零售，还能进行网络分销、代销，增加了商品流通的渠道。

4. 公平性

在线交易使得商家共享平台流量，解决开实体店过程中受到门面位置限制造成的市场萧条等问题，让市场竞争更加趋于公平。中小型企业在传统市场中竞争能力较差，很难打开市场，但在电子商务中，这些企业可能获得与大企业相近的资源，有利于减少竞争的不平等现象。

5. 交易环节少

电子商务改变了传统的空间概念，使消费者与商家直接交易，减少了中间商环节，汇总物流信息后进行统一配送，降低了人、财、物成本。例如有的厂家采用网上直销的策略，没有中间商赚差价，使消费者享有更低的价格、更好的质量和更快捷的服务，形成多方竞争优势。交易环节减少的受益人不仅是消费者，厂商也通过与消费者的直接沟通加速了对市场需求变化的了解，更加精准地掌握用户需求，从而实现商品的更新换代，以满足更多元的市场需求。

二、我国跨境电子商务的发展

我国跨境电子商务大约是从20世纪末开始发展的。

（一）我国跨境电子商务的发展历程

1999年阿里巴巴公司成立，拉开我国跨境电子商务发展的序幕。最初，阿里巴巴中国供应商只是互联网上的黄页，将中国企业的商品信息向全球客户展示，定位于企业对企业（Business-to-Business，B2B）大众贸易。买方通过阿里巴巴平台了解卖方的商品信息，然后双方在线下洽谈、成交，所以当时的大部分交易是在线下完成的。

2000年前后，少量国内卖家开始在eBay和Amazon等国外平台尝试跨境电子商务，但并没有形成规模。

2004年敦煌网在北京成立，区别于阿里巴巴中国供应商网上黄页的定位，敦煌网侧重于买卖双方在线完成交易，在敦煌网上发生的交易多数是小额B2B贸易（图1-2）。

图 1-2　敦煌网首页

2007年兰亭集势成立，它是整合国内供应链，以兰亭集势名义向国外销售商品的B2C平台。

2009年阿里巴巴全球速卖通成立，成立之初全球速卖通以企业对消费者（Business-to-Consumer，B2C）和消费者对消费者（Customer-to-Customer，C2C）为主要跨境贸易模式。随着全球速卖通的发展，很多国内电子商务卖家和传统外贸卖家逐渐加入到B2C跨境电子商务行业中；几年间，全球速卖通迅速赶超其他平台，成为国内卖家最集中的跨境电子商务平台。

2010—2014年，国内跨境电子商务卖家队伍迅速壮大，不少卖家同时入驻Amazon、eBay等各类电子商务平台。

2014年中国卖家开始入驻Wish平台。

2015年，国务院设立中国（杭州）跨境电子商务综合试验区；2016年，将天津、上海、重庆、合肥、郑州、广州、成都、大连、宁波、青岛、深圳、苏州共12个城市设为第二批跨境电子商务综合试验区；截至2018年，全国共设立35个跨境电子商务综合试验区。

2016年4月起，全球速卖通取消C2C贸易模式，仅限企业卖家入驻经营；2017年起，全球速卖通要求所有卖家销售的商品必须有注册商标。

2016年阿里巴巴收购东南亚电子商务平台Lazada，在东南亚与Shopee等平台展开竞争。

2017年“天猫出海”项目正式启动，将天猫平台上近20亿国货卖向全球，服务在海外生活的近1亿名华人。

从2018年至今，商务部等七部委设立“市场采购贸易试点”，进一步明确了跨境电子商务B2C出口的合规经营政策。

随着跨境电子商务的快速发展，相关配套政策也日益完善，为卖家提供了更加稳定和规范的营商环境。

中国跨境电子商务卖家在“双11”等大促中积累了团队协作、供应链管理和跨境物流等“卖全球”的基本功，成为未来中国参与国际零售市场竞争的重要力量。

面对全球化趋势，中国跨境电子商务企业积极拓展国际市场，与全球电子商务平台和物流企业建立合作关系，实现跨境贸易的便捷化、高效化。

未来，中国跨境电子商务将继续保持快速增长的态势，并在全球化进程中发挥越来越重要的作用。随着技术的不断进步和政策的持续优化，中国跨境电子商务行业将迎来更加广阔的发展前景。

（二）我国跨境电子商务的发展特点

我国跨境电子商务的发展表现出以下特点。

1. 迅猛增长

近年来，中国跨境电子商务展现出惊人的增长势头，迅速崛起为全球领先的跨境电子商务市场之一。在这一进程中，众多主流电子商务平台如阿里巴巴集团控股有限公司旗下的淘宝、天猫国际，以及北京京东世纪贸易有限公司旗下的京东全球购等发挥了不可或缺的引领作用，极大地推动了行业的迅猛增长。

2. 消费升级趋势明显

随着中国居民收入水平的持续提高，消费者对商品品质和多样性的需求也在不断升级。跨境电子商务作为连接国内外市场的桥梁，通过引进国外高品质商品，满足了消费者对特色、独特产品的追求，进一步推动了消费升级。

3. 政策支持力度加大

中国政府高度重视跨境电子商务的发展，通过出台一系列政策支持和贸易便利化措施，为跨境电子商务的发展提供了有力保障。这些政策不仅降低了进出口流程，还刺激了跨境电子商务的进一步发展，为行业的繁荣奠定了坚实基础。

4. 市场竞争日益激烈

中国跨境电子商务市场竞争日趋激烈，各大电子商务平台纷纷通过降低价格、提升服务质量、扩大商品种类等手段争夺市场份额。这种竞争态势使得消费者在选择上有更多的权利，同时也促使企业不断提升自身竞争力，以应对日益激烈的市场竞争。

5. 供应链升级与数字化转型

为了提高效率和降低成本，中国跨境电子商务积极推动供应链的升级和数字化转型。这包括物流体系的优化、仓储技术的更新以及数据分析等先进技术的应用。这些措施有助于更好地满足消费者的需求，提升购物体验，推动跨境电子商务行业的持续健康发展。

需要指出的是，跨境电子商务领域的发展是一个动态的过程，随着时间的推移，市场环境和竞争格局可能会发生变化。因此，在关注当前发展态势的同时，也需要关注最新的市场动态和政策变化，以更好地把握行业的发展趋势和机遇。

三、跨境电子商务的运营模式

跨境电子商务根据贸易模式可分为B2B模式、B2C模式、C2C模式、O2O（Online-to-Offline）模式、C2B（Customer-to-Business）模式。

（一）B2B模式

B2B模式的交易主体都是企业，即企业之间利用各种交易平台和互联网完成商务交易的过程。这些过程包括发布供求信息，订货及确认订货，支付，票据的签发、传送和接收，确定配送方案并监控配送过程等。

B2B模式的电子商务加速了企业间的业务往来。例如，某一企业想要进货，可以在网上将采购信息传给供应商，供应商根据该信息提供产品和配送服务。对需求企业来说，这种模式供应速度快，有利于提高工作效率，而供应商则可以根据需求随时调整库存情况，从而降低库存压力。

根据交易平台中涉及行业的不同，B2B电子商务模式分为垂直和水平两种模式。

1. 垂直B2B模式

垂直B2B模式是指在同一个行业或相近行业中某一企业与其上游供应商或者下游经销商之间进行商务活动的模式。例如，有的企业生产电脑，在网上与其主板供应商建立合作关系，双方发生的订购、发货等交易行为都是垂直B2B电子商务模式。

2. 水平B2B模式

水平B2B模式是指将各个行业相同或相近的交易活动汇集，统一发布到平台上，提供交易机会。例如，阿里巴巴的采购批发平台，汇集了各类零售行业的商品，是一个综合型的水平B2B平台。

（二）B2C模式

B2C模式是指企业与个人之间的电子商务，这种模式在生活中较为普遍，主要应用于传统零售的网络化。在B2C电子商务中，可以将网上供应方细化为综合商城、引擎导购型网站、百货商店、垂直网店、购物分享型网站。

1. 综合商城

跨境电子商务的综合商城是一个集商品展示、交易、支付、物流、售后等多功能于一体的电子商务平台，专为不同国家或地区的商家和消费者提供便捷的交易渠道。

跨境电子商务综合商城打破地域限制，允许消费者从全球范围内的商家购买商品，同时也为商家提供全球化的销售市场。商城上的商品种类繁多，涵盖了服装、鞋包、家居用品、电子产品等多个领域，满足了不同消费者的需求。由于供应链的优化和规模效应的发挥，商城上的商品价格相对传统渠道更具竞争力。

（1）主要功能

跨境电子商务综合商城的主要功能如下。

① 商品展示与搜索

商家可以在商城上展示自己的商品，包括商品的图片、描述、价格等信息，消费者则可以通过搜索功能快速找到所需商品。

② 支付功能

商城提供多种支付方式，如信用卡、PayPal、支付宝等，以满足不同消费者的支付需求，同时确保支付安全。

③ 物流功能

商城与国际物流公司合作，提供物流跟踪服务，消费者可以随时查看商品的配送状态，确保商品快速、安全地送达消费者手中。

④ 客户服务

商城提供在线客服服务，解答消费者的各种问题，处理退换货等问题，提供完善的售后服务。

（2）技术支持

跨境电子商务综合商城的技术支持如下。

① 多语言支持

由于商城是面向全球的，因此提供多语言支持，以便消费者可以用自己熟悉的语言进行购物。

② 货币转换

商城提供货币转换功能，将商品的价格转换为消费者所在地的货币，方便消费者比较价格。

③ 税收计算

商城提供税收计算功能，让消费者可以清楚地知道商品的价格中包含了多少税费。

（3）挑战与应对

跨境电子商务综合商城的挑战与应对如下。

① 货物清关与税费

跨境电子商务商城需要应对不同国家和地区的税收和海关规定，确保合规经营。

② 法律与文化差异

不同国家和地区的法律法规、文化差异可能对商城的运营和管理带来挑战，因此商家需要充分了解目标市场的相关政策和法规。

③ 安全与信任

商城需要建立完善的安全和信任机制，保障消费者和商家的权益，应对在线支付欺诈、订单问题等风险。

2. 引擎导购型网站

跨境电子商务环境中，引擎导购型网站占据举足轻重的地位。这类网站专注于提供商品搜索、比较、评价与推荐等功能，旨在引导消费者进行跨境购物活动。其显著特点在于轻运营策略，聚焦于平台引流和商品交易两大核心领域。

（1）主要功能

引擎导购型网站的主要功能如下。

① 商品搜索与比较

引擎导购型网站为消费者提供详尽的商品信息，便于搜索海外商品，并基于价格、品质等多个维度进行比较。

② 评价与推荐

引擎导购型网站基于消费者的购物历史、浏览行为和偏好，提供个性化的商品推荐，并展示其他消费者的购买评价，辅助消费者做出更明智的购物选择。

③ 咨询与推广

引擎导购型网站通过咨询推广、价格对照、用户返利、海外购物交流论坛等方式，吸引和积累用户。

（2）运营模式

引擎导购型网站的运营模式如下。

① 平台引流

引擎导购型网站运用海外购物交流论坛、价格对比工具、购物返现等多种策略，吸引用户访问和使用平台。

② 商品交易

引擎导购型网站的用户可通过平台直接与海外B2C电子商务或专业代购人员沟通，明确需求信息，完成商品的购买与支付流程。

（3）优势与价值

引擎导购型网站的优势与价值如下。

① 满足多样化需求

引擎导购型网站覆盖电子产品、时尚服饰、美妆护肤、家居用品等多个品类，满足消费者的多样化购物需求。

② 提供品质保障

引擎导购型网站对销售的商品实施严格的质量控制，确保消费者获得高品质的商品。

③ 提高购物效率

引擎导购型网站提供便捷的在线购物模式，让消费者无须出门即可购买到全球各地的商品。

④ 增强消费者信心

引擎导购型网站通过平台审核、评估等机制，有效保障消费者权益，提升消费者的购物信心。

（4）服务与支持

引擎导购型网站的服务与支持如下。

① 多语言支持

引擎导购型网站为满足不同国家和地区消费者的需求，平台提供多语言支持，促进消费者与商家之间的沟通与交流。

② 物流配送

引擎导购型网站提供跨境物流配送服务，确保商品能够迅速、安全、可靠地送达消费者手中。

③ 支付安全

引擎导购型网站支持多种支付方式，如信用卡、支付宝、微信等，为消费者提供安全、便捷的支付体验。

3. 百货商店

跨境电子商务百货商店指的是在不同国家或地区之间，通过互联网平台销售多种类别商品的商业实体。这些商店突破了地理限制，为消费者提供了全球范围内的商品选择。跨境电子商务的百货商店，作为全球化贸易的重要组成部分，通过电子商务平台为消费者提供来自世界各地的商品。

跨境电子商务百货商店可以面向全球市场，商家能够直接触及不同国家的消费者。汇集了各种商品类别，包括服装、家居用品、电子产品、美妆护肤等，满足消费者的多样化需求。提供多种国际支付方式和全球物流解决方案，确保交易的便捷性和商品的安全送达。提供丰富的商品信息、客户评价和价格比较，帮助消费者做出明智的购买决策。

跨境电子商务百货商店的市场规模持续扩大，全球跨境电子商务交易额逐年攀升。随着消费者对海外商品的需求增加，跨境电子商务百货商店的发展前景广阔。政策环境的不断优化和技术的进步将进一步推动跨境电子商务百货商店的发展。

4. 垂直网店

垂直网店是指专注于某一特定行业或产品品类的电子商务平台，它们为消费者提供专业化、差异化的购物体验。与传统综合性跨境电子商务平台相比，垂直网店更加专注于某一特定领域或品类，通过深入了解市场需求和消费者行为，提供更具针对性的产品选择、采购、销售和配送服务。

专业性垂直网店在运营过程中，对所售产品展现出深厚的理解，能够向消费者提供权威且精准的购物指导与优质服务。尽管其经营范围主要聚焦于某一特定领域，但通常在此领域内拥有多样化的产品系列，充分满足消费者个性化的需求。

在售后服务方面，垂直网店同样展现出极高的专业素养，能够为消费者提供特定领域内专业的技术支持和解决方案，有效解决消费者在产品使用过程中遇到的问题。

凭借其专注于特定领域的经营策略，垂直网店更易于吸引对该领域感兴趣的消费者，从而极大地提升了用户的忠诚度和黏性。

垂直网店的发展趋势如下。

（1）产业链实现深度融合

垂直网店致力于进一步整合产业链上下游资源，实现供应链、物流、金融等核心环节的深度融合，以此为基础，构建一个全面且协同的全产业链生态圈。

（2）个性化服务水平显著提升

为了满足用户日益增长的需求，平台将更加注重用户体验和个性化需求的满足。通过提供定制化、差异化的服务，平台将努力提升用户的满意度和忠诚度，为用户带来更加优质的消费体验。

（3）技术创新成为发展核心驱动力

平台将积极运用人工智能、大数据、物联网等先进技术，推动创新发展，不断提升平台的智能化、个性化服务水平。这些技术的应用将使得平台在激烈的市场竞争中保持领先地位。

（4）全球化布局步伐明显加快

在全球贸易格局不断变化的背景下，以及“一带一路”倡议的深入推进下，垂直网店将加速全球化布局，积极拓展国际市场。这将有助于平台实现更广泛的市场覆盖和更深入的国际合作。

5. 购物分享型网站

购物分享型网站作为一种融合了社交与购物功能的新型网购平台，借助互联网技术实现了对全球市场的深度覆盖，为消费者提供了跨越不同国家和地区的商品和服务购买途径。

购物分享型网站所构建的市场覆盖全球，消费者在此平台上能够轻松接触来自各国的供应商和买家，从而满足其多元化的购物需求。

此类网站所涵盖的商品种类极其丰富，从服装、食品、家居到电子产品等均有涉猎。更为重要的是，这些商品源于不同国家和地区，蕴含了各自独特的文化特质和消费习惯，为不同消费者提供了个性化的购物选择。

购物分享型网站提供了便捷的在线购物模式，消费者无须离家即可购买到世界各地的商品。同时，这些平台还支持多种支付方式，极大地提升了购物的便捷性。

这些平台具备强烈的国际化特色，不仅为中国商品打开了国际市场的大门，也为国外商品进入中国市场提供了有效途径。这种国际化的特性赋予了购物分享型网站更为广阔的市场前景和发展空间。

购物分享型网站的功能如下。

（1）物流配送功能

购物分享型网站平台拥有高效的物流配送系统，包括库存管理、物流跟踪、清关服务等，确保商品能够快速、准确地送达消费者手中。

（2）安全支付和交易保护

购物分享型网站提供安全支付和交易保护功能，确保供应商和买家交易的安全性，让消费者可以更加放心地进行购物。

（3）税务和海关事务处理

购物分享型网站通常提供税务和海关事务处理服务，帮助供应商和买家更好地处理国际贸易的相关手续，减少跨境贸易的风险。

（4）语言翻译功能

由于跨境电子商务购物分享型网站的消费者来自世界各地，因此这些平台通常提供多语言翻译功能，以便消费者能够方便地浏览和购买商品。

（5）营销推广功能

购物分享型网站还具备营销推广功能，如优惠券、积分、推荐奖励等，以吸引和留住消费者，提高平台的用户活跃度和购物体验。

（三）C2C模式

C2C模式，即个人与个人之间的电子商务，是一种极具创新性和活力的商业模式。在这种模式下，供求双方都是个人，通过网络平台进行交易，实现商品的买卖。C2C模式的核心在于其去中心化的特点，使得交易双方可以直接沟通，降低了交易成本，提高了交易效率。

C2C模式起源于互联网技术的快速发展和普及，它使得传统的零售业务得以网络化。在这个模式中，个人可以通过网络平台开设店铺，展示自己的商品，吸引潜在的买家。买家则可以在众多的店铺中挑选自己需要的商品，并通过网络平台进行支付和物流安排。

C2C模式不仅为消费者提供了更多的选择，也为卖家提供了更广阔的市场。通过网络平台，卖家可以扩大自己的销售渠道，提高商品的曝光率。同时，C2C模式也促进了个人创业和就业，为更多的人提供了创业的机会。然而，C2C模式也面临着一些挑战，如交易纠纷、商品质量不一等问题。因此，平台方需要建立完善的监管机制和信用评价体系，保障交易的公平和安全。

（四）O2O模式

O2O模式，即将互联网与线下商务完美融合的电子商务模式，已经成为现代商业发展的一个显著趋势。这种模式将互联网作为线下交易的前台，通过丰富的促销手段、吸引人的打折优惠、便捷的服务预订等方式，将线下商店的信息精准地推送给互联网用户，从而将这些潜在的消费者转化为实际的线下客户。简单来说，O2O模式就是线上吸引客户，线下提供实际体验服务的电子商务模式。

O2O模式的魅力在于其整合线上线下资源的优势。这种模式不仅为消费者提供了更加便捷、丰富的购物体验，同时也为商家开辟了新的营销渠道，提升了品牌的知名度和影响力。因此，O2O模式特别适用于那些需要到店消费的商品和服务，如餐饮、美容美发、打车等行业。可以说，O2O模式是电子商务发展到一定阶段的必然产物，也是未来商业发展的重要方向之一。

然而，O2O模式具有巨大的潜力和市场前景，但并非所有企业都能在这个领域取得成功。近年来，随着O2O行业的快速发展，许多企业纷纷涌入这个领域，试图通过模仿少数成功企业的模式来分得一杯羹。然而，这种盲目的模仿导致了许多企业服务的同质化，使得市场竞争变得异常激烈。

事实上，O2O行业并非简单地复制粘贴就能成功的。在这个领域，提供差异化服务才是关键。只有通过不断创新、提供独特的服务体验，才能从众多企业中脱颖而出，赢得消费者的青睐。例如，一些O2O企业通过引入智能化技术、提供个性化服务等方式，为消费者带来了全新的消费体验，从而赢得了市场的认可。

此外，对于O2O企业来说，建立良好的品牌形象和口碑也是至关重要的。只有通过提供优质的服务和产品，才能赢得消费者的信任和支持，从而建立起稳定的客户关系和品牌形象。

（五）C2B模式

C2B模式是一种电子商务模式，其核心理念在于将消费者的需求直接传递给生产企业，由企业根据这些需求进行定制化生产。这种模式的出现，彻底改变了传统的B2C模式，使得消费者能够更加主动地参与到产品的设计和生产过程中，从而获得更加符合自己需求的产品。

在C2B模式下，消费者不再是被动地接受企业所提供的产品，而是可以通过互联网平台，将自己的需求直接传达给生产企业。这些需求可以是关于产品的功能、设计、材质、价格等方面的要求。生产企业则根据这些需求，进行定制化生产，最终将符合消费者需求的产品交付到手。

C2B模式的运作过程中，互联网平台起到了至关重要的作用。通过互联网平台，消费者可以方便地表达自己的需求，并与生产企业进行沟通和交流。同时，互联网平台还能够将分散的消费需求聚集起来，形成一个集采订单，从而给生产企业带来更大的生产规模和更低的成本。

对于生产企业而言，C2B模式意味着企业需要根据消费者的需求进行定制化生产，这无疑增加了生产的复杂性和难度。但是，通过优化供应链各生产环节，企业可以降低商品成本，从而实现利润的最大化。这种利润更多是从节约成本中变相获得，而不是通过提高产品价格来获取。

C2B模式的优点在于，它能够满足消费者个性化、多样化的需求，提高了消费者的满意度和忠诚度。同时，通过聚集分散的消费需求，形成集采订单，可以降低生产企业的成本，提高生产效率和盈利能力。此外，C2B模式还能够促进企业与消费者之间的沟通和交流，增强企业的品牌影响力和市场竞争力。

然而，C2B模式也存在一些挑战和风险。首先，消费者需求的多样性和个性化要求企业具备强大的研发和生产能力，以满足不同消费者的需求。其次，互联网平台的信息安全和隐私保护问题也需要引起足够的重视。最后，C2B模式需要企业具备高效的供应链管理和物流配送能力，以确保产品的质量和交货期的准确性。

另外，根据跨境电子商务货物运输方式的不同，可将其业务模式划分为直邮模式、海外仓模式和第三方平台物流仓模式；根据跨境电子商务销售方式的不同，可将其业务模式划分为独立站销售模式和第三方电子商务平台销售模式。

四、跨境电子商务的参与主体

根据《中华人民共和国电子商务法》规定，电子商务是指通过互联网等信息网络销售产品或者提供服务的经营活动。电子商务经营者，是指通过互联网等信息网络从事销售产品或者提供服务的经营活动的自然人、法人和非法人组织，包括电子商务平台经营者、平台内经营者以及通过自建网站、其他网络服务销售产品或者提供服务的电子商务经营者。

跨境电子商务经营者，根据《关于实施支持跨境电子商务零售出口有关政策的意见》的规定，确定跨境电子商务经营主体分为三类：一是自建跨境电子商务销售平台的电子商务出口企业；二是利用第三方跨境电子商务平台开展电子商务出口的企业；三是为电子商务出口企业提供交易服务的跨境电子商务第三方平台。《关于跨境电子商务零售进出口产品有关监管事宜的公告》（海关总署公告2018年第194号）（以下简称194号文）进一步界定了跨境电子商务活动中承担境内法律责任的参与主体，即跨境电子商务企业、跨境电子商务企业境内代理人、跨境电子商务平台企业、支付企业、物流企业及境内（外）买家。

根据194号文，跨境电子商务活动中相关境内主体的具体含义如表1–1所示。

表 1–1 跨境电子商务活动中相关境内主体的具体含义

主体	含义
跨境电子商务企业	是指自境外向境内买家销售跨境电子商务零售进口商品的境外注册企业（不包括在海关特殊监管区域或保税物流中心内注册的企业），或者境内向境外买家销售跨境电子商务零售出口商品的企业，为商品的货权所有人
跨境电子商务企业境内代理人	是指开展跨境电子商务零售进口业务的境外注册企业所委托的境内代理企业，由其在海关办理备案，承担如实申报责任，依法接受相关部门监管，并承担民事责任
跨境电子商务平台企业	是指在境内取得市场主体资格，为交易双方（买家和跨境电子商务企业）提供网页空间、虚拟经营场所、交易规则、信息发布等服务，设立供交易双方独立开展交易活动的信息网络系统的经营者
支付企业	是指在境内取得市场主体资格，接受跨境电子商务平台企业或跨境电子商务企业境内代理人委托为其提供跨境电子商务零售进口支付服务的银行、非银行支付机构以及银联等
物流企业	是指在境内取得市场主体资格，接受跨境电子商务平台企业、跨境电子商务企业或其代理人委托为其提供跨境电子商务零售进出口物流服务的企业

根据194号文，跨境电子商务平台企业、物流企业、支付企业等参与跨境电子商务零售进口业务的企业，应当依据海关报关单位备案管理相关规定，向所在地海关办理备案；境外跨境电子商务企业应委托境内代理人向该代理人所在地海关办理备案。跨境电子商务企业、物流企业等参与跨境电子商务零售出口业务的企业，应当向所在地海关办理信息登记；如需办理报关业务，应向所在地海关办理备案。

五、跨境电子商务的交易流程

跨境电子商务交易的流程，主要是通过跨境电子商务平台来进行商品的约定交易和支付，然后通过跨境物流将商品送达消费者手中，从而完成整个交易过程。这个过程中，信息流、物流、资金流是相互关联、相互影响的。信息流是交易的基础，包括商品信息的发布、交易信息的传递、支付信息的确认等；物流是交易的关键，包括商品的仓储、运输、配送等；资金流是交易的保障，包括支付、结算等。这三者的顺畅运行，是跨境电子商务交易成功的保证。

跨境电子商务的交易流程通常包括以下几个主要步骤。

（一）注册与认证

消费者需要在跨境电子商务平台上进行注册，并提供必要的个人信息进行身份认证。商家也需要注册并认证其身份，包括公司信息、银行账户等。

（二）浏览与选择商品

消费者可以在跨境电子商务平台上浏览各类商品，并筛选出感兴趣的商品。商家需要选择适合目标市场的商品，并确保其符合国际贸易规则。

（三）下单

消费者确定购买商品后，会填写收货地址、联系方式等必要信息，然后提交订单。

（四）支付货款

消费者选择支付方式（如支付宝、信用卡等）并完成支付。跨境电子商务平台通常支持多种支付方式，以满足不同消费者的需求。

（五）商家发货

商家在收到订单和货款后，会进行商品打包并安排发货。发货后，商家会向消费者提供物流追踪信息，方便其查询包裹状态。

（六）物流配送与海关清关

物流公司负责将商品从商家仓库运送到消费者所在的国家或地区。在商品到达目标国家或地区时，需要经过海关检查，以确保商品符合当地的法规和质量标准。消费者可能需要提供必要的清关文件和证明材料，以协助海关完成清关手续。

（七）收货与验货

消费者收到商品后，应及时进行验货，确保商品的完整性和质量。如发现商品有问题，消费者可以与电子商务平台或物流公司联系，进行售后服务。

（八）售后服务

跨境电子商务平台通常提供售后服务，包括退款、换货、售后咨询等。商家需确保为消费者提供良好的售后服务，以维护品牌形象和客户满意度。

跨境电子商务交易不仅为消费者提供了更多的商品选择，也为商家提供了更广阔的市场。然而，由于涉及跨国交易，因此也面临着更多的挑战，如语言障碍、文化差异、法律法规的不同等。因此，跨境电子商务交易的发展，需要各国共同努力，完善相关法律法规，提高交易效率，保障消费者权益，以推动跨境电子商务交易的健康发展。

拓展阅读

跨境电子商务交易流程中的常见问题

跨境电子商务交易流程中常遇到的问题涉及多个方面，以下是主要的常见问题。

1.语言和文化障碍

由于跨境交易涉及不同国家和地区的消费者，语言和文化差异往往成为沟通的障碍。这可能导致交易双方对商品描述、服务要求、售后服务等产生误解，进而影响交易的顺利进行。

2.物流问题

跨境电子商务的物流问题主要包括运输时间较长、运费高昂、海关清关等。这些问题可能导致商品送达时间延迟，增加消费者的等待成本，甚至可能导致商品损坏或丢失。

3. 支付问题

由于不同国家和地区的支付习惯、支付安全标准存在差异，跨境支付问题也较为突出。例如，支付方式受限、支付风险增加、支付结算不便等，都可能导致交易失败或产生纠纷。

4. 法律法规问题

跨境电子商务涉及多个国家和地区的法律法规，包括税收、消费者权益保护、知识产权保护等方面。不同国家的法律法规差异可能导致跨境电子商务企业在经营过程中面临合规风险。

5. 产品合规问题

不同国家和地区对产品的标准、认证要求存在差异。如果跨境电子商务企业不了解目标市场的产品合规要求，可能会导致产品被退回、罚款或禁止销售等风险。

6. 售后服务问题

跨境电子商务的售后服务问题也较为复杂。由于涉及不同国家和地区的消费者，售后服务的沟通、处理方式和成本都可能面临挑战。如果售后服务不到位，可能会影响企业的声誉和客户关系。

在面对跨境电子商务领域的挑战时，企业应采取一系列正式且系统的措施来应对。

首先，为了加强交易双方的沟通效率，跨境电子商务企业应当积极加强多语言支持，并为员工提供全面的文化沟通培训，以确保在交易过程中能够准确理解并满足客户的需求。

其次，物流是跨境电子商务的核心环节之一。因此，优化物流解决方案、提升物流效率以及改善服务质量，对于跨境电子商务企业至关重要。通过引入先进的物流管理系统和技术手段，企业能够更高效地处理订单、降低运输成本，并为客户提供更加可靠和快速的配送服务。

再次，支付方式的多元化也是跨境电子商务企业需要重视的方面。通过提供多种支付方式，企业可以降低支付风险，提高支付的便捷性和安全性，从而增强客户对交易的信任度和满意度。

同时，深入了解目标市场的法律法规要求是企业合规经营的前提。跨境电子商务企业应当积极研究并遵守目标市场的相关法律法规，确保自身的经营行为合法合规，避免因违规操作而引发的法律纠纷和损失。

此外，产品合规管理也是跨境电子商务企业不可忽视的一环。企业应确保所销售的产品符合目标市场的标准和要求，避免出现因产品质量问题而导致的退货、投诉等负面情况。

最后，完善售后服务体系对于提升客户满意度和忠诚度具有重要意义。跨境电子商务企业应建立健全的售后服务机制，及时响应客户的问题和需求，提供优质的售后服务支持，以增强客户对企业的信任和忠诚度。

任务二　跨境电子商务知识产权规则

任务描述

小张经营着一家专卖特色手工艺品的在线商店。他的产品因其独特的设计和精湛的工艺受到了国内外买家的喜爱。然而，随着业务的扩展，小张遭遇了一个严峻的问题：他的竞争对手开始销售仿冒品，侵犯了他的知识产权。

任务分析

当发现此事件时，小张首先需要确认自己是否拥有这些陶瓷艺术品的知识产权，如设计专利、商标或版权。如果没有，他需要立即申请。同时收集所有能证明他原创设计和知识产权的文件，包括设计草图、创作日期证明、专利证书、商标注册等。然后向侵权卖家发出停止侵权的通知，明确指出他们侵犯了小张的知识产权，并要求他们立即停止销售侵权产品。通过本任务的学习，帮助学生了解知识产权侵权和知识产权保护的相关知识。

任务实施

知识产权是指智力创造成果：发明、文学和艺术作品以及商业中所用的标志、名称和图像。知识产权分为工业产权和著作权两大类。

工业产权包括专利、商标、工业品外观设计和地理标志。

著作权包括文学作品（如小说、诗歌和戏剧等）、电影、音乐、艺术作品（如绘图、绘画、摄影作品和雕塑等）以及建筑设计。与著作权相关的权利包括表演艺术者对其表演享有的权利、录音制品制作者对其录音制品享有的权利，以及广播组织对其广播和电视节目享有的权利。

在跨境电子商务活动中，知识产权已成为传递品牌信赖力的标识，买家主要通过专利、商标、著作权识别消费产品的信息、可靠度，并进行比较。在无法目睹货物的情况下，绝大多数买家只能通过知识产权辨别在万里之外的卖家的信誉和产品品质。

一、知识产权侵权

未经知识产权所有人的许可，使用其依法享有的知识产权，即为知识产权侵权。知识产权侵权行为包括但不限于三类，如表1-2所示。

表1-2　知识产权侵权行为包括但不限于三类

侵权行为	定义
商标侵权	未经商标权人许可，在商标权核定的同一种或类似的商品上使用与核准注册的商标相同或相近的商标的行为，以及其他法律规定的损害商标权人合法权益的行为

续表

侵权行为	定义
专利侵权	未经专利权人许可，以生产经营为目的，实施了依法受保护的有效专利的违法行为
著作权侵权	未经著作权人同意，又无法律上的依据，使用他人作品或行使著作权人专有权的行为，以及其他法律规定的损害著作权人合法权益的行为

知识产权保护受地域限制，大部分是采取先注册先保护原则，可防止品牌被抢注、技术被复制等情况，当前亚马逊等平台也对知识产权日益重视。下面就以亚马逊平台为例，详解跨境电子商务侵犯知识产权的常见风险及其防范和解决措施。

（一）商标侵权

商标权遭遇侵权主要有以下几种情形：销售侵犯注册商标专用权的产品；在相同或类似产品上使用与他人注册商标相同或者近似的商标；商标被注册为域名；商标被使用于企业名称等。在跨境电子商务行业中，跨境电子商务平台上商标权保护的问题最为突出，也最需要解决。

商标侵权行为的正式表述应侧重于明确侵权行为的具体表现和判定标准。在多个平台上，特别是以亚马逊为例，商标侵权的主要表现形式包括但不限于：上架产品时，未经授权在商品展示中直接使用或展示他人注册商标，从而导致与注册商标构成近似或产生混淆的视觉效果；在产品展示在线销售页面标题的关键词中，未经允许使用他人的文字商标；在产品本身或其外包装上擅自添加他人的文字商标或图形商标；以及在产品描述、使用说明书等文档中，未经许可引用或复制他人的文字商标。这些行为均被视为商标侵权行为，严重损害了商标持有人的合法权益。

知识产权是无形资产，可转让或授权，且因为有地域性，因此注册商标会有目标国。查询商标是否有被申请注册或是商品是否有专利，可在以下各国商标网查询。

世界知识产权组织：http://www.wipo.int/portal/en/。

美国商标查询：http://www.uspto.gov/patent。

欧盟商标查询：http://www.epo.org/。

日本商标查询：http://www.jpo.go.jp/。

德国商标查询：http://www.dpma.de/。

国家知识产权局商标局 中国商标网：https://sbj.cnipa.gov.cn/sbj/index.html?c=0。

澳大利亚商标查询：http://www.ipaustralia.gov.au/。

加拿大商标查询：https://www.ic.gc.ca/eic/site/icgc.nsf/eng/home。

英国商标查询：https://www.gov.uk/。

（二）专利侵权

专利侵权是指侵犯发明、实用新型和外观设计专利权。以生产经营为目的的生产、使用、销售、预销售、进口拥有专利的产品，都属于侵权行为。

在跨境电子商务中，涉及专利侵权的行为类型主要是销售专利产品或者使用其专利方法。通过跨境电子商务向国外出口的产品，针对不同的产品向国外申请专利，处理方案不一样，要区分是技术含量高的产品出口还是技术含量普遍的传统产品出口。若该产品属于技术含量较低的产品，则不需要申请专利；如果产品属于技术含量高的产品，则可以申请专利保护。

在此过程中，应注意对知识产权进行管理和维护。如果该产品是公司的重要专利产品，该产品的技术内容在同类产品中是创新的，且该产品具有可观的市场前景，则强烈建议企业申请国外专利，来保护自己的研究成果。例如，某科技公司，花费了数亿元研究了一个产品，如果没有专利保护，别人抄袭他的技术后，可以打造自己的品牌，而有了专利后，别人则需要付专利费。

因为商标和专利的保护范围不同，注册自己的商标品牌可以有效防止跟卖，保护自建商品信息,增加商品信息可信度，使自己的商品信息能被更精准地搜索,防止他人篡改商品信息里面的内容，既能保持自己的利润空间，也能有效制止同品类企业侵权，在保护自身商业利润的同时保护公司的无形资产。与商标品牌不同，专利保护的是这个产品本身的创新设计，专利一般分为发明专利、外观专利和实用新型专利（仅中国以及日本等部分国家有）。

申请专利需要具备新颖性、创造性和实用性。只要是对产品的形状、图案或者其结合色彩与形状、图案所做出的富有美感并适用于工业应用的新设计，如手机、手表、电视、电脑、茶壶、汽车等，只要符合上述条件，都可以申请外观设计专利。

外观设计的载体必须是产品，不能重复生产的手工艺品、农产品、畜产品、自然物不能作为外观设计的载体，也就是说这些非产品的载体不能申请外观设计专利。

平台上其他卖家不是以商标的名义投诉，而是以这个产品包装的外观设计专利向平台提出异议，这样即使卖家拥有了产品商标，也同样有可能会被亚马逊平台判定侵权。所以，想要对知识产权进行完备的保护，不能只在一个领域上注册或申请，要进行知识产权的整体保护，制定相关战略。很多亚马逊卖家为了更有效全面地保护产品销售权益，符合条件的产品一般都会同时申请产品商标和外观设计专利。

拓展阅读

知识产权违规案例

指尖猴玩具曾有一段时间成为畅销商品，很多卖家都发布了类似的玩具，且有不错的销量。指尖猴商品专利属于玩具企业 WowWee，其外观可爱，萌趣十足（图 1–3）。如果是商品外观与图 1–3 所示的猴子外观相似，就侵犯了外观专利。在商品包装或商品页标题、介绍、图片等地方出现“WowWee”“FINGERLINGS”或商标图形（图1-4），就是商标侵权。

图 1-3　指尖猴

图 1-4　指尖猴商标

（三）著作权侵权

著作权侵权包括盗图、盗用视频、文字作品侵权以及其他著作权侵权情形。著作权是唯一的一个创作完成后就自动在全球获得保护的知识产权。在跨境电子商务中，著作权保护的是图案本身，无论图案用在什么地方，一旦登记成功就终身受保护，并且是绝对权利。

拓展阅读

全球速卖通平台对知识产权违规行为的处罚

全球速卖通平台对知识产权违规行为的处罚如表1-3所示。

表 1-3　全球速卖通平台对知识产权违规行为的处罚

侵权行为	定义	处罚规则
商标侵权	严重违规：未经商标权人许可，在同一种商品上使用与其注册商标相同或相似的商标	三次违规关闭账号
	一般违规：其他未经商标权人许可，使用他人商标的情况	• 首次违规扣 0 分； • 其后每次重复违规扣 6 分； • 累计达 48 分关闭账号
专利侵权	严重违规：未经专利权人许可，复制其作品并进行发布或销售，包括图书、电子书、音像制品或软件等	三次违规关闭账号
专利侵权	一般违规：其他未经专利权人许可，使用他人专利权的情况	• 首次违规扣 0 分； • 其后每次重复违规扣 6 分； • 累计达 48 分关闭账号
著作权侵权	外观专利、实用新型专利、发明专利的侵权情况（一般违规或严重违规的判定视个案而定）	• 首次违规扣 0 分； • 其后每次重复违规扣 6 分； • 累计达 48 分关闭账号； • 严重违规时，三次违规关闭账号

二、知识产权保护

从事跨境电子商务行业要特别注意知识产权，侵犯知识产权会造成资金损失、店铺评分下降。卖家很难了解全球所有的品牌和设计，为了避免在不知情的情况下触犯知识产权，建议有条件的卖家注册自己的品牌，开发自有商品，上传自己拍摄的商品图片。

（一）跨境电子商务知识产权保护面临的问题

跨境电子商务在知识产权保护领域面临的挑战主要如下。

1. 知识产权意识普遍不足

首先，买家在辨别产品真伪时能力有限，对境外产品持有较高的信任度，且对高品质境外产品的需求量大，然而，这些境外产品同样存在侵犯知识产权的风险。其次，卖家在知识产权保护方面的观念较为淡薄，普遍缺乏尊重他人知识产权以及维护自身合法权益的意识和能力。

2. 海关对侵权行为的认定面临挑战

跨境电子商务作为一种新兴的业务形态，其特点在于境内境外环境均十分复杂。一方面，境外产品来源多样化，进货渠道繁多；另一方面，境内收货渠道同样复杂，且多为个人消费，缺乏规律性。这些特点使得知识产权的确权过程变得困难，确权的数量增加，难度也相应增大。

3. 侵权责任划分存在困难

跨境电子商务涉及多个主体，包括境内外电子商务平台、卖家、支付机构、报关企业、仓储企业和物流企业等。此外，电子商务平台还可细分为自营型电子商务平台与第三方电子商务平台，使得整个生态系统变得多元化、复杂化。因此，从一般的电子商务到跨境电子商务的知识产权保护责任划分问题一直存在争议，责任难以明确划分。

4. 国际（地区间）争端解决困难

在探讨国际（地区间）争端解决的困难时，首先，面临的挑战是司法管辖权的认定问题。鉴于跨境电子商务的参与者遍布不同国家或地区，几乎每一次在线交易都涉及跨国界活动，导致侵权行为发生的具体地点和确切范围难以精确界定，从而使得司法管辖区域的界限变得模糊且难以确定。

其次，立法差异显著亦是一个显著障碍。在跨境电子商务领域，目前尚未有国际组织的统一立法指导，各国（地区）基于各自的实际情况和需求，制定了不同的法律标准。特别是在知识产权保护方面，我国的相关立法仍存在诸多分歧和差异。

最后，维权难度的增加也是不容忽视的问题。跨境电子商务涉及众多中小电子商务企业乃至个人卖家，部分卖家对境外法律法规的了解不足，同时跨国（地区）的诉讼费用高昂，这些因素共同导致了在出现侵权问题时，维权过程变得异常困难。

（二）跨境卖家容易遇到的几种侵权行为及规避方法

为有效规避侵权行为，卖家应首先进行详尽的产品侵权信息检索，识别并定位潜在侵权的商品，随后对涉及侵权的产品信息进行修正，以确保合规性并降低潜在风险。针对跨境卖家在运营过程中可能遭遇的侵权行为，特提出以下建议。

1. 避免滥用商标名称

直接采用知名大品牌的商标名称，可能导致侵权投诉，进而承担高额的赔偿责任。未经充分查询，擅自使用与已注册品牌高度相似的名称，可能侵犯他人商标权，导致商品链接被下架，甚至店铺被封禁。

建议措施：跨境电子商务品牌化是大势所趋，各大平台对于打假的力度亦将日益增强。因此，卖家应摒弃投机取巧的心态，避免使用大品牌名称，而是选择建立并推广自有品牌，积累品牌信誉。在使用 任何品牌名称前，建议咨询专业代理机构，进行商标查询并注册保护，以防范无意中侵犯他人商标权的风险。

2. 品牌注册类目与保护产品不匹配

尼斯分类系统共包含45个明确的类目，例如灯具归为第11类，而服装则归类于第25类。

假设某公司在日本注册了与电竞产品相关的鼠标、键盘、耳机、散热器等，并选择了第9类类目进行注册。然而，如果该公司后期延伸开发了电竞椅子，但并未追加申请第20类类目进行保护，那么这将可能引发较大的法律风险和市场隐患。

为了有效应对此类情况，建议该公司采取以下措施：首先，应全面检测品牌注册时所选择的小类是否已充分涵盖并保护了所有销售的产品。若存在遗漏，应立即追加申请相应的类目保护。其次，若公司有开发新产品的计划，应第一时间与代理机构取得联系，查询新产品所属的正确类目，并追加申请，以确保品牌布局的完整性和安全性。

3. 品牌注册地域（国家）与使用地域（国家）不匹配

品牌正式注册于美国，对于销往欧盟国家的产品，也直接沿用该美国品牌。然而，值得注意的是，欧盟站点在收到关于品牌授权的询问时，需明确美国商标并不具备为欧盟地区销售产品提供品牌授权的效力。这一状况源于商标注册及其保护机制的地域性特性。

为了确保品牌在各国家（地域）的合法性与合规性，建议采取以下措施：产品在销售前，应针对目标国家（地域）进行商标的注册。这样可以有效保障品牌权益，避免潜在的法律风险，并提升品牌在目标市场的认可度和信任度。

（三）侵权投诉的应对

在知识产权侵权行为发生时，权利人有权向电子商务平台正式提出投诉，要求侵权者立即下架涉嫌侵权的商品，并可能通过法律途径，申请法院对侵权者的资金进行冻结。此外，权利人还有权向侵权者发出律师函，明确提出赔偿要求。

若卖家收到此类侵权投诉，并确认自身行为确实构成侵权，应立即停止侵权行为，并积极与权利人协商，寻求和解。然而，若卖家认为自身行为并未构成侵权，则应积极准备并提供非侵权证明，以证明其行为的合法性。

任务三　主流跨境电子商务平台禁限售规则

任务描述

李某是一位跨境电子商务卖家，他在一个国际知名的跨境电子商务平台上销售各种商品。由于对国际法规了解不足，李某在平台上上架了一些含有濒危动植物成分的保健品。这些产品在李某的国家是合法的，但在许多其他国家，特别是欧盟和北美，销售含有濒危动植物成分的产品是被严格禁止的。

任务分析

李某在进行售卖之前需要了解跨境电子商务相关的法律法规，特别是关于产品进口、标签、备案等方面的要求。确保所有进口产品都符合各国的法律法规，包括但不限于化妆品的备案和标签要求。通过本任务的学习，帮助学生了解全球速卖通和亚马逊的禁限售规则。

任务实施

禁售商品指涉嫌违法、违背社会道德或违反销售国规定的商品。限售商品在销售之前需取得商品销售的前置审批、凭证经营或授权经营等许可证明，否则不允许发布。

一、全球速卖通禁限售规则

全球速卖通禁限售商品共有18个大类，具体的禁售、限售商品列表参见《全球速卖通禁限售商品目录》。总的来说，全球速卖通限售规则的一个重要方面是对禁止销售的产品进行限制。这些产品包括危险品、违禁品和侵权商品等。危险品指的是那些可能对人体健康和安全造成威胁的物品，如化学品、火药和易燃物等。违禁品则是指违反国家法律法规的产品，如毒品、仿制药和盗版商品等。而侵权商品则是指侵犯他人知识产权的产品，如盗版软件、仿冒品和盗版音像制品等。这些限制主要是为了保护消费者的权益和维护市场的秩序。

全球速卖通还对一些特定类别的产品设置了限售规则，这些类别包括医疗器械、食品和保健品等。医疗器械属于特殊的商品，需要经过严格的监管和审批，以确保其安全和有效性。因此，全球速卖通对医疗器械的销售进行了限制，只有持有相关资质和证书的商家才能销售。食品和保健品也是敏感的产品类别，涉及人们的健康和安全，因此需要进行严格的监管和合规要求。

除了对具体产品进行限制外，全球速卖通还对商家的行为进行了规范。例如，全球速卖通禁止商家进行虚假宣传和误导消费者的行为。商家必须提供真实、准确的商品信息，并遵守平台的规则和政策。此外，全球速卖通还规定了商家的售后服务要求，包括退换货政策和纠纷解决机制等。这些规定旨在保护消费者的权益，提高购物体验。

限售规则的制定和执行对于全球速卖通来说具有重要意义。首先，限售规则可以提高交易的安全性。通过限制禁售产品和规范商家行为，可以减少假冒伪劣商品的流通和交易纠纷的发生。其次，限售规则可以保护消费者的权益。在购物过程中，消费者往往处于弱势地位，容易受到不法商家的欺诈和侵害。通过限售规则，全球速卖通可以加强对商家的监管，保障消费者的合法权益。此外，限售规则还可以维护市场秩序，促进良性竞争。通过规范商家行为和限制不良产品的销售，可以营造一个公平、透明的市场环境，促进商家的诚信经营和取得消费者的信任。

全球速卖通禁限售积分处罚和店铺处罚如表1-4所示。

表 1-4　全球速卖通禁限售积分处罚和店铺处罚

处罚依据	行为类型	积分处罚	店铺处罚
《禁限售规则》	发布禁限售商品	严重违规：48 分 / 次（关闭账号）	退回 / 删除违规信息。若查到订单中涉及禁限售商品，全球速卖通会关闭订单。如买家已付款，则无论物流状况如何，均全额退款给买家，卖家承担全部责任
		一般违规：0.5 ～ 6 分 / 次（1 天内累计不超过 12 分）	

全球速卖通根据违规积分的等级制定了公平的处罚标准，分数按行为年累计计算。禁限售违规和知识产权一般侵权将累计积分，积分累积到一定分值，将执行账号处罚。

二、亚马逊禁限售规则

亚马逊针对不同国家站点有不同的禁限售规则，下面以美国站点为例进行介绍。

亚马逊美国站点的禁限售规则严格而全面，旨在保护消费者权益，维护市场公平竞争。除了禁止销售不安全、处方药品和违反法律、侵犯知识产权等商品外，还有一些特定的商品在美国站点也是被严格限制的。

首先，亚马逊美国站点严禁销售任何形式的枪支、弹药及其配件。这不仅是出于公共安全的考虑，也是遵守美国相关法律的必要举措。任何试图在亚马逊平台上销售此类商品的卖家，都将面临严厉的处罚，包括但不限于账户封禁、法律诉讼等。

其次，涉及酒精类商品的销售也受到严格限制。在美国，酒类商品的销售需要遵守各州的法律法规，而亚马逊平台并不具备在所有州销售酒类商品的资质。因此，卖家在发布酒类商品前，必须确保自己具备合法的销售资格，并遵守相关法律规定。否则，商品将被亚马逊平台下架，并可能面临其他法律后果。

此外，亚马逊美国站点还对一些特殊类别的商品进行了限制，如烟草制品、成人用品等。这些商品往往涉及道德、伦理等方面的争议，因此亚马逊平台在销售这些商品时采取了谨慎的态度。卖家在发布这些商品前，必须确保自己具备合法的销售资格，并遵守相关法律规定。同时，亚马逊平台也会对这些商品的描述、图片等进行严格审核，以确保商品信息的准确性和合规性。

最后，亚马逊美国站点还对一些具有潜在危险性的商品进行了限制，例如易燃易爆物品、化学品等。这些商品如果处理不当，可能会给消费者带来严重的伤害或损失。因此，亚马逊平台在销售这些商品时采取了更加严格的管理措施，包括加强商品质量检查、限制销售数量等。卖家在发布这些商品前，必须确保自己具备专业的知识和经验，并能够确保商品的安全性。

任务四 国际电子商务市场与电子商务平台

任务描述

小李是一位充满激情的年轻企业家，他一直梦想着将自己的产品推向全球市场。随着互联网的普及和电子商务的蓬勃发展，他看到了一个巨大的商机。然而，小李对不同国家的电子商务市场知之甚少，这让他感到既兴奋又迷茫。他决定开始一段探索之旅，以了解全球电子商务的格局，并为自己的跨境电子商务之路铺平道路。

任务分析

了解全球的电子商务格局就要从各国对于跨境电子商务的规则、规定开始了解，同时还要了解目前主流的跨境电子商务平台和它们的运营模式。通过本任务的学习，帮助学生了解各个国家的电子商务市场和发展趋势。

任务实施

一、国际电子商务市场

国际电子商务市场在过去几年里经历了显著的增长，根据最新的数据显示，2024年全球电子商务市场预计将达到51 400亿美元，自2019年以来每年增长15%。预计到2028年，全球电子商务市场的增长速度将超过全球零售增长率，电子商务占全球零售总额的比例将接近20%。

（一）亚洲电子商务市场

亚洲电子商务市场正在以惊人的速度增长，尤其是中国、日本、韩国、印度和印尼等国家。这些国家的电子商务市场已经取得了显著的成果，成为了全球电子商务的重要组成部分。

中国的电子商务市场尤为突出，其在线零售总额接近2.2万亿美元，占据了全球电子商务市场的很大份额。同时，亚洲其他国家如日本、韩国、印度和印尼等也在不断发展壮大，这些国家的消费者正在越来越多地参与到电子商务的购物和交易中来。

1. 特点

亚洲电子商务市场的特点如下。

（1）市场规模庞大

亚洲地区人口众多，拥有庞大的消费者群体和不断增长的购买力，这为电子商务市场提供了巨大的发展空间。

（2）消费者需求多样化

由于亚洲各国的文化、历史和经济差异，消费者对价格、品质、品牌和个性化产品有不同的偏好，这使得亚洲电子商务市场具有多样化和差异化的特点。

（3）社交媒体和移动购物普及

在亚洲地区，社交媒体和移动购物的普及程度很高，这为电子商务企业提供了更多的营销和销售渠道。

（4）跨境电子商务发展迅速

随着亚洲各国之间的贸易往来日益频繁，跨境电子商务也成为了电子商务市场的重要组成部分。许多亚洲企业开始通过跨境电子商务平台向其他国家销售商品，以拓展海外市场。

2. 发展趋势

亚洲电子商务市场的发展趋势如下。

（1）数字化和智能化

未来，亚洲电子商务市场将继续向数字化和智能化方向发展。随着人工智能、大数据、云计算等技术的不断发展，电子商务企业将能够更好地满足消费者的需求，提供更加个性化和智能化的购物体验。

（2）直播电子商务和社交电子商务

直播电子商务和社交电子商务将继续在亚洲电子商务市场中占据重要地位。这些新兴的电子商务形式通过直播和社交媒体平台为消费者提供更加直观、生动的购物体验，同时也为电子商务企业提供了更多的营销和销售渠道。

（3）跨境电子商务和全球化

随着亚洲各国之间的贸易往来日益频繁，跨境电子商务和全球化也将成为未来电子商务市场的重要趋势。许多亚洲企业将继续通过跨境电子商务平台向其他国家销售商品，以拓展海外市场，实现全球化经营。

（4）绿色电子商务和可持续发展

未来，亚洲电子商务市场也将更加注重绿色电子商务和可持续发展。随着环保意识的不断提高，越来越多的消费者开始关注商品的环保性和可持续性。因此，电子商务企业需要积极推广绿色电子商务理念，采用环保包装、节能减排等措施，以实现可持续发展。

（二）美洲电子商务市场

美洲电子商务市场主要包括北美、南美和中美地区，其中北美以美国和加拿大为主，南美则以巴西、阿根廷等国家为代表。近年来，随着互联网技术的普及和消费者购物习惯的改变，电子商务在美洲地区得到了快速发展。

美洲电子商务市场规模持续扩大，其中北美市场占据主导地位，南美市场增速较快。美洲地区拥有庞大的互联网用户群体，为电子商务市场提供了广阔的发展空间。同时，随着智能手机和移动互联网的普及，移动电子商务用户规模也在快速增长。

美洲电子商务市场涵盖了广泛的商品类别，包括电子产品、服装鞋帽、家居用品、美妆个护等。其中，电子产品和时尚服饰是较为热门的商品类别。

1. 美洲电子商务市场的特点

美洲电子商务市场的特点如下。

（1）市场竞争激烈

美洲电子商务市场竞争激烈，各大电子商务平台纷纷加大投入，提升服务质量，以吸引更多消费者。

（2）跨境交易活跃

美洲地区跨境电子商务交易活跃，消费者对于海外商品的需求日益增长。同时，各国政府也在积极推动跨境电子商务的发展。

（3）物流配送体系完善

美洲地区物流配送体系相对完善，能够支持快速、准确的商品配送服务。

2. 美洲电子商务市场的发展趋势

美洲电子商务市场的发展趋势如下。

（1）市场规模持续扩大

随着互联网技术的不断发展及消费者购物习惯的改变，美洲电子商务市场规模将持续扩大。

（2）跨境电子商务持续增长

跨境电子商务将成为美洲电子商务市场的重要增长点，各国政府和企业将继续加大投入，推动跨境电子商务的发展。

（3）个性化、定制化服务兴起

随着消费者对购物体验的需求不断提升，个性化、定制化服务将成为美洲电子商务市场的重要趋势。电子商务平台将更加注重消费者需求，提供更加精准的商品推荐和定制化服务。

（4）绿色环保成为新趋势

在环保意识日益增强的背景下，绿色环保将成为美洲电子商务市场的新趋势。电子商务平台将更加注重环保理念，推广绿色商品和服务，引导消费者形成绿色消费习惯。

（三）欧洲电子商务市场

欧洲电子商务市场目前正处于稳步增长的阶段。随着互联网的普及和消费者购物习惯的改变，越来越多的消费者选择在线购物。根据最新的研究报告，欧洲电子商务市场在过去几年中持续增长，预计在未来几年内将继续保持这一趋势。

1. 欧洲电子商务市场的特点

欧洲电子商务市场的特点如下。

（1）市场规模大

欧洲是全球最大的电子商务市场之一，拥有庞大的消费者群体和丰富的商品种类。

（2）消费者需求多样

欧洲消费者对于商品的需求非常多样化，包括时尚、健康、科技等多个领域。这也为电子商务平台提供了广阔的发展空间。

（3）竞争激烈

欧洲电子商务市场竞争激烈，各大电子商务平台纷纷加大投入，提升服务质量，以吸引更多的消费者。

（4）跨境电子商务增长迅速

随着全球化的推进和跨境电子商务平台的崛起，越来越多的欧洲消费者开始从国外购买商品，跨境电子商务市场增长迅速。

2. 欧洲电子商务市场的发展趋势

欧洲电子商务市场的发展趋势如下。

（1）个性化购物体验

随着消费者对于购物体验的要求不断提高，电子商务平台将更加注重个性化服务，为消费者提供更加精准的商品推荐和购物体验。

（2）社交电子商务兴起

社交电子商务将成为欧洲电子商务市场的一个重要趋势。通过社交媒体平台，消费者可以更加便捷地获取商品信息和购物建议，同时也能够分享自己的购物心得和体验。

（3）跨境电子商务持续发展

跨境电子商务市场将继续保持增长势头，尤其是在欧洲与亚洲之间的跨境电子商务市场。这将为消费者提供更多样化的商品选择，同时也将促进全球贸易的发展。

（4）绿色环保成为趋势

随着环保意识的提高，越来越多的消费者开始关注商品的环保性能。电子商务平台也将积极响应这一趋势，推广环保商品和服务，以满足消费者的需求。

二、全球跨境电子商务平台

在全球化的浪潮中，跨境电子商务平台扮演着举足轻重的角色。随着科技的进步和消费者需求的多元化，这一领域正经历着前所未有的变革和发展。

全球跨境电子商务平台不仅为各国的消费者提供了丰富的商品和服务选择，还通过引入新的商业模式和技术手段，为商家和消费者带来了前所未有的便利。例如，一些平台通过引入人工智能和大数据分析技术，实现了精准营销和个性化推荐，大大提高了消费者的购物体验。

全球跨境电子商务平台在促进国际贸易和推动全球化进程中发挥着重要作用。通过打破地域限制和降低贸易壁垒，这些平台使得世界各地的商家和消费者能够更加便捷地进行交流和交易。这不仅促进了商品的流通和市场的扩大，还推动了各国经济的繁荣和发展。

然而，全球跨境电子商务平台也面临着一些挑战和风险。其中，最突出的问题是跨境支付、物流通关以及法律法规的差异。为了解决这些问题，许多平台都在积极探索新的解决方案。例如，一些平台通过与银行、支付机构和物流公司的合作，建立了完善的支付和物流体系；同时，它们还加强了与各国政府的沟通和合作，以确保平台的合规运营。

除此之外，全球跨境电子商务平台还面临着来自新兴竞争对手的挑战。随着电子商务市场的不断发展，越来越多的新兴平台开始涌现，它们凭借独特的商业模式和技术优势，迅速崛起并挑战着传统巨头的地位。为了应对这些挑战，许多传统平台都在积极寻求创新和发展，以保持自身的竞争力。

以下介绍全球主要的跨境电子商务平台。

（一）亚洲

亚洲主要的跨境电子商务平台包括以下几个。

1. Shopee

Shopee是一家总部位于新加坡的电子商务平台，主要服务于东南亚地区，包括印度尼西亚、马来西亚、泰国、新加坡、越南、菲律宾等国家。Shopee平台提供了本地和海外的商品，也为卖家提供了全球范围的销售平台。

2. Lazada

Lazada是东南亚地区最大的电子商务平台之一，拥有马来西亚、印度尼西亚、菲律宾、新加坡、泰国、越南等多个站点。Lazada平台提供了大量本地和海外的商品，为卖家提供了全球范围的销售平台。

3. JD Worldwide（京东全球购）

京东全球购是京东在海外市场推出的跨境电子商务平台，主要服务于中国的消费者。京东全球购平台提供了全球范围内的商品选购，也为卖家提供了全球范围的销售平台。

以上平台都在亚洲跨境电子商务领域拥有较高的市场份额和知名度，吸引了大量的卖家和买家参与交易。

（二）美洲

目前美洲跨境电子商务平台主要有：亚马逊、eBay、Wish、全球速卖通、Newegg、沃尔玛、Wayfair、Esty。

1. 亚马逊

亚马逊作为美国最大的电子商务公司，全球有3亿多活跃用户，遍布全球的电子商务运营中心超过175个（图1–5）。亚马逊目前站点有美国站、加拿大站、墨西哥站、英国站、德国站、法国站、意大利站、西班牙站、荷兰站、瑞典站、波兰站、巴西站、澳大利亚站、日本站、印度站、新加坡站、中东站。

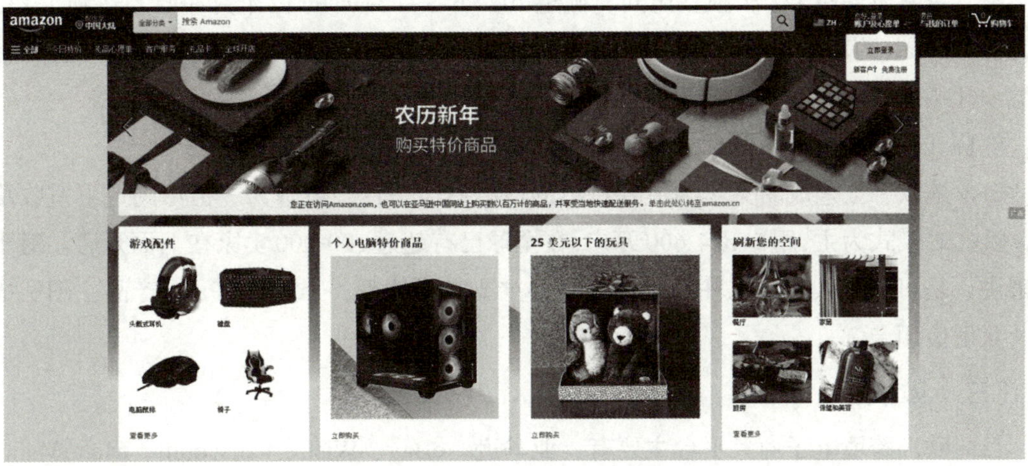

图 1–5　Amazon（亚马逊）官网首页

2. eBay

eBay创立于1995年，是遍布全球40个国家和地区的购物平台，以B2C垂直销售模式为主，主要有线上拍卖及购物网站两种模式，核心市场主要是欧美地区，以自发货为主。

3. Wish

Wish是北美及欧洲知名移动电子商务平台，成立于硅谷的高科技独角兽公司，是北美和欧洲最大的移动电子商务平台。

4. 全球速卖通

全球速卖通正式上线于2010年4月，中国最大的跨境出口B2C平台之一，同时也是在俄罗斯、西班牙排名第一的电子商务网站。全球速卖通是阿里巴巴集团旗下电子商务业务之一，致力于服务全球中小创业者出海，快速连接全球超过200个国家和地区的买家。

5. Newegg

Newegg成立于2001年，总部位于美国洛杉矶，是一家深耕北美市场21年的知名科技品类电子商务平台，年营业收入超20亿美元。Newegg主营消费3C电子类，为北美地区4 700万忠实高端买家提供丰富的电子产品、家居装备、家用电器、运动和户外设备等全品类产品，品种类高达550 000种。凭借高客单价、高复购率和低退货率稳稳占据北美市场主导地位。目前，大部分的买家是男性，但女性买家也在快速增长。

6. 沃尔玛

沃尔玛成立于2002年，是专为家庭需求打造的平台，是世界上的家居零售商巨头。

近年来持续在线上扩张，沃尔玛现在已是美国第二大电子商务平台。沃尔玛的零售业务遍布全球28个国家，主要销售家具和家居用品，产品涵盖了家具、装饰、家居装饰、家居用品等。

7. Wayfair

Wayfair平台汇集了来自23 000多家全球供应商的3 300万件产品，服务着2 540万活跃的买家，每月有超过1亿次独立访问。截至2022年3月31日的12个月净收入达到了132亿美元。Wayfair的市场覆盖了美国、加拿大、英国、德国、爱尔兰和奥地利，并且将在欧洲继续开拓新市场，在中国的招商仅限企业入驻。

8. Etsy

Etsy是以手工艺成品买卖为主要特色的网络商店平台，被誉为“祖母的地下室收藏”。Etsy以C2C模式为主，用户超4 600万户，在全球已有超过100 000卖家在上面开店。对于卖家来讲，是可以个人直接入驻的，入驻材料主要需要邮箱、个人PayPal、产品主图和描述以及双币信用卡。

（三）欧洲

目前欧洲跨境电子商务平台主要有：亚马逊、eBay、Wish、Cdiscount、ManoMano。

欧洲买家网购的产品类目主要是服装鞋子、家用电子、书籍、美妆产品和家用家具等。在欧洲跨境电子商务市场里，除了Amazon和eBay两大跨境电子商务平台外，还有一些比较有影响力的本地的跨境电子商务平台。

1. Cdiscount

Cdiscount成立于1998年，是法国名列前茅的综合品类电子商务平台，经销范围涉及文化产品、食品、IT产品等众多品类，产品远销南美洲、欧洲、非洲等地。目前，Cdiscount的国际业务主要分布在哥伦比亚、科特迪瓦、厄瓜多尔、泰国及越南，拥有1 600万买家。在中国有招商，仅限企业入驻。

2. ManoMano

ManoMano成立于2013年，是欧洲第一家专注于DIY、家居装修和园艺市场的电子商务平台，业务涵盖法国、意大利、英国、德国、比利时和西班牙6个国家，在全球拥有超过2 000个供应商和160万种不同的产品。

三、我国跨境电子商务服务平台

在探讨跨境电子商务的蓬勃发展时，必须强调跨境电子商务平台在其中所扮演的关键角色，尤其是跨境电子商务综合性服务平台，它们作为行业发展的基石，发挥着至关重要的作用。以下是对我国主要跨境电子商务服务平台及其核心功能的正式且详尽的阐述。

首先，这些综合性服务平台是跨境电子商务领域的重要组成部分，它们为卖家和买家提供了一站式的服务体验。这些平台不仅促进了商品与服务的全球流通，更为跨境电子商务行业的发展提供了坚实的支持。

在功能方面，这些服务平台涵盖了多个关键领域。它们为卖家提供了产品展示、订单管理、物流跟踪以及支付结算等一系列服务，帮助卖家更高效地开展跨境业务。同时，对于买家而言，这些平台提供了便捷的购物体验，包括商品搜索、比价、购买、支付以及售后服务等，极大地提升了消费者的购物满意度。

这些综合性服务平台还致力于推动跨境电子商务行业的规范化发展。它们通过制定行业标准和规范，提高了交易双方的信任度，降低了交易风险。同时，这些平台还积极与政府部门、行业协会等合作，共同推动跨境电子商务行业的健康发展。

以下为我国主要跨境电子商务服务平台及其功能信息。

（一）中国电子口岸

电子口岸建设由国务院口岸工作部际联席会议指导，各口岸管理相关部门参与建设，分为中国电子口岸和地方电子口岸两个层面（图1–6）。

图 1–6　中国电子口岸网站首页

中国电子口岸是由国务院16个部委共同建设，中国电子口岸数据中心承建的集进出口信息流、资金流、货物流于一体的公共数据平台且集口岸通关执法服务与相关物流商务服务于一体的大通关统一信息平台，服务延伸扩展至国际贸易中的各主要环节。

中国电子口岸，作为全国性的服务平台，致力于为国内企业和个人提供全面且高效的“一站式”口岸执法申报服务。该平台承担着国务院各相关部门之间以及与整个通关流程密切相关的数据共享和联网核查的职责。通过这一平台，用户能够便捷地进行数据共享、联网核查、货物申报、舱单申报、运输工具申报等多项操作。同时，它还支持许可证和原产地证书的办理、企业资质的审批以及公共信息查询等服务。中国电子口岸在优化营商环境、推动政府部门监管透明化、促进企业进出口贸易的便利化、提升通关效率以及降低贸易成本等方面，发挥了不可或缺的重要作用。

地方电子口岸建设由各地方政府牵头，主要面向地区内企业和个人提供“一站式”的口岸执法申报基本服务，承担地方政务服务和特色物流商务服务。

（二）中国国际贸易单一窗口

中国国际贸易单一窗口（简称“单一窗口”）是由国务院口岸工作部际联席会议统筹推进，国家口岸管理办公室牵头、相关口岸管理部门共同组成的“单一窗口”建设工作组负责推动实施的（图1-7）。

图 1-7　中国国际贸易单一窗口网站首页

国际贸易单一窗口标准版应用系统，基于中国电子口岸平台的坚实支撑，构建了一个集现代化、信息化、智能化于一体的综合性服务平台。该平台专注于口岸和国际贸易领域的业务统一办理，涵盖了标准化应用、金融服务、航空物流等三大核心业务领域。

此系统提供了包括企业资质、监管证件、原产地证、进口配额、运输工具、舱单申报、货物申报、税费办理、出口退税、查询订阅、加贸保税、检验检疫、物品通关、跨境电子商务、口岸物流、服务贸易、口岸收费等在内的十七大类基本服务。这些服务的功能范围广泛，覆盖了国际贸易链条中的各个主要环节，极大地提升了国际贸易供应链中各参与方系统间的互操作性。

通过此平台，企业可以更加高效、便捷地办理相关国际贸易业务，减少了不必要的中间环节，降低了运营成本，同时也提高了整个国际贸易流程的透明度和效率。

在提高申报效率、缩短通关时间、降低企业成本、促进贸易便利化等方面，“单一窗口”正逐步成为企业面对口岸管理相关部门的主要接入服务平台。申报人通过“单一窗口”即可向口岸管理相关部门一次性完成申报，在优化通关业务流程、简化通关手续、降低通关费用等方面发挥着重要作用。

中国国际贸易单一窗口标准化应用分为中央和地区两种层面。

1. 中央标准化应用

在深化和推动中央标准化应用的发展进程中，为确保与各个口岸管理和国际贸易相关部门系统的高效、精确对接，中央标准化应用采纳了“总对总”的对接模式。这一模式旨在实现申报人能够通过“单一窗口”标准版平台，以单点接入的方式，一次性提交符合口岸管理和国际贸易相关部门所有需求的标准化单证及电子信息。此举不仅极大地提升了申报流程的便捷性和效率，确保了信息的准确性和一致性，更为国际贸易的顺畅运行和进一步发展提供了有力的支持和保障。其具体作用如下。

企业资质、关企合作平台、行政相对人统一管理、出口食品生产备案核准、进口食品化妆品进出口商备案。

监管证件：农药进出口通知单、合法捕捞产品通关证明、进口兽药通关单、野生动植物进出口证书、进口药品通关单、药品进出口准许证、民用爆炸物品进出口审批单、引进林草种子，苗木检疫审批单、自动进口许可证、出口许可证、进口许可证、援外项目任务通知单、黄金及黄金制品进出口准许证、银行调运人民币现钞进出境证明、赴境外加工光盘进口备案证明、音像制品（成品）进口批准单、进口广播电影电视节目带（片）提取单、有毒化学品进出口环境管理放行通知单、农业转基因生物安全证书（进口）、国（境）外引进农业种苗检疫审批单、特种设备制造许可证及型式试验证书、强制性产品认证证书或证明文件、特殊医学用途配方食品注册证书、保健食品注册证书或保健食品备案凭证、婴幼儿配方乳粉产品配方注册证书、进口普通化妆品备案凭证、进口特殊化妆品注册证书、进口医疗器械备案/注册证、麻精药品进出口准许证、两用物项和技术进出口许可证、技术出口许可证、技术出口合同登记证、人类遗传资源材料出口，出境证明、古生物化石出境批件。

原产地证：海关原产地证书、贸促会原产地证书、原产地证书自助打印、原产地综合服务平台、原产地证书核查、经核准出口商管理信息化系统、金伯利国际证书、享惠受阻协调、进口在途农产品关税税率适用证明。

进口配额：棉花进口配额、粮食进口关税配额。

运输工具：船舶、航空器、公路、铁路。

舱单申报：海运、空运、公路、铁路（新版）、铁路/邮运、TIR运输、旅客舱单。

货物申报：货物申报、集中申报、预约通关、报关代理委托、海关事务联系单、减免税、转关单、减免税后续、通关无纸化协议、检验检疫电子证书、危险货物、报关单自助打印、过境运输监管。

税费办理：货物贸易税费支付、个人物品税款支付、船舶吨税执照申请、邮政缴税联网、政策性返（退）税。

出口退税：出口退税（外贸版）、出口退税（生产版）。

查询订阅：综合查询、订阅推送、中新（加坡）通关物流全程状态跟踪。

加贸保税：加工贸易手册、加工贸易账册、保税物流管理、保税货物流转、保税担保管理、委托授权、出境加工、海关特殊监管区域、海南零关税设备，交通工具及游艇、边角料网上拍卖。

检验检疫：国境口岸卫生许可、特殊物品出入境卫生检疫审批、过境动物，进境特定动植物及其产品检疫审批、进境粮食检验检疫管理、进境种苗检疫管理、进口旧机电产品装运前检验监督管理、进口机动车VIN申报、检疫处理、出境动物检疫管理、进出口商品检验采信。

物品通关：快件通关、公自用物品、邮递物品、边民互市贸易。

跨境电子商务：进口申报、出口申报、公共服务。

口岸物流：监管场所动态管理、智能卡口散杂货。

服务贸易：展览品、暂时进出境货物。

口岸收费：口岸收费清单。

2. 地区标准化应用

地区标准化应用更具备地区特色。以厦门地区为例，中国（厦门）国际贸易单一窗口，由厦门自贸试验区电子口岸有限公司运营，支持账号、卡介质、“i厦门”本地登录，提供通关服务、物流服务、贸易政务、金融服务、互联协作、特殊区域、跨境电子商务、数据服务、第三方应用等基本服务（图1-8）。

图1-8　中国（厦门）国际贸易单一窗口官网首页

中国（厦门）国际贸易单一窗口官网各项服务包含的业务如下。

通关服务：报关申报、大嶝小商品市场、出口海运运抵、游艇综合服务、拖车入港报备。

物流服务：通关时效、口岸物流、多式联运、国际转运。

贸易政务：查验预约、船舶疫情防控、查验费管理、属地纳税人服务、航运综合服务、蓝海智慧服务。

金融服务：出口退税、海运费外汇划转、供应链融资贷款五场景。

互联协作：航空物流。

特殊区域：海沧保税港、象屿保税区、象屿物流园区、整车进口、卡口联系单、先进区后报关。

跨境电子商务：9610直购进口、9610一般出口、1210保税备货、9710跨境B2B、9810出口海外仓、免征不退、快件随附单据、出口邮件报送、快件报关申报、快件业务申请、邮件自主申报、邮件委托代办。

数据服务：智能优惠关税、空运进口动态、空运出口动态、查验费综合查询、查验费申诉、查验费申诉结果、IC卡办理进度。

第三方应用：跨境电子商务综合服务平台、海关行政审批网上办理平台、出口原产地证智能一体化系统、厦门港物流服务云平台、中国信保、CCB、Match、Plus/全球撮合家、国行外贸e贷、RCEP协定税率查询、全国信易贷示范平台、CFCA电子函证平台、全球法人身份认证平台。

（三）跨境电子商务综合服务平台

随着国家对跨境电子商务监管政策的日渐成熟，各地海关和政府的监管逐渐阳光化和完善化，在跨境贸易链条长、涉及流程环节众多的大环境下，一些传统中小型外贸企业和跨境个人卖家面对新出现的监管政策适应较慢或无所适从。而一些大型跨境电子商务企业，在对接政府、海关等部门以及跨境电子商务长链条环节的问题操作方面都具有丰富的经验，于是新兴起了一批由大型跨境企业投资建设的跨境电子商务综合服务平台，为传统中小型外贸企业、中小型跨境电子商务企业以及跨境卖家提供金融、通关、物流、退税、外汇、代理等跨境一站式服务。综合服务平台在降低外贸门槛、处理外贸问题、降低外贸风险等问题上提供了便利和解决方案。

以厦门地区的“跨境电子商务综合服务平台”为例，跨境电子商务综合服务平台（厦门），由厦门自贸试验区电子口岸有限公司运营，整合线上线下跨境电子商务服务，集服务体系、政策法规、企业法律服务、政策法规、信用生态、政策兑现等商政服务、电子商务服务、通关公共、律所服务等服务为一体的跨境电子商务服务集。跨境电子商务服务生态圈以外链形式跳转入政府各公共网站、服务商网站，通过延伸实现线上线下服务同步，降低企业成本，全面提升企业服务在线化、便利化、高效化和优惠化。

项目工单

学习完本项目的内容后，认真完成表 1-5 的项目工单。

表 1-5　项目工单

跨境电子商务入驻实践	
实践任务	了解跨境电子商务平台经营规范，入驻跨境电子商务平台并选品上架
实践目标	1. 了解跨境电子商务平台的基本操作规范； 2. 掌握跨境电子商务平台对商品质量和售后服务的要求； 3. 熟悉跨境电子商务平台的价格透明和交易评价制度； 4. 理解跨境电子商务平台的知识产权保护政策； 5. 提高在跨境电子商务平台上运营的合规性和风险防控能力
实践步骤	1. 理论学习 （1）查阅跨境电子商务平台的相关政策和规定，了解平台的基本规则和要求； （2）学习平台入驻流程，包括注册、认证、选品、定价、上传商品等步骤； （3）了解平台对商品质量、价格透明、交易评价、售后服务和知识产权保护等方面的具体要求 2. 实践操作 （1）选择一家知名的跨境电子商务平台，如亚马逊、全球速卖通等，完成入驻流程； （2）按照平台要求上传商品信息，设置价格、运费等参数； （3）进行模拟交易，体验平台的交易流程、支付方式和物流管理； （4）参与平台的营销活动，了解平台的推广策略和效果评估方法 3. 分析与总结 （1）分析在实践操作中遇到的问题和困难，提出解决方案和改进措施； （2）总结跨境电子商务平台规则的重要性和应用价值，思考如何将这些规则应用到实际的跨境电子商务业务中
实践提示	1. 严格遵守平台规则：在进行实训操作时，必须严格遵守所选跨境电子商务平台的规则和政策，不得进行任何违规操作，以免对实训结果和平台声誉造成负面影响； 2. 细致入微地操作：在实训过程中，参与者应仔细、认真地完成每一步操作，确保信息的准确性和完整性。特别是在上传商品信息、设置价格等关键环节，要仔细核对数据，避免错误和遗漏； 3. 注重风险防控：跨境电子商务业务涉及不同国家和地区的法律法规、文化习惯等差异，存在一定的风险。在实训过程中，参与者应关注风险防控，了解并遵守平台的风险管理措施，确保业务安全； 4. 及时记录与总结：实训过程中，参与者应及时记录遇到的问题、解决方案和收获的经验，以便在后续的分析与总结环节中进行反思和提升； 5. 团队协作与沟通：实训任务可能涉及团队协作，参与者应积极参与团队讨论，分享自己的见解和经验，与团队成员共同完成任务
实践总结	

实践评价

完成以上实践后，认真完成表 1-6 的实践评价。

表 1-6　实践评价

评价内容	分值	得分
参与实践的积极性、主动性	25	
独立思考能力	25	
创新能力	25	
对跨境电子商务经营规范的掌握程度	25	
教师点评：		

项目小结

跨境电子商务，作为一种利用电子商务平台进行跨国商业交易的商业模式，其影响力正日益显著。该模式突破了地理界限，为全球范围内的消费者和企业提供了更为丰富和多样化的选择，从而极大地促进了国际贸易的繁荣与发展。

在我国，跨境电子商务的发展尤为迅速，已经成为国际贸易领域不可或缺的重要组成部分。其运营模式涵盖了 B2B、B2C、C2C 等多种模式，满足了不同交易主体的需求，进一步推动了市场的多元化发展。

在跨境电子商务的运作过程中，电子商务平台、物流公司、支付公司、营销公司等各方主体共同参与，共同构建了一个完善的跨境电子商务生态圈。这个生态圈涵盖了买家下单、卖家发货、物流配送、支付结算等多个环节，要求各方主体高效协作，确保交易流程的顺畅与合规。

此外，知识产权保护在跨境电子商务中占据着重要的地位。各大跨境电子商务平台严格执行禁限售规则，对侵犯知识产权的行为进行严厉打击，以维护市场秩序和公平竞争。

目前，亚马逊、eBay 等主流跨境电子商务平台已经在全球范围内建立了广泛的用户基础，为全球商家和消费者提供了便捷、高效的在线交易服务。随着国际电子商务市场的不断扩张和深化，跨境电子商务将继续发挥其在国际贸易中的重要作用，推动全球经济的繁荣与发展。

思考练习

1. 简述中国跨境电子商务发展的主要历程。
2. 简述跨境电子商务行业中常见的知识产权侵权行为。
3. 跨境电子商务平台在知识产权保护方面采取了哪些措施？
4. 简述跨境电子商务中 B2B 和 B2C 模式的主要区别。

项目二

跨境电子商务平台操作

项目导读

随着全球化的加速和互联网的普及，跨境电子商务已成为一种新型、高效的商业模式。越来越多的消费者选择通过跨境电子商务平台购买海外商品，享受全球优质资源。因此，掌握跨境电子商务平台账号注册及页面介绍的相关知识，对于拓展国际市场、提升品牌知名度和促进业务发展具有重要意义。

学习目标

知识目标

1. 了解亚马逊平台常见账号类型。
2. 熟悉自注册与全球开店、个人销售计划与专业销售计划的区别。
3. 了解跨境电子商务平台账号注册需要哪些相关资料。

技能目标

1. 熟悉跨境电子商务平台账号注册流程。
2. 掌握亚马逊主要页面的情况。

素质目标

1. 提升学生对跨境电子商务平台账号注册的整体认知。
2. 增强学生对跨境电子商务平台账号的学习意识，开拓国际化视野。

思政目标

跨境电子商务是当前全球商业的重要趋势，通过账号注册及页面管理过程，可以让学生了解不同国家和地区的文化、风俗习惯和市场需求，从而培养学生的国际视野和跨文化交流能力，也可以引导学生树立正确的价值观，如诚信经营、尊重知识产权、关注可持续发展等，从而提高学生的商业道德和社会责任感。

任务一 跨境电子商务平台账号注册

任务描述

小张作为一名有着多年国内电子商务经验的企业家，他意识到，随着全球化的不断深入，跨境电子商务正成为新的增长点，他决定抓住这个机遇。成功的第一步是选择一个合适的平台。经过对比分析，他决定在亚马逊上开设自己的店铺，因为亚马逊在全球范围内有着庞大的用户基础和成熟的物流体系。在确定将在亚马逊平台开设店铺后，他带领的跨境电子商务团队需尽快熟悉亚马逊的平台规则，完成平台注册等一系列的工作。

任务分析

亚马逊提供个人卖家账号和专业卖家账号两种类型。小张需要根据自己的业务规模和需求，选择最合适的账号类型。同时收集所有必要的注册资料，然后访问亚马逊卖家中心官网，开始注册流程。通过本任务的学习，帮助学生了解亚马逊平台账号的注册规则。

任务实施

亚马逊、Shopee，Lazada，eBay，Wish等跨境电子商务主流平台店铺有本土店和跨境店之分，卖家主要分为个人卖家和企业卖家两类，卖家账号主要分为个人卖家账号和企业卖家账号，各大跨境电子商务平台账号类别及账号注册流程不同，下面主要介绍亚马逊平台。

一、跨境电子商务平台账号及注册

亚马逊常见的卖家账号主要分为三种：卖家中心（seller central，SC）、企业购（amazon business）和供应商中心（vendor central，VC）。

1. SC 账号

大部分第三方卖家拥有的都是SC账号。在亚马逊的政策允许下，SC账号卖家对产品的价格、促销、快递渠道等可以有自己的决定权，回款时间快，一般14天为一个回款周期。一般有两种注册方式，一种是自注册，即自行在亚马逊网站上注册；另一种是通过亚马逊全球开店中国团队招商经理，提交相关注册资料获取注册链接。

2. 企业购账号

亚马逊企业购是亚马逊面向企业和机构买家的一站式商业采购站点，专注为企业长尾采购提供一站式解决方案。企业购全球九大站点积累了数百万家企业及机构买家，覆盖了医院、教育机构、世界500强企业、政府机构、实验室、日托中心等用户。根据企业购美国的最新统计，近年来同期比较，各个不同细分市场买家在企业购的采购额都获得了惊人的增长。

已对中国卖家开放的企业购站点有美国、加拿大、英国、法国、意大利、德国、西班牙、日本、印度。

作为企业卖家，可以使用企业竞争性特色定价规则来设置卖家的B2B单件价格和基于特色商品价格的最多五个数量级价格。当有多个卖家提供相同的最小存货单位（stock keeping unit，SKU）时，此规则类型很有用。

目前企业购账号的招商，对卖家资质要求门槛比较高，需有目标站点商标、工厂资质认证、产品认证等，并对卖家销售的产品品类有招商侧重，如工业品、办公用品、学校用品、商用家居、商用IT品类会更易申请。

3. VC 账号

VC账号是亚马逊为拥有品牌的制造商和分销商创建的。亚马逊上所有自营类的实物商品大部分都来自VC。VC是亚马逊内部邀请制，只有受邀卖家才可开通此类型账号。

VC账号卖方主要是供应商的角色，其他的产品页面设定、市场营销、定价、配送物流、买家服务等都是由亚马逊来完成。这些产品还可以获得免费使用亚马逊特定项目的权利，如秒杀活动自主申报，产品可增加多个类目节点，优先获取购物车等权益。此外，亚马逊的算法也更“偏爱”自己的产品，从而给产品更高的曝光率。但这些好处并非免费，虽然亚马逊不向VC平台的卖家收取年费，但是由于卖方只是亚马逊的一个供应商，利润率低，还款周期长，通常是在60天后，且对产品无定价权（图2-1）。

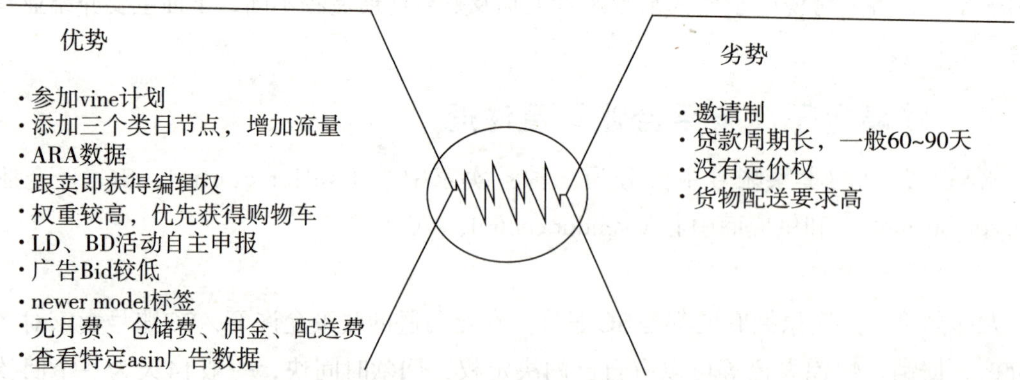

图 2-1　VC 账号特点

二、自注册与全球开店

（一）自注册

自注册顾名思义就是自行注册账号，可通过亚马逊平台首页注册按钮自行完成，但自注册账号没有账号经理的扶持。如果注册账号时间处于亚马逊招商季，建议选择招商经理全球开店，不要选择自注册。

（二）全球开店账户

全球开店账户是亚马逊为中国卖家开设的一种官方开店方式，2012年初正式引入中国，只有企业才能通过中国官方招商经理通道注册账号，具体内容如下。

（1）只能通过亚马逊全球开店项目的中国招商团队入驻亚马逊。

（2）全球开店账号只接受企业入驻。

（3）可以享受账号经理一个自然年度的扶持计划，可以定期参加培训等。

（4）全球开店计划意在筛选优质卖家入驻亚马逊平台，所以对卖家的资质审核比较严格。

三、个人销售计划与专业销售计划

亚马逊账号申请注册有不同的方式，但账号注册通过后，卖家账号只分两种：个人销售计划和专业销售计划，具体如表2–1所示。

表2–1 亚马逊卖家账户功能对比

卖家账户功能	专业	个人
月服务费 39.99 美元	是	否
售出一件商品按件支付 0.99 美元	否	是
在亚马逊目录中创建新商品页面	是	是
使用上传数据、电子表格和报告管理库存	是	否
使用订单报告和订单相关上传数据管理订单	是	否
使用亚马逊商城网络服务上传数据、接收报告和执行其他 API 功能	是	否
亚马逊为所有商品设置运费	否	是
卖家为非媒介类商品设置运费	是	否
将商品设置为不可售，如果卖家希望暂停销售一段时间（例如，由于家庭紧急事件、恶劣天气、节假日或休假等原因无法配送订单）	是	是
促销、礼品服务及其他特殊的商品功能	是	否
有资格在“购买按钮”中发布商品	是	否
能够对卖家的订单计算美国销售税和使用税	是	否
获得用户权限 / 向其他用户授予访问权限	是	否

（一）个人销售计划

个人销售计划无须店铺租金，费用是每卖出一个产品会收取0.99美元以及销售每个产品亚马逊所收取的销售佣金。个人销售计划不能创建促销计划和礼品服务，没有批量操作功能，没有上传下载订单相关报告的功能。个人销售计划发布的商品没有购物车（Buy Box）功能。个人销售计划没有向其他用户授予访问的权限。

（二）专业销售计划

针对专业销售计划，亚马逊平台每月会固定收取39.99美元的店铺月租费。专业销售计划可以使用促销、站内广告、秒杀等运营工具来增添流量，提升销量。专业销售计划可以批量操作上架产品、修改产品信息等。专业销售计划可以下载订单数据、业务报告、收付款明细，方便卖家数据分析、优化。专业销售计划可以通过完美的客户指标和具有竞争力的价格来抢获黄金购物车，提高销量。

两种销售计划之间是可以相互切换的。如果卖家注册时是专业销售计划，后续也可以降级为个人销售计划；个人销售计划也可以在后台自助升级为专业销售计划，升级过程中，亚马逊平台会要求卖家重新填写提供有效的账户注册信息，有可能会触发二审，资料不齐全或是不符合要求，有可能导致账号审核不通过。鉴于以上情况，除非账号以后不再经营，否则不建议账号降级。

四、账号注册资料

账号注册需要如下资料。

（1）公司营业执照：确保没有在其他亚马逊账户中使用过，且需要在工商系统查询没有异常，一个企业营业执照只能注册一个亚马逊账户。

（2）法人身份证和护照：申请欧洲站时需要用护照，如果没有，可以提供身份证和户口本，在注册过程中需要填写，并提供照片。

（3）注册邮箱：国内邮箱即可（139和Gmail邮箱不建议），确保邮箱从未在其他亚马逊账户中使用过。

（4）双币信用卡：可用于国际付款（VISA或者Master card，首选VISA），信用卡在有效期内，且激活。账号注册过程中需要绑定，在没有销售额或是销售额不足的情况下，信用卡用于扣取月租、广告费和其他亚马逊收取的费用。

（5）手机号码：确保没有在其他亚马逊账户中使用过，主要用于账号两步验证。

（6）收款账户：确保没有在其他亚马逊账户中使用过。可以是海外银行账户、亚马逊全球收款或第三方收款账户，一般中国卖家大多使用第三方收款账户，如万里汇等收款平台，用于销售回款收款。

（7）账单：水电煤固话网络任一近三个月内的账单、公司对公账号银行对账单和受益人信用卡账单等（账号触发二审或是欧洲了解客户规则（know-your-customer，KYC）会需要，提前准备好）。

（8）电脑：确保电脑没有登录过其他亚马逊卖家和买家账号。

（9）网络：网络确保没有被其他亚马逊账户使用过，建议最好是独立的网线，使用云服务器或是超级浏览器容易触发二审。

五、账号注册流程

跨境电子商务平台注册主要分为自注册和官方招商经理通道注册两种通道。中国卖家注册成为亚马逊全球卖家，需提前准备好开店资料，以下两种渠道均可注册：一种是通过亚马逊官方招商经理进行申请；另一种方式是直接打开亚马逊前台（amazon.com），选择页面下方“Sell products on Amazon”即可进行注册。

下面以美国站为例介绍亚马逊账号申请注册流程。

（一）联系招商经理注册

招商经理通道注册账号需要预提交资料（如公司名、首要联系人姓名、联系电话、邮箱、申请站点、销售品类等信息，若是企业购账号，还需提供工厂资质证书、商标证书等信息），招商经理初步审核之后，若资料无误，则会分配账号经理，发送注册链接到卖家邮箱，通过链接注册填写详细信息申请账号。

（二）自注册

准备好资料后前往亚马逊网站，在前台“Sell products on Amazon”链接中，单击立即注册。需要注意的是，自注册成功后的账号无法再对接官方经理转化成亚马逊全球开店的账号，也不能享受相应的政策扶持。具体操作步骤如下。

（1）打开亚马逊前台（amazon.com），选择页面下方“Sell products on Amazon”。

（2）在打开的页面中单击“注册”按钮。

（3）打开注册的页面，选择“创建卖家的亚马逊账户（Create your Amazon account）”。若通过招商经理通道，邮件链接打开直接到下一步页面。

（4）正式进入注册页面，填写法人姓名、注册邮箱地址、账号密码。

（5）上一步填写的邮箱，会收到亚马逊发送的一封邮件，打开邮箱邮件，即可看到亚马逊发送的6位数字验证码，填写进行邮箱验证。

（6）邮箱验证通过后，开始根据注册资料选择公司信息，中国公司地址选“中国”，业务类型下拉选择。

（7）公司国家地区选择后，根据公司是“私有企业”“国有企业”还是“上市企业”等不同情况选择公司类型，选择“私有企业”，再填写公司营业执照名称，名称在“公司名称（英语或拼音）”这一栏建议填写拼音全拼小写无空格。

（8）依次填写公司的相关信息。填写时需注意以下事项。

①公司注册号码：营业执照左上角的统一社会信用代码。

② 公司营业执照注册地址或实际办公地址：这一栏建议直接填写实际办公地址，会触发明信片认证，亚马逊会寄送一个含有验证码的明信片快递到所填写的这个地址，因此地址要真实可接收到快递。

③ 接收PIN的选项指的是用哪种方式进行验证，可以选择SMS（短信）或者电话验证。输入电话号码时，需要在电话号码旁边的下拉框中选择所在的国家或地区。

④ 选择的如果是SMS（短信）验证，卖家的手机会收到一条短信，输入短信中的验证码即可。如果选择电话，就会接到自动打过来的语音电话，把网页中显示的4位数字输入手机进行验证，若验证码正确，网页会显示认证成功。当系统验证出错时，请尝试用其他语言进行验证或者短信验证，3次不成功则需等候1小时后才可重新验证。

⑤ 短信验证通过后，填写主要联系人姓名，填写时名字的拼音在前，姓的拼音在后，中间名空着，填写完成，单击下一步。

（9）依次填写法定代表人的身份证信息，出生年月日，身份证有效期等，填写完成单击“保存”，跳转到下一步。

（10）填写收款账号信息填写，各选项含义如下。

① 金融机构名称：根据卖家所用收款工具名选择，如使用万里汇收款可选“World-First”。若使用的收款工具没有具体列出，可选择“Other”。

② 收款账户所在国家/地区：若使用第三方收款工具，则选择注册站点所在的国家，如美国站选择美国；若使用银行卡账号直接收款，则根据银行卡开卡国家填写。

③ 账户持有人姓名：收款账号持有人姓名。

④ 9位数的银行识别代码：9位数的收款路径号码，使用第三方收款工具收款，可以直接登录收款工具官网，在账号后台可以查询相应信息。

⑤ 银行账号：收款账号号码或银行卡卡号。

（11）收款信息填写完成验证后，跳转下一步，继续填写信用卡信息。

① 信用卡卡号：输入用于扣款的信用卡卡号，需要使用卡面有VISA或是Master标识的双币信用卡，保证信用卡激活状态且额度大于39.99美元。

② 持卡人姓名：填写信用卡持卡人名字拼音。若注册北美或日本站信用卡持卡人与账号注册人无须同一人；若注册欧洲站，信用卡持卡人须为法定代表人，公司账号也可以使用个人信用卡扣款。

③ 信用卡账单地址：地址会默认之前填写的公司地址。为减少信息交叉关联，建议可以使用默认的公司地址。

（12）填写完成信用卡信息，单击下一步，设置店铺信息。

① 店铺名称：店铺名，会展示在产品详情页购物车下方，可以选择和自己的商品商标名一致，也可以不同。店铺名要唯一性，输入店铺名后，系统会自动识别是否可用。如提示不可用，可以修改，直至系统提示可用为止。

② 卖家的商品是否拥有通用商品编码：选“是”。

③ 对于卖家想要在亚马逊上销售的任何商品，卖家是制造商还是品牌所有者（或品牌代理或代表）：可根据实际情况填写，不影响账号商品售卖。

（13）账户信息验证，上传身份证正反面清晰彩色照片和公司营业执照照片，上传完成单击“提交”。

（14）提交完成后，亚马逊会随机触发明信片或是视频，触发视频认证，单击“下一步”，可预约视频认证时间。

（15）确认提交视频认证时间后，会有相关视频注意事项提示。视频认证需法定代表人持身份证及营业执照原件，在预约时间与官方验证人员视频通话，接受后在预约时间登录卖家后台账号，将直接跳转到视频认证界面，单击“加入视频通话”认证即可。

（16）视频认证完成后，若继续触发明信片认证，把收到的明信片验证码填写，提交“下一步”即可。

（17）明信片认证完成，选择站点。若为美国站，选择“转至北美商城”即可。

（18）进入站点，开启两步验证，单击“启用两步验证”。

（19）验证页面选择电话号码方式后，输入用于两步验证的电话号码，并通过短信或者语音电话的方式进行验证。记得继续前要把电话前的国家改成自己所在的国家或地区。

（20）输入短信或电话收到的验证码，单击“继续”。

（21）单击“好，启用两步验证”，即可完成验证。

（22）注册完成，可登录账号后台。

（23）继续完善税务信息，单击“提供纳税身份信息”。美国现行法律框架下，非美国公民在亚马逊平台上销售商品是免税的，但需要申请税务豁免。

（24）税务信息页面，公司注册的账号，税收分类选择“业务”，美国常驻实体选择“否”，收益所有人类型选择“公司”。

（25）“组织名称”填写公司营业执照拼音全拼小写无空格，“组织所在国家/地区”下拉选择中国，“永久地址”填写公司营业执照地址，“邮寄地址”勾选“同永久地址”，填写完成单击“继续”。

（26）签名填写法定代表人名字拼音全拼，保存即税务豁免申报完成。

至此，账号注册完成。

任务二　跨境电子商务平台页面

任务描述

小华在一次行业交流会上，听到一位跨境电子商务企业家提到，了解跨境电子商务平台页面是成功第一步。小华被这个观点深深吸引，他决定深入了解这个领域。回到家后，小华立刻打开了电脑，开始了他的研究之旅。小华首先访问了亚马逊的官方网站，他注意到页面设计非常直观，分类清晰，这让他很快就能找到自己感兴趣的部分。

任务分析

了解跨境电子商务平台的页面就需要了解各个功能模块的布局和作用，其中就包含了产品展示区、搜索栏、购物车、用户评价和推荐系统等关键部分。通过本任务的学习，帮助学生了解跨境电子商务平台页面介绍，快速掌握电子商务平台的运营技巧。

任务实施

一、跨境电子商务平台前台页面介绍

跨境电子商务平台众多，各平台前台页面内容及功能不尽相同，产品琳琅满目。下面以亚马逊平台为例介绍亚马逊前台PC页面。

跨境电子商务平台页面

作为亚马逊卖家和运营人员，卖家每天需要关注自己商品的运营情况以及跨境市场变化，因此每天除了关注后台订单、推广、商品等相关工作外，大部分的时间需要放在前台页面，关注市场需求变化、卖家的商品排名、竞品的变化等。

以美国站为例，打开“Amazon.com”，会自动识别国内地址，定位在中国，要搜索产品前，记得先把中国地址切换成美国常用地址。如果没切换地址，此时查看到的平台数据，只有针对配送到中国的商品信息。

美国是五位数字邮编，填写后，单击右边的“设置”，跳出提示“我们将使用您选择的位置显示在美国提供的所有商品。其他语言和货币设置可能不可用”后，单击完成。

完成邮编修改定位到美国纽约，此时查看其他数据，才是当地买家看到的页面。

二、亚马逊五大榜单

单击首页导航栏“Best Sellers”，进入亚马逊的热销榜单，即可查看其他几个榜单相关信息。

（1）Best Sellers：销售排行榜单。前24小时的销量排行，官方按小时更新，但并不是严格按1小时更新一次。进入这个榜单，可以看到不同类目卖得较好的100条信息（图2-2）。

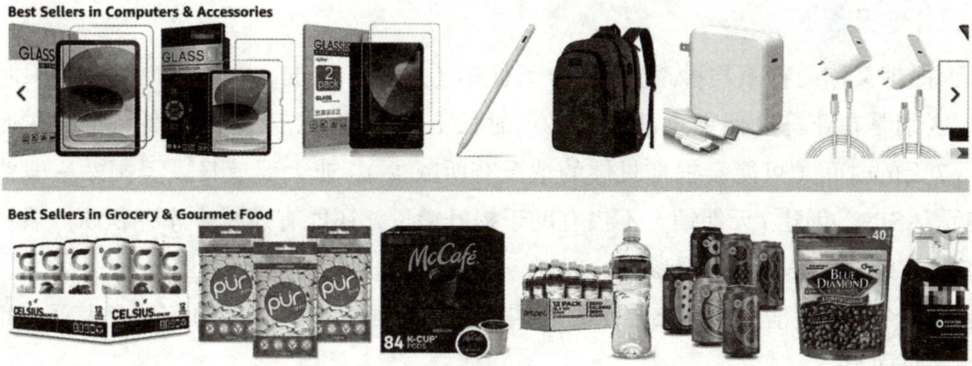

图 2-2　Best Sellers 榜单

（2）New Releases：新品销售排行榜单。一般为新品上架2个月内的产品会出现在该榜单，按小时更新，同样展示各个类目的新品热销前100条信息。

（3）Movers & Shakers：飙升榜单。过去24小时的销量上升最快的排名榜单，现在只有大类目还保留该榜单，按小时更新。一些时事热点社会事件产品，经常可以在这个榜单看到产品销量变化。

（4）Most Wished For：心愿榜单。过去一段时间（具体时间不详）加入购物清单的数量排行，按天更新。

（5）Gift Ideas：礼品榜单。采用亚马逊礼品包装的销售排行榜，按产品礼品包装数排名，按天更新。在一些盛大节日来临前，卖家可以参考这个榜单备货。

三、Deal 页面

秒杀活动是一个瞬时流量爆发点，也是亚马逊平台推出的一种限时打折促销活动。亚马逊专门开辟了一个页面面向众多买家，是主要会员（prime）会员最喜欢浏览的页面之一。

秒杀可以带来不错的流量和转化，如果产品能够参加秒杀活动，可以好好利用秒杀活动来导流，快速提升曝光量，提升排名，累积评论，加快资金回笼。

亚马逊有很多不同的秒杀活动，主要介绍以下三种：限时秒杀、7天促销、镇店之宝的当日秒杀。

（一）限时秒杀

限时秒杀（lightning deals，LD）是一种限时、短时间、高流量的展示活动，持续时间为4～6个小时，平台按照每个商品的唯一标识符（Amazon standard identification number，ASIN）收费，非大促节日，美国站一般费用为150美元/ASIN，结束时间即恢复原价，还可以设置促销总量，售完为止。这样既有机会收获大流量并瞬间爆单，也没有需要准备大量库存的压力。当后台出现产品有LD推荐时可申请参加。

创建的秒杀信息通常会显示在专属的促销页面、搜索结果的商品列表页、商品详情页商品页面。

（二）7天促销

7天促销又称周秒杀与秒杀类似，7天促销（7-day deals，7DD）也是一种限时促销优惠，区别是在亚马逊促销页面上的显示时长不同。参与7天促销的商品将会在促销页面显示7天的时间（可能会根据具体的情况有所减少）。非大促节日，美国站一般费用为300美元/ASIN，创建7天促销，不仅有助于提升销量，还能有效减少库存积压。后台秒杀页面产品有推荐资格，可提报参加。

创建的7天促销信息通常会显示在专属的促销页面，搜索结果的商品列表页，商品详情页商品页面。

（三）镇店之宝

镇店之宝活动（deal of the day，DOTD，大促期间有时也称为spotlight deal）是指参与活动的一个或一组高需求的商品，仅在指定的一天内设有大幅折扣的促销活动。参与镇店之宝活动的商品必须为热销单品，而作为促销中流量最高、申报要求也最严格的展示活动，大部分站点的镇店之宝目前实行邀请制，且必须通过账号经理申报。

创建的镇店之宝信息通常会显示在专属的促销页面、搜索结果的列表页、商品详情页商品页面。

特别需要注意，提报秒杀不光要考虑好促销价格，还要选好秒杀的时间，否则如果秒杀时间安排在了美国时间的夜里或凌晨，效果肯定是要大打折扣的。且并不是所有产品都适合秒杀活动，产品平时卖得越好，参加秒杀的效果会越明显；若是一些滞销款产品，更建议提报outlet deals。总的来说，一般秒杀活动都能带来比平时多2～3倍的流量，卖家可以根据自己的产品情况选择合适的秒杀活动（表2-2）。

表2-2　Deal几种方式对比特点及提报收费标准

活动名称	适用商品建议	最低折扣（30天内）	促销频率	活动时长	费用
秒杀 lightning deal（LD）	更适用于热销单品或者快销商品	85折	每周可以申报一次	不同站点时长不同	收费
7天促销 7-day deals（7DD或BD）	所有商品	85折	7天	7天	收费
镇店之宝 deal of the day（DOTD）	参与活动的商品必须为热销单品	8折	各站点有所不同	24小时库存售罄	免费
展示时间					
7DD>DOTD>LD					
展示效果					
DOTD>LD>7DD					
申请难度					
DOTD>7DD>LD					

注：镇店之宝大促节日活动时长可能达到48小时。

四、搜索结果页介绍

搜索页面是指用一个关键词搜索后展示出来的页面。在亚马逊主要有以下五种搜索渠道。

（一）搜索框

绝大部分的国外买家在亚马逊购物时都会首先选择在搜索框中输入自己意向产品的关键词，即通过亚马逊搜索框来进行意向产品的搜索和选择，关键词的搜索流量占据了亚马逊绝大部分的流量来源，是亚马逊站内流量最大来源入口。

（二）品牌推广广告

带“Sponsored”标志，账号必须完成品牌备案或是拥有品牌授权之后的产品才可创建的一个广告类型，通过单击付费的方式抢占流量位置。

（三）属性栏

不同产品属性栏展示的选项会有差异，一般会展示跟关键词相关的一些类目、品牌、价格区间、产品review评分、折扣、变体（如颜色、形状、材质等）相关信息。用户寻找产品时可通过这些信息在不断地筛选下缩小搜索范围，最终找到产品，也是前台流量的一个入口。

（四）商品推广广告位

带“Sponsored”标志的都是广告位，商品推广中手动广告或是自动广告的产品都可能展示在这个位置，通过关键词单击付费方式获取的流量位。

（五）搜索自然流量位

没有带“Sponsored”标志，在关键词搜索结果中，自然排名的位置数量要远远多于广告位置的数量，所以关键词自然搜索流量也就占据了搜索流量更大的份额。自然排名位置的单击不会产生任何的每次点击付费（cost per click，CPC）广告费，所以每一个亚马逊卖家运营产品最好的状态是希望自己listing的所有关键词都能排在自然排名位置的首页。影响自然排名的因素很多，有单击率、销量、产品价格、review数量、产品评分、bestseller标志、Amazon choice标志等。

五、产品详情页介绍

买家通过各种方式搜索查找到自己需要的商品后，单击进入产品详情页，可进一步了解商品的品牌、功能、售价、评分等其他详细信息，满足买家需求的产品即可通过详情页直接添加到购物车下单购买。下面主要介绍产品详情页各个模块。

（一）商品变体

变体指同款产品的不同型号，比如不同颜色、不同尺寸等，每个尺寸、颜色都称为一个变体，共同存在于一条信息中。一般来说变体存在于多属性商品，多使用于服饰、箱包等商品的信息之中。产品创建变体后，买家进入到产品详情页，可以看到这条信息中的其他变体产品，可根据自己的喜好选择购买（图2–3）。

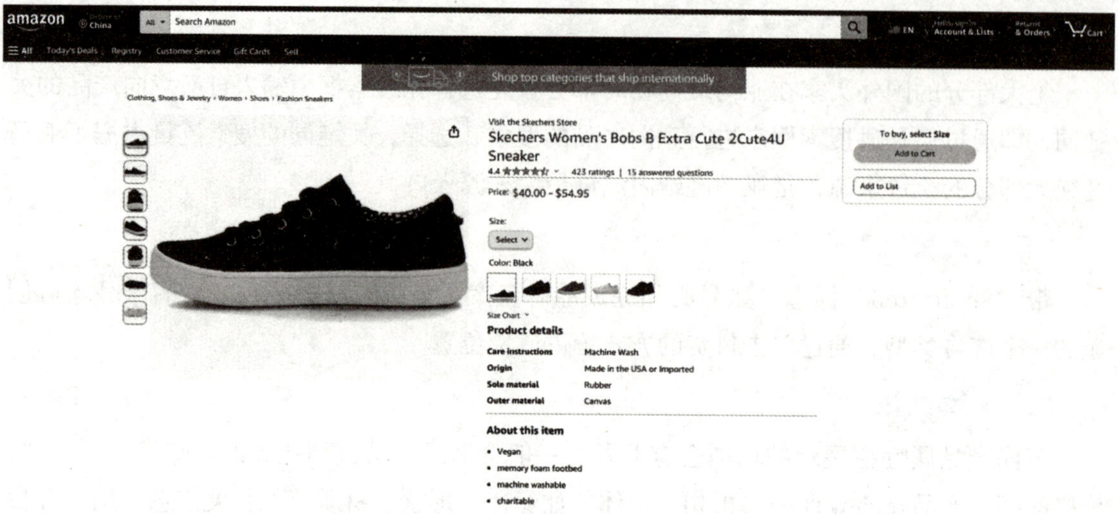

图 2–3　产品详情页的商品变体

（二）产品五点描述

一般卖家在上架产品时，可根据产品的功能、材质、适用场景、售后服务等内容，在系统设计的五点描述特性里，补充完善产品信息，让买家能进一步了解产品相关信息。

（三）产品配送时效

根据买家定位的地址，以及卖家商品配送方式的不同，系统会计算出不同配送服务下的配送时效，并将预估时间展示出来。若是亚马逊物流（fulfillment by Amazon，FBA）配送，一般可两日达；若是商户履行（fulfillment by merchant，FBM）配送，则时效会受产品仓储区域不同影响，时效较慢，从中国发货，系统默认14～28天发货时效。

（四）购物车

购物车是买家浏览产品页面时看到的最方便的购买位置。亚马逊会挑选优质的卖家占据购物车的位置，没有购物车的店铺，买家需要单击跳转页面才可添加产品购物，亚马逊有大概80%的订单是直接通过购物车转化的，购物车是最大的转化入口。所以产品能否获取到购物车，也是卖家最关心的问题。亚马逊会根据卖家账号绩效、配送服务、商品价格、库存、售后服务、转化率等几个不同维度来判定是否给予购物车。

（五）配送方式

亚马逊平台有两种配送方式，一种是自配送FBM；另一种是亚马逊配送FBA。假设某产品是第三方卖家Yo Two在售，此时商品做的是亚马逊配送，会显示为“Ships from Amazon”；若此时是自发货的话，则显示的是“Ships from Yo Two”。

（六）关联推荐绑定销售

“Buy it with”（一起购买）有时显示的是“Frequently bought together”（经常一起购买），经常有买家购买某个产品之后又购买了另外其他的产品，在大量同时购买的动作发生之后就会被系统获取并且展示出来，即看了又看、买了又买或者看了又买，这是亚马逊根据买家的购买习惯自动生成的。在关联产品或是替补产品上，容易获取到这种关联推荐。这项功能对于提升产品的销量很有帮助，可以提升产品的曝光率，同时也增加了流量的入口。

（七）与该项目相关的产品

亚马逊广告位，通过手动广告、自动广告投放的产品都有可能展示在这里。

（八）4星及以上

4星以上产品广告位是亚马逊系统推荐的投放自动广告的关联广告位置，筛选review评分4星以上的产品展示。

（九）特别优惠和产品促销

当产品在做一些相关促销活动时，如“购买折扣”“买一赠一”等，就可以把相应的促销活动展示在这个板块，买家有需要，则可以将关联做促销活动的产品直接加购绑定购买。若卖家店铺有在做一些热销产品的周边配套或是替补产品等都可以通过促销活动，给其他产品引流。

（十）A+页面

A+页面即图文版商品详情页面，卖家可以通过A+页面使用额外的图片和文本进一步完善商品描述部分。若账号已经成功通过了亚马逊的品牌注册（brand registry），就可以在品牌商品的描述页面添加图片和文字信息。A+页面可以在原本形式单一的产品描述上，添加更多的文本和图像，详情页看起来更专业生动，使用A+页面可以提高10%以上的转化率；能进一步阐述品牌故事，提高品牌形象和宣传，有利于降低亚马逊广告推广成本；买家在购买前通过A+页面对商品有了详细透彻的了解，也会提升买家满意度，留下好评，减少买家的退货率和差评，增大品牌粉丝的基数、增加复购率。

（十一）产品信息

系统会自动调取商品上架时填写的产品尺寸和重量信息、制造商、上架日期和ASIN码等信息显示，当商品有订单转化后，也会根据商品订单量获取商品的类目排名显示。

（十二）客户问答

客户问答是一个显示亚马逊的买家关于产品问答的平台，在买家购买产品之前，买家可能对于产品还有些担心或者想了解但是没有清楚描述的一些信息，买家可以通过问题的形式提问，亚马逊会将买家提问的问答以邮件形式发给卖家和之前购买过此商品的买家，收到邮件的卖家和以往的买家可以解答此买家的问题，有回复的问答就会显示在此版块，后续其他买家可以直接看到相关问答，在一定程度上也会影响产品的转化。

（十三）产品评论

产品评论是针对产品本身的评价，不涉及物流、客服质量，任何在亚马逊上购买过一次商品的买家都可以评价，影响客户对产品的判断，但不影响卖家绩效。评论可用打分、文字、图片、视频等方式展现。

拓展阅读

跨境电子商务常见产品标识码

在跨境电子商务平台上卖家售卖的每个产品都具有独特的标识码。准确区分并使用这些标识码对于新手卖家来说是一个逐渐熟悉的过程，下面以亚马逊平台为例，对这些标识码进行说明与区分。

亚马逊平台销售的每个产品都具有独特的标识符。对于亚马逊卖家来说，产品标识符包括全球贸易项目代码（global trade item number，GTIN）、国际通用产品代码（universal product code，UPC）、欧洲商品编号（european article number，EAN）、亚马逊标准识别号（ASIN）、库存单位（SKU）、FBA产品标签编码（fulfillment network stock keeping unit，FNSKU）等。要准确区分并使用这些标识码对于新手卖家来说是比较头疼的，下面将对这些标识码进行说明与区分。

1. GTIN

GTIN是全球贸易项目代码，这种编码叫EAN/UCC-14代码结构，对应ITF-14条码。全球贸易项目代码使每一个产品都能拥有自己的身份编码，帮助产品所有者以更加标准、规范的方法管理产品；帮助合作伙伴在物流、零售过程中更加准确、快速地交换数据；帮助买家更加便捷地获得产品信息。

GTIN有四种不同的代码结构：GTIN-8、GTIN-12、GTIN-13和GTIN-14，其中GTIN-12就是在北美常说的UPC；GTIN-13就是常说的EAN。

2. UPC（国际通用产品代码）

UPC码是美国统一代码委员会制定的一种商品用条码，由12位数字代码组成，每一个UPC码都不一样，是上传产品add a product的必填选项。UPC码主要运用于美国、加拿大等地区，因为其应用范围广泛而被称为万用条码。

在亚马逊平台上销售产品，大多数商品都会被要求具有商品编码，才能在亚马逊平台上发布，创建和匹配商品页面所需的特定GTIN因商品分类而异，其中最常使用的就是UPC码。UPC码需要费用购买，且每个产品对应一个UPC码，不可重复使用。

亚马逊会通过检查GS1数据库来验证产品UPC码的真实性，不符合GS1提供的信息的UPC将被视为无效。建议直接从GS1获取UPC码（而不是从出售UPC许可证的其他第三方），以确保适当的信息反映在GS1数据库中。

3. EAN（欧洲商品编号）

EAN是国际物品编码协会吸取了UPC的经验而制定的一种商品用条码，由代表12位数字的产品代码和1位校验码组成。使用EAN条形码的该协会成员国已有数十个，除欧洲外，亚洲许多国家也使用此码。

由于国际上存在这两种编码系统，因此，我国产品销往美国、加拿大应使用UPC码，而出口到其他国家和地区则需使用EAN码。在亚马逊平台上，北美站点上架商品使用UPC码；欧洲和日本使用EAN码上架。

注意：亚马逊要求每个卖家为每个产品listing注册一个GTIN。在亚马逊平台上，当卖家账号完成了品牌备案或是获得品牌授权，可以申请GTIN豁免后，再去上架商品，即无须再购买UPC或是EAN，只需上架时选择GTIN编码类型即可上架产品。

4. ASIN（亚马逊标准识别号）

ASIN码是亚马逊平台的条形码系统，由一个10位数字的字母数字代码构成，用于标识亚马逊上的产品，产品上架保存后，亚马逊系统会自动给上架的新商品生成一个唯一的ASIN码。

注意：ASIN存在于亚马逊不同站点中，所以卖家可以在不同的站点中为相同的产品提供不同的ASIN。

5. SKU（库存单位）

SKU指库存进出计量的单位或库存单位，是分配给产品的唯一的数字或字母数字代码。即SKU是指一款商品，每款都有一个SKU，便于电子商务品牌识别商品。当一个产品有不同的颜色、尺寸等多个属性时，就有多个SKU。比如一件衣服，有黑、白2种颜色，每种颜色都有S、M、L不同的码数，那么这款衣服就有6个SKU。

在亚马逊平台中，SKU是亚马逊卖家管理产品的唯一标识。不论卖家是自建新品还是跟卖已有产品，都需要一个对应的SKU，每个店铺中的SKU不允许重复。卖家在刊登产品时，SKU一栏可自行填写，通常建议根据唯一的标识信息（如产品属性、尺码、颜色等）来建立SKU，例如，卖家可以把女性黑色38码鞋的SKU设置为WM-BLACK-38；如果不填写的话，亚马逊会自动生成一个SKU编码，但自动生成的编码无规律可循，难以跟商品一一对应。为方便后续跟踪产品信息，更建议在刊登产品时，卖家自己编写SKU。

6. FNSKU（FBA产品标签编码）

不同于SKU，FNSKU是FBA的产品标签编码，只有做FBA的产品才会有，一个做FBA的产品SKU对应一个FNSKU。FNSKU标签就是在发到FBA仓库时，产品所需贴上的产品标签。

FNSKU有以下两种条码生成格式。

一种是制造商条形码。这种格式生成的FNSKU码跟ASIN码一模一样，格式是B开头的标签。如果有多个卖家跟卖同一个ASIN的产品，他们的FNSKU可能都跟ASIN一样，就会造成库存共享，这就是为什么客户在A卖家店铺下单，而得到的货并不是A发到FBA的产品的原因。

另一种是亚马逊条形码。通过这种格式生成的FNSKU码，根据每个SKU码生成格式为X开头的标签。这种方式能有效地防止库存共享情况的发生。

FNSKU在新品第一次转化为亚马逊配送时即生成相应的标签编码，后续无法修改，因此在第一次转化时需注意，建议默认首选“亚马逊条形码”格式。

项目工单

学习完本项目的内容后，认真完成表2-3的项目工单。

表2-3　项目工单

注册跨境电子商务平台账号实践	
实践任务	了解跨境电子商务平台账号注册流程并注册账号
实践目标	1. 掌握跨境电子商务平台账号注册的基本流程和注意事项； 2. 熟悉平台页面的基本布局和功能模块； 3. 提高在跨境电子商务平台开展业务的能力
实践步骤	1. 选择跨境电子商务平台 （1）在网上搜索知名的跨境电子商务平台，如亚马逊、全球速卖通等； （2）对比各平台的入驻条件、费用、服务及市场覆盖情况，选择适合的平台进行注册 2. 账号注册 （1）访问所选跨境电子商务平台的官方网站，点击“注册”按钮； （2）根据页面提示，填写个人信息，如姓名、电子邮箱、密码等； （3）选择企业类型（如个人卖家、专业卖家等），并填写相关信息； （4）提交注册信息，等待平台审核 3. 页面介绍 （1）注册成功后，登录账号，进入平台首页； （2）观察平台页面的基本布局，了解各功能模块的位置和功能； （3）依次浏览“产品列表”“购物车”“个人中心”等页面，了解页面结构和交互方式； （4）尝试在平台上进行搜索、浏览、购买等操作，体验平台功能
实践提示	1. 在填写注册信息时，务必核对好拼音拼写是否正确，尤其是姓名、地址等关键信息； 2. 填写地址信息时，应按照营业执照上的地址填写，并确保地址信息的一致性； 3. 避免反复提交注册信息，以免触发平台的反作弊机制，导致账号被封禁或审核不通过； 4. 在浏览平台页面时，注意关注平台的促销活动、优惠信息等，以便及时调整经营策略； 5. 在进行实际操作时，注意保护个人信息和账号安全，避免泄露重要信息或遭受网络攻击
实践总结	

实践评价

完成以上实践后，认真完成表2-4的实践评价。

表2-4　实践评价

评价内容	分值	得分
参与实践的积极性、主动性	25	
独立思考能力	25	
创新能力	25	
对账号注册流程的掌握程度	25	
教师点评：		

项目小结

跨境电子商务平台众多，各平台前台页面内容及功能不尽相同，亚马逊五大榜单突出热销产品，Deal页面聚焦优惠促销，搜索结果页帮助用户精准定位所需商品，而产品详情页则提供详尽的产品信息和用户评价，为购物决策提供有力支持。整体而言，跨境电子商务平台页面设计友好，功能齐全，为用户带来便捷、高效的购物体验。

思考练习

1. 简述在亚马逊账号注册过程中，需要准备哪些关键资料。

2. 作为亚马逊卖家和运营人员，为什么需要经常关注亚马逊前台页面？并列举至少三个关注的重点。

项目三

跨境电子商务平台的选品

项目导读

互联网的迅速发展使跨境电子商务已经成为连接世界各地消费者与商家的重要桥梁。在这个日益竞争激烈的市场环境中，如何精准选品并确保产品安全，是每一个跨境电子商务平台都必须面对和解决的问题。

学习目标

知识目标

1. 了解跨境电子商务选品的逻辑和原则。
2. 熟悉跨境电子商务选品的思路与依据。
3. 了解跨境电子商务选品的常见误区与注意事项。
4. 了解跨境电子商务产品认证的概念及重要性。

技能目标

1. 掌握跨境电子商务的常见选品方法。
2. 掌握跨境电子商务常见产品认证分类。

素质目标

1. 提升学生对跨境电子商务选品的认知，拓宽跨境电子商务知识框架。

2. 增强学生对跨境电子商务平台选品的学习和研究意识，为成为优秀的跨境电子商务人才打下基础。

思政目标

跨境电子商务平台的选品直接关系着跨境电子商务平台的运营质量，通过跨境电子商务平台的选品实践，引导学生关注国际市场动态和消费者需求，了解不同国家和地区的文化差异和消费习惯，进而培养学生的国际视野、创新意识和创业精神，引导学生树立正确的价值观和世界观。

任务一　选品的逻辑和原则

任务描述

小王在跨境电子商务平台上账号注册成功后，迫不及待地开始了选品之旅。他知道选品是成功的关键，但对平台的具体规则和要求却知之甚少。于是他开始浏览平台的规则文档，却发现内容繁杂，难以理解。他尝试联系平台的客服，但得到的答复总是官方而笼统，没有解决他的实际问题。

任务分析

小王在跨境电子商务平台上的选品之旅中，首先应该了解产品上架规则，了解哪些商品是允许上架的，哪些是禁止的，以及商品描述和图片的具体要求；同时还要研究不同国家和地区的消费者偏好，确定潜在的热销产品。分析竞争对手的产品线和营销策略，找到差异化的切入点。查看消费者对类似产品的评价和反馈，了解市场需求和“痛点”。通过本任务的学习，帮助学生了解选品前的自我分析和自我评估。

任务实施

在开始经营之前，第一个问题就是我要卖什么。在跨境电子商务领域有一句话：七分产品，三分运营。选对商品并赶在一拨潮流趋势的前头，可能收获颇丰；看到市场爆款后跟风销售，可能订单量不错但是利润稀薄。选品不应依据个人喜好，也不能仅看数据报告，选错商品的后果是库存积压、资金浪费。本项目将介绍选品的一些基本方法，这些方法只能供读者作为了解市场的手段，选品不是一个按部就班的工作，而是应该建立在对商品了解和对目标市场需求了解的基础上，做出综合判断。

一、跨境电子商务选品的原则

选择跨境商品时要考虑三个原则：符合平台规则、符合目标市场法律法规、适合跨境物流寄送。跨境运输费用高、时间长、不确定因素多，运输途中可能遇到恶劣天气、海关扣留、物流周转路线长等情况，因此在选择跨境商品时，应尽量选择保质期长、耐挤压、体积小、重量轻的商品。除以上原则外，选品时需要考虑以下几点。

跨境电子商务选品的原则

（1）使用简单的商品，不需要太复杂的操作。如果经营的是大众商品，那么最好选择不需要复杂操作的，否则会增加售后解释的成本，有些买家耐心有限，没有看使用说明就投诉商品有问题，要求退货退款。

（2）复购率高的商品。最好是快消品，买家可以反复购买，如果商品因使用性质的原因复购率不高，则必须有足够的利润，且适合口碑传播。

（3）供应链稳定。商品卖爆时需要马上补货，如果无法及时补货或因赶工导致商品质量下降，则会给卖家造成很大困扰。

（4）市场容量够大。有的类目虽然竞争不激烈，但是买家需求也少，即使在市场中成为绝对的“老大”，也不足以支撑运营成本。大类目虽然竞争激烈，但因为有庞大的市场容量，新手卖家也很容易分得一杯羹。

（5）大卖家数量少。如果一个类目已经被几个成熟的大卖家占据了大部分市场份额，那么新手卖家就很难参与竞争。

在市场竞争中要关注商品的生命周期，保持商品的竞争力，可以借鉴六点：人无我有，人有我优，人优我快，人快我新，人新我廉，人廉我转。

二、选品前的自我分析和自我评估

卖家在选品前一定要做自我分析和自我评估，可以从以下方面着手。

（1）分析供应商资源。我国很多地区都有大规模的产业带，例如，广州女装产业带、义乌小商品市场、苏州婚纱产业带等。产业带的特点是商品丰富，相关的上下游商品都很齐全，价格也有明显的优势。如果身边有可以合作的工厂，与工厂直接合作不仅可以控制价格，还可以实现小批量定制化生产，拿到独特的商品。如果这些供应链资源都没有，还可以寻求线上的供应商，如阿里巴巴1688批发平台也有海量的货源可以选择（图3–1）。

图3–1　阿里巴巴1688平台

（2）团队优势是研发型，还是铺货型。如果团队成员有研发和生产的背景，就可以利用这项优势做专而精的商品路线，即使是小众类目，只要市场容量够大，也值得深耕。

（3）评估资金情况，合理分配资金。分配资金时要考虑回款周期和补货周期，尽量减少库存，避免资金积压。

三、确定经营策略和经营目标

选品前要确定自己的经营策略和经营目标，考虑店铺定位、商品策略、市场定位和平台选择。

（1）店铺定位。走进一家线下实体店，一眼就能看出这家店的定位是什么，是海量商品的杂货铺，还是有独特风格的精品店。在全球速卖通平台上，有明确定位的店铺更容易给买家留下深刻的印象，提高买家的复购率。

（2）商品策略。有些商品适合低利润走量，如橡皮筋；有些商品适合做高利润精品，如真皮包。选择低利润走量的商品就要突出价格优势，选择高利润精品就要突出商品的独特性。

（3）市场定位。全球有近200个国家，每个国家的地理环境、社会环境不同，消费习惯也有很大区别，想要一款商品在全球都热卖可能性很小，所以针对目标市场调整商品特性非常重要。例如，一款男士T恤在亚洲市场最好卖的码是M码和L码，XL码及以上码卖家可能很少备货，但是在北美市场，经常会有买家需要XXL码，甚至XXXL码。

（4）平台选择。每个跨境电子商务平台的用户群体都有所不同，在全球速卖通上卖得好的商品不一定在亚马逊上也能卖得好，反之亦然。所以，在选品时应重点考虑平台因素，充分利用平台提供的信息资源做好市场调研。

任务二　选品的思路和方法

任务描述

小张一直对时尚和设计充满热情，她决定将这份热情转化为事业，开了一家跨境电子商务店铺。她注册了账号，搭建了店铺，一切都准备就绪。然而，当她准备开始选品时，她发现自己陷入了困境。面对琳琅满目的商品和复杂的市场需求，她感到无从下手。

任务分析

面对选品的困境，小张首先要确定自己的品牌特色和优势，例如，是否专注于环保材料、手工制作、特定风格等。然后利用市场调研工具，如Google Trends、社交媒体趋势分析等，来识别流行趋势和潜在需求。通过本任务的学习，帮助学生利用跨境电子商务平台提供的数据分析工具，进行选品，确保产品质量和供应链的稳定性。

任务实施

一、选品的重要性

在跨境电子商务平台，让店铺能从众多竞争者中脱颖而出，在跨境电子商务平台上持续盈利需要的是“七分靠选品，三分靠运营”。

选品是店铺运营工作的一个很重要的环节，是打造店铺“爆款”的基础。选品即选产品、选品类（相关联的或可相互替代的产品或服务），根据买家需求选择相应品类里的产品。

选品是为了满足用户的需求，提高用户购买店铺产品的概率。用户需求是选品的基础，可以理解为，选品基于需求，选品即在匹配需求。用户产生了某种消费需求，才会寻找解决方案，并在其中挑选一种最合适的消费，而平台选品正好可以为买家提供合适的组合、合适的方案，节省买家的时间和精力。只有通过不同的渠道发掘买家需求，然后针对买家需求选择相关类目产品进行测试和打造“爆款”，才能抢占市场占有率，形成核心竞争力。

跨境电子商务卖家的选品已成为重中之重。对于跨境电子商务卖家来说，选品尤为重要。

以亚马逊平台为例，基于亚马逊“重产品、轻店铺”的特点，选品对于店铺来说具有重大意义。选对了产品方向至少有50%的成功可能性，而选错了产品方向则可能会收获100%的失败。一个爆款好品可以产生巨大的销量和利润，而一个销量平平的产品，不仅没有销量，还要承担亏损。只有选好品，做成爆款，才能拥有巨大的利润空间。如果选品没选好，想要打造店铺爆款将会是一件比较困难的事情。选对产品，在运营过程中就能做到事半功倍；若是产品不对，卖家投入很多的精力、财力，用各种运营推广方法，可能都收效甚微。可见选品在亚马逊运营中，是一个多么重要的环节。

二、选品思路和依据

（一）选品思路

1. 利润导向

亚马逊平台上每一个产品的信息都是带权重的，销量好、广告表现好、自然流量多，产品的转化率高，排名越靠前。如果产品迭代升级比较缓慢的话，一个好的爆款可以收获多年的收益，越到后面，越是纯收益，不需要怎么运营，支付基本的维持成本，就可以保持逐年的收益。

2. 从需求出发，跟随市场趋势

了解客户需求，卖家需要考虑自己手上的产品是否有足够大的市场空间。有足够的市场空间，才能有更高的投资回报率。如果市场已饱和或是无需求，卖家就很难在市场上占据一席之地。此外，卖家要关注目标站点的市场情况，假如卖家是想做亚马逊日本站的，就应当去了解日本买家的购物偏好、购物习性、需要什么样的产品等。

3. 产品竞争力

假如有好产品符合了市场客户真正的刚需，解决了客户需求的痛点，那这个产品就很容易引来平台给予的流量，同时对其他竞争对手的产品进行压制，具备顽强的生命力。反之，如果一款产品需要不断地采取主动营销的方式推广，通过不停地促销、广告和站外促销加持，那么运营成本就会大大增加，不仅无法给卖家带来利润，还会造成亏损甚至影响账户权重。

4. 产品差异化

亚马逊平台上不缺好产品，同时也挤满了中国卖家，但如果能在产品上做出细节上的差异化，真正做到同类型的产品，“人无我有，人有我优，人优我特”，突出产品的特别优势与差异化，就不会缺少盈利的机会。

5. 市场竞争分析

在决定把该产品作为意向产品前，卖家需要分析该产品的市场前景以及竞争激烈程度。从产品的销量情况、产品的销售排名，以及产品的评论数量、各个方面考量。

（二）选品依据

1. 市场容量

消费趋势和市场是瞬息万变的，跨境选品要以市场为导向，其中市场容量是一个非常重要的参量，卖家可以通过参考跨境电子商务平台上面同行售卖数量、市场销量来判断该款产品的市场容量。卖家所选择的产品市场容量越小，“爆款”打造的可能性越小。现有的市场需求量必须足够大，才能够保证有足够的购买者。所以，卖家在选品时尽可能选择市场容量较大的类目和产品。

2. 竞争热度

不同类目和产品的竞争热度不同。竞争热度往往与市场容量成正比，类目和产品所在的市场容量越大，竞争越激烈。同理，类目和产品竞争越小的产品，其市场容量也相对较小。卖家在选品时要注意避开红海类目，发掘竞争程度适中的类目和产品。除此之外，卖家还需要根据自身的实际情况考虑，如果利润空间足够，不妨优先考虑市场容量大的类目和产品；如果卖家想要在运营中有更快的突破，选择竞争热度低的产品自然是更有利的；如果一个产品市场容量足够而同时竞争热度也较为适中，并且产品自带竞争力，符合了市场买家的刚需，解决了买家需求的痛点，那这个产品很容易引来平台给予的流量，在销量上是很容易达到预期的，且该产品不需要不停地广告加持和站外促销加持就可以对其他竞争对手的产品进行压制。

3. 利润空间

产品能否产生利润是卖家选择的关键，要想在运营中取得成绩，就必须充分运用各种运营技巧。由于很多的运营技巧和方法都是需要资金投入的，因此，卖家在选品的时候一定要分析产品的市场价格和平台的竞品价格，计算一款产品的盈利空间，根据实际销售成本设置合理的产品定价。产品售价不宜过低，建议销售价格范围在15～75美元，价格太低影响卖家的利润；价格太高客户容易流失。关于利润，建议选择利润绝对值足够大的产品。卖家要在合理或已知的误差范围内，找到更可能盈利的产品，选定一个可以短期或者长期盈利的产品，选择利润绝对值足够大的产品，因为一个利润率高、利润绝对值低的产品，是不足以支撑起比如亚马逊站内广告这种主动型的运营手法的。

4. 资源优势

在选品中，卖家一定要充分考虑自己的资源情况。如果在某些品类和产品上具有资源优势，应当首先将其考虑在内。具有资源优势，可以更好地在节流方面形成壁垒，从而让自己拥有更强的竞争力。同时，具有资源优势的卖家，也意味着在产品品质和工艺水平改善上具有更多的可能性。

5. 个人偏好

卖家要对产品有兴趣、有足够的偏好，善于发掘产品的优点和特质，很好地把产品推到买家面前，才能在产品销售过程中愿意去攻坚任何问题。如此一来，把一个产品打造成爆款也就具有了可能性。

三、选品的常见误区和注意事项

（一）选品的常见误区

跨境电子商务市场这块“蛋糕”很大，但是机遇往往伴随着风险。跨境电子商务市场上的选品方法很多，但对于很多卖家而言，仍然会面临许多的困难，并踩误区。卖家应学习掌握以下跨境电子商务选品中常见的误区以及注意事项，以便在日常的运营中做到有效规避。

（1）脱离市场。忽略跨境买家的消费习惯、偏好、审美差异、文化壁垒，且分析用户“痛点”不精准。

（2）盲目跟风。盲目跟风热卖产品，忽略自身的资金、供应链等实际情况。处理不得当，容易造成大量库存囤积。

（3）产品同质化严重。卖家的产品与市场上的产品类似或者一样，产品在价格或者品质上不具备差异化特点，无法从众多竞争者中脱颖而出。

（4）侵权。在店铺日常运营过程中出现品牌侵权问题、图片侵权问题、专利侵权问题等。跨境电子商务平台十分重视并严厉打击知识产权侵权事件。一旦被发现侵权，产品会被下架，严重者，会被封号。

（5）安全认证。每个国家都有相关的认证体系。卖家忽略产品的安全认证问题，导致产品无法上架或者产品被下架。卖家在选择产品时，也需要充分考虑到产品认证的事情。

（二）注意事项

（1）产品要有利润率，毛利率低于30%的产品不建议入场。在亚马逊运营过程中有很多的开销：头程、关税、运费、仓储费、平台销售佣金、增值税、站内广告等，利润太低有可能亏本，特别是小卖家，没利润很难坚持下去。

（2）在供应链、运营水平等方面没有背水一战的实力，切忌盲目跟风。

（3）节假日/季节性产品不能成为店铺唯一爆款，需要做好店铺产品布局（时下销售款、四季款，不受季节影响产品）。

（4）忌拍脑门做事，顺势而为，做好数据分析，把握产品生命周期。

（5）红海产品不等于没有机会点，冷门产品不等于蓝海产品。在分析竞品的时候，数量多不可怕，主要是看竞品的运营情况和实力，要综合分析自己的能力之后再去决定选择还是放弃。

（6）选好品只是成功的第一步，运营也至关重要，不要选好品就不重视运营。

（7）整个类目评分低于4颗星的类目不要做，该产品具有不可调整的痛点，不要把自己当成救世主。

（8）卖家在选品的时候要权衡利弊，一定要极力避开这些误区，多花点时间用心去选择合适的产品，实践才是检验真理的唯一标准，可以多借鉴竞争对手的做法，但是不要盲目跟风，多尝试、多反思、多总结，最终形成自己的一套选品逻辑和标准。

四、选品参考及选品建议

（一）选品参考

有了选品的方向之后，接下来就是要从选品的产品特点以及物流各方面的条件去分析，选择有优势的产品。

（1）方便运输：体积小、重量轻的产品在仓储和物流上占有优势，还能减少物流费用，在运输速度上也更有效率。

（2）易损坏程度：不易损坏的商品，能够减少在运输过程中非人为损坏而导致的客户退款和投诉。

（3）客单价高：产品售价不宜过低，建议销售价格范围在15～75美元之间。价格太低影响卖家的利润，价格太高客户容易流失。

（4）季节性影响：不受季节变化影响的商品能够长期销售，季节性产品一年只能销售一小段时间，库存备货管控不好，容易血本无归。

（5）法律风险：亚马逊注重知识产权保护，卖家选品中要避免侵权，如版权、专利、品牌等方面的信息，不得出售假冒伪劣产品，确保产品没有侵权。

（6）市场容量：现有的市场需求量大一些，才能够保证有足够的购买者。

（7）产品竞争程度要适中，注意避开红海类目。

（二）选品建议

在电子商务业务中，选品是确保成功至关重要的环节之一。以下是关于如何科学、系统地进行选品的建议。

1. 应明确主营的产品线

在选品时，优先考虑目前手头上已有的资源，以确保资源的高效利用和成本的合理控制。

2. 集中资源经营核心产品

切忌盲目追求多样性而分散精力，应聚焦在一项或几项产品上，深入挖掘其潜力，以形成竞争优势。

3. 要有敢于试错的勇气

在产品销售过程中，若经过反复尝试仍不见成效，应及时止损，调整策略，转向其他有潜力的产品。

4. 强化品牌要求

在品牌方面，亚马逊等平台已明确要求产品必须拥有品牌和商标。因此，建议卖家做好类目规划，并尽早注册自己的商标，以树立品牌形象，提高产品辨识度。

5. 不要忽视小众和冷门产品

只要能为卖家带来盈利，都是值得考虑的好产品。这类产品往往具有独特的竞争优势，能够帮助卖家在市场中脱颖而出。

6. 关注市场趋势和消费者需求至关重要

卖家应定期进行市场调研，确保自己的产品线与市场需求保持同步。这不仅可以提高产品的竞争力，还可以有效避免库存积压的风险。

7. 在选择产品时，还应考虑其创新潜力

在竞争激烈的电子商务环境中，只有不断创新，才能在市场中保持领先地位。卖家可以从产品的设计、功能、材料等方面入手，不断寻求创新点。

8. 要注意产品的可替代性和可复制性

若产品容易被其他卖家模仿或替代，则需要投入更多的时间和资源来维护市场份额。因此，在选择产品时，要尽量选择那些具有独特性和技术壁垒的产品。

9. 要考虑产品的生命周期

一些产品可能只在特定时期流行，过了这段时间销量就会大幅下降。因此，在选择产品时，要尽量选择那些具有较长生命周期、能够持续满足消费者需求的产品。

10. 产品质量是电子商务业务的核心

只有高质量的产品才能赢得消费者的信任和口碑。在选择产品时，要确保产品符合相关的质量标准，并且能够满足消费者的实际需求。只有这样，才能在竞争激烈的市场中立足并取得成功。

综上所述，科学、系统地进行选品是电子商务成功的关键之一。希望以上建议能够帮助卖家在选品过程中做出明智的决策，从而实现电子商务事业的长期稳定发展。

五、常见选品方法

跨境电子商务平台的选品方法有很多种，如站内选品、站外选品、类目选品、软件选品等。由于各大跨境电子商务平台特点不同，跨境电子商务平台的相关政策、规则不同，其热销品类、扶持品类、侧重的类目、商品的搜索排序规则也不尽相同。

卖家选品要以跨境电子商务平台特点为基准，采取适合相应跨境平台的选品方法。

以亚马逊为例，亚马逊平台常见的选品方法主要有站内榜单选品法、垂直类目深挖选品法、爆款周边关联选品法、供应商推荐选品法、龙头品牌卖家店铺跟进法、跨平台选品法、社交媒体选品法、季节/节日选品法、选品工具选品法等。

（一）站内榜单选品法

亚马逊平台的选品80%都是基于平台站内数据，站内产品的销售数据最能体现平台买家的需求，所以亚马逊平台提供的站内榜单选品最具参考意义。亚马逊平台五大排行榜单，“Best Sellers”“New Release”“Movers & shakers”“Most Wished For”“Gift Ideas”可以直观地体现平台热销和潜力的商品数据。

对新卖家来说“New Release”和“Movers & Shakers”这两个榜单的商品数据会更有参考意义。这两个榜单上的商品上市时间相对短，产品评论相对较少，竞争不太激烈，但是短期内上升快，说明近期市场需求高，市场容量足够大，可以快速获取当下流行趋势与信息。通过“New Release”和“Movers & Shakers”榜单数据可以找到上升潜力较大的产品，挖掘新兴产品。

“Best Sellers”榜单有助于卖家了解亚马逊的热卖产品是什么，判断市场容量情况，追踪类目销售趋势，选出产品方向。卖家除了依据榜单数据来选品外，还需要再结合根据自身开发兴趣、资金、供应商资源优势、产品利润、产品市场情况、产品竞争情况多维度分析再做最终确定。

注意：如果卖家在“New Release”下面某一个类目，发现前100里面的产品某一款产品多次出现（如3次以上），很有可能这个产品正好也是其他卖家集中全部精力打造的爆款。

（二）垂直类目深挖选品法

一个店铺按照类目来定位经营，随着对产品的不断了解和调研，不但对行业、商品越来越专业，也能更好地管控供应链资源。这种模式最大的一个好处，就是有利于卖家对类目进行深度挖掘，而不是天天没有目的性，把所有类目走马观花看了一遍，却没有发现什么好的产品。从店铺方面来讲，垂直类目深挖选品法一方面可以合理规避店铺风险，另一方面更有利于产品的全面布局和品牌化规划。

以亚马逊家居厨房类目为例，该类目下有很多的二级类目甚至三级类目（图3-2）。

沿着类目深挖，除了四件套，还可以有枕头、毯子、床、桌椅、装饰画等不同产品。亚马逊多年的买家购物数据调研，在品类上已经做了很好的细分，卖家在选品开发过程中，可以充分利用这种方式，增强在类目下的商品优势。

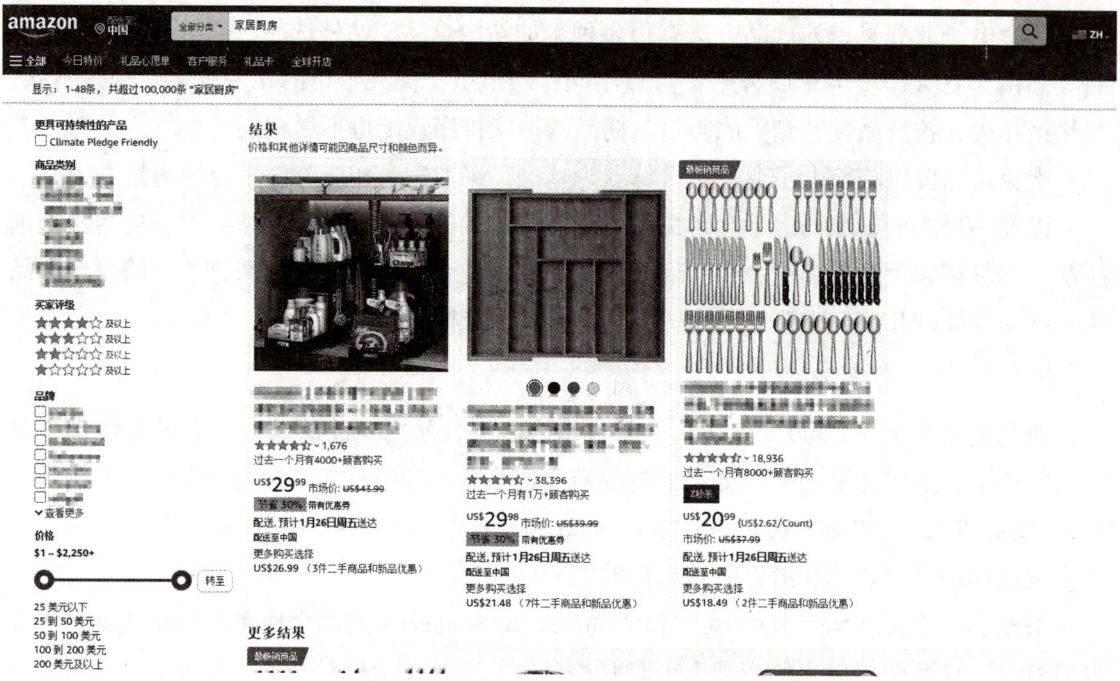

图 3-2　亚马逊家居厨房类目

（三）爆款周边关联选品法

如果卖家打造了一款热销的产品，可以考虑从这款产品周边相关配件或者关联性产品进行深度挖掘，最简单的就是做变体形式。如开发其他颜色、其他尺寸、不同包装等。例如，一款床上四件套卖得很好，可以再开发不同的颜色或是图案的四件套产品做变体；又如，假设瑜伽垫卖得很好，这个时候卖家也可以参考他的关联推荐，可以看到买家也经常有运动绑带和杠铃的需求，可以通过这种方式开发周边配套或是需求产品，也是一个快速开发产品的方式。

（四）供应商推荐选品法

相比于卖家对市场的熟悉，很多行业供应商对产品和市场的熟悉一点也不逊色。一些有实力的供应商，往往可以从市场流行趋势、需求、其他销售渠道等精准获取市场动向，快速地研发新品。所以，作为卖家非常有必要多和供应商交流请教，也能有利于卖家对供应链端商品和其他卖家市场销售情况的了解。

（五）龙头品牌卖家店铺跟进法

行业大卖或是龙头品牌卖家，基本上都配备有专业的选品开发团队，能够对平台数据进行更专业的调研分析，掌握市场动向，开发的产品也更有数据支撑，选品成功的概率更大。作为新进小卖家来说，不管是对市场的经验还是人力配备上都有限的情况下，实时跟进这些卖家店铺产品，特别是新上架的产品，是减轻选品工作量的一个有效方式。

可以平时多关注一些类目品牌店铺，保持关注，每个周期浏览记录数据。若有发现新品上架，可以结合自身的供应链进一步调研，核算利润。若有利润及市场机会，抓紧时间快速切入。

（六）跨平台选品法

每一个爆款都有着自己的群众基础，产品在一个平台能火，在其他平台火爆的概率就比其他产品要高。同理，在某一个国家或区域火爆的产品在其他国家也可能火爆。如果卖家刚好发现两个平台之前的火爆程度不同步，同时分析觉得该产品在暂时没有火爆起来的平台上同样存在需求，那么就可以快速切入、打造、推动。

可参考不同国家和区域的本地平台与垂直细分平台，复制过来打造，如Ebay，沃尔玛、全球速卖通等；也可以关注众筹网站，如Kickstarter，Indiegogo或是一些品牌卖家独立站。

（七）社交媒体选品法

亚马逊运营当中累积回顾是个重要的工作，很多卖家会通过很多社交媒体去发帖子，做测评。另外各个社交媒体也会有相关用户讨论和热门的话题。若有热度讨论的产品出现，卖家也可以去快速论证，像早期爆火的指尖陀螺，就是从社交媒体发现的产品。所以建议卖家也可以多关注“Facebook”“YouTube”“Pinterest”“Instagram”等社交媒体，参考同行发布的新品及红人推荐产品，看到眼前一亮的产品，可以利用选品软件进行数据分析，查找是否有相应的市场机会。

（八）季节/节日选品法

所谓季节性产品，即某些产品不是一年内销售稳定，可能是某一个季度销量激增，而在某个季节又比较低落。若卖家账户有完成的品牌备案，可以通过品牌分析功能，利用节日搜索词搜索查询热销商品，通过搜出来的词可以知道用户需要什么类型的商品。

季节性产品一直是亚马逊卖家们热销产品品类，但是带来收益的同时也伴随着一定的风险。季节性产品卡对推广节奏特别重要，太早太晚都会错过时机，不太推荐新手卖家做季节性产品的原因就是节点很难把控以及库存备货量等原因。但是如果能把握好提前上架时间以及备货量宁少勿多不贪心，季节性产品其实更容易做，推广成本低、评论要求少，随着季节性流量的增长，产品自身就很容易起来，还可以因季节性产生更多利润。

节日商品需要注意时间节点，节前抢流量先机，以销售旺季时间倒推物流发货时间，产品采购时间。如圣诞节产品9—10月份开售，需8月份开始发海运，7月份做好采购与检验。节末做好营销推广，避免库存堆积至第二年销售，提前止损，早卖早退。

（九）选品工具选品法

针对亚马逊平台选品，有很多不同的选品工具，如卖家精灵、鸥鹭、Helium10等。利用这些选品工具可以快速查看到相关产品的市场容量、搜索热度、销量、售价、Review评分、品牌垄断度、价格变化等，快速便捷，不需要人工累积数据，就能帮助卖家快速了解当下市场趋势，以及客户群体需求。通过这些数据，做完市场分析，卖家就能了解产品的大体情况，继而考虑自身的供应链、物流等优势，核算利润，综合评估出产品是否适合卖家自身情况去销售。

选品工具采集的数据具有一定的滞后性且市场数据相对透明公开，卖家需要主观判断该产品所处的生命周期阶段（上升期、成熟期、衰退期），快速做出反应，否则容易造成销售不佳、库存积压等风险。

任务三　产品安全认证

任务描述

小陈的店铺在跨境电子商务平台上小有名气，他销售的电子产品因其时尚的设计和合理的价格受到了海外消费者的喜爱。他经常在社交媒体上分享客户的正面反馈，然而，他忽视了对产品安全标准的深入研究和持续监控。一天，小陈收到了一位海外客户的投诉，称其购买的电子产品在使用过程中发生了故障，导致轻微的烧伤。这个消息像一颗炸弹一样在小陈心中爆炸，他开始意识到产品安全并非小事，而是关乎品牌声誉和消费者信任的大事。

任务分析

针对这种情况，小陈首先需要了解不同国家和地区的产品安全法规，如欧盟的通用产品安全法规（GPSR），了解哪些产品需要符合GPSR法规要求，以及如何正确地在商品实物标签中展示必要的信息。然后根据产品特性和目标市场，选择合适的安全认证，如CE认证（针对欧盟市场），确保产品通过了所有必要的测试，以符合相关的欧盟指令和标准。通过本任务的学习，帮助学生了解产品认证分类。

任务实施

一、产品安全认证的定义

产品安全认证是指对产品进行一系列检测和评估，以确保产品符合相关的安全标准和质量要求的过程。随着人们对产品安全的关注度不断提高，产品安全认证已经成为消费者选择产品的重要依据。

首先，产品安全认证是对产品质量的保证。通过认证的产品的质量得到了认可，不仅提高了产品的信誉度，也增加了消费者对产品的信任感。例如，在食品行业，食品安全认证是保证食品质量的重要手段。通过食品安全认证的食品，其生产过程符合相关法规和标准，从而确保食品的质量和安全性。

其次，产品安全认证也是企业提升品牌形象的重要手段。获得认证的产品可以在市场上获得更高的认可度，从而增加企业的市场份额和销售量。例如，一些企业为了提高其产品的安全性和质量，会主动申请各种国际和国内的产品安全认证。这些认证不仅提高了企业的品牌形象，也增加了消费者对企业的信任度。

最后，产品安全认证还是国际贸易的重要壁垒。在国际贸易中，进口国常常会要求出口国的产品通过其指定的安全认证，以保护本国的产业和市场。因此，产品安全认证也是企业进入国际市场的必要条件之一。

总之，产品安全认证是保障产品质量、提升企业品牌形象和促进国际贸易的重要手段。随着人们对产品安全的关注度不断提高，产品安全认证将会越来越受到重视。因此，企业应该加强产品安全认证的意识和投入，以提高产品质量和信誉度，增加市场份额和销售量，以及拓展国际市场。

随着亚马逊平台越来越完善，其平台规则也越来越多。亚马逊一贯注重产品质量和安全问题，产品安全极大地关系着买家的安全问题，一旦卖家的产品出现安全问题，亚马逊绝不会轻易姑息，因此卖家要确保自己的产品是安全合规的。不同产品在入驻亚马逊平台时，需要满足其检测认证服务，只有通过相关的检测认证后产品才能正式在亚马逊上销售，否则产品将面临下架的可能。卖家在选择产品时，也需要充分考虑到产品认证的事情。

二、常见产品认证分类

下面主要介绍美国、欧洲、日本国家（地区）市场常见的一些产品认证需求。

（一）RoHS证书

所有在欧盟地区售卖的电子类产品都需要进行《关于限制在电子电气设备中使用某些有害成分的指令》（restriction of hazardous substances，RoHS）认证（图3–3）。主要用于规范电子电气产品的材料及工艺标准，使之更加有利于人体健康及环境保护。RoHS涵盖范围为AC 1 000 V、DC 1 500 V以下由目录所列出的电子、电子产品有家电、灯具、玩具、安防、通信、电动工具等。

（二）EN71证书

欧盟市场玩具类产品的规范标准。通过EN71（欧洲玩具安全指令）标准对进入欧洲市场的玩具产品进行技术规范，从而减少或避免玩具对儿童的伤害。

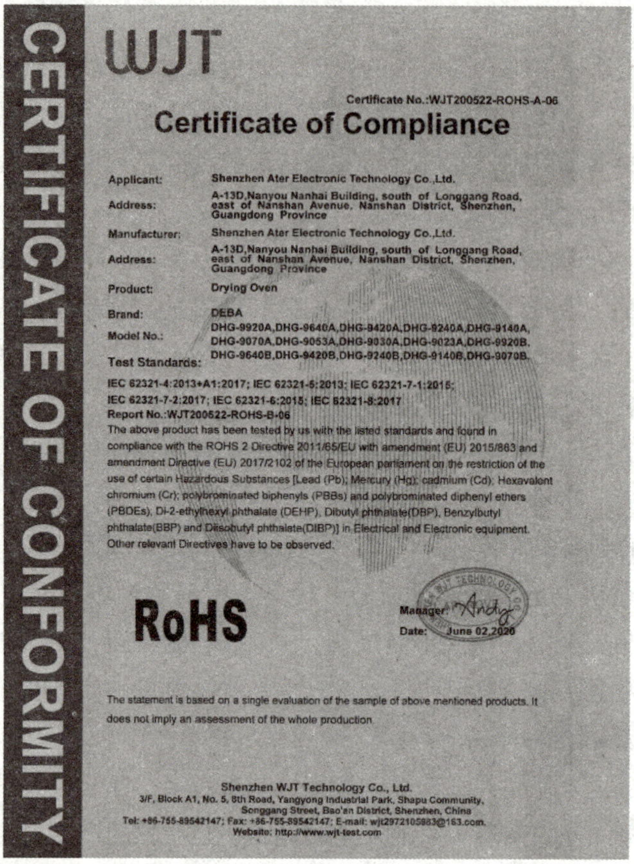
CERTIFICATE OF CONFORMITY

WJT

Certificate No.:WJT200522-ROHS-A-06

Certificate of Compliance

Applicant: Shenzhen Ater Electronic Technology Co.,Ltd.

Address: A-13D,Nanyou Nanhai Building, south of Longgang Road, east of Nanshan Avenue, Nanshan District, Shenzhen, Guangdong Province

Manufacturer: Shenzhen Ater Electronic Technology Co.,Ltd.

Address: A-13D,Nanyou Nanhai Building, south of Longgang Road, east of Nanshan Avenue, Nanshan District, Shenzhen, Guangdong Province

Product: Drying Oven

Brand: DEBA

Model No.: DHG-9920A,DHG-9640A,DHG-9420A,DHG-9240A,DHG-9140A, DHG-9070A,DHG-9053A,DHG-9030A,DHG-9023A,DHG-9920B, DHG-9640B,DHG-9420B,DHG-9240B,DHG-9140B,DHG-9070B.

Test Standards:

IEC 62321-4:2013+A1:2017; IEC 62321-5:2013; IEC 62321-7-1:2015; IEC 62321-7-2:2017; IEC 62321-6:2015; IEC 62321-8:2017

Report No.:WJT200522-ROHS-B-06

The above product has been tested by us with the listed standards and found in compliance with the ROHS 2 Directive 2011/65/EU with amendment (EU) 2015/863 and amendment Directive (EU) 2017/2102 of the European parliament on the restriction of the use of certain Hazardous Substances [Lead (Pb); Mercury (Hg); cadmium (Cd); Hexavalent chromium (Cr); polybrominated biphenyls (PBBs) and polybrominated diphenyl ethers (PBDEs), Di-2-ethylhexyl phthalate (DEHP), Dibutyl phthalate(DBP), Benzylbutyl phthalate(BBP) and Diisobutyl phthalate(DIBP)] in Electrical and Electronic equipment. Other relevant Directives have to be observed.

RoHS

Manager: Andy

Date: June 02,2020

The statement is based on a single evaluation of the sample of above mentioned products. It does not imply an assessment of the whole production.

Shenzhen WJT Technology Co., Ltd.
3/F, Block A1, No. 5, 8th Road, Yangyong Industrial Park, Shapu Community, Songgang Street, Bao'an District, Shenzhen, China
Tel: +86-755-89542147; Fax: +86-755-89542147; E-mail: wjt2972105983@163.com.
Website: http://www.wjt-test.com

图 3–3　RoHS 证书

（三）CE 认证

欧洲合格评定证书（communaute-europeenne，CE）认证是欧盟法律对产品提出的一种强制性要求，它相当于一种安全认证标志。即只限于产品不危及人类、动物和货品安全方面的基本安全要求，而不是一般质量要求，大多在欧洲经济区销售的商品，都需要具有CE标志。包括IT类、音视频AV类、大家电、小家电、灯具、工医科机械、仪器、USP电源类。

（四）GS 认证

所有在德国地区售卖的和安全相关的产品都需要进行德国安全认证（Germany safety，GS）认证。包括家用电器、电子玩具、体育运动用品、家用电子设备、家用机械、电气及电子办公设备、通信产品、电动工具、电子测量仪器、工业机械、实验测量设备及其他（如头盔、爬梯等与安全有关的产品）。

（五）FDA 证书

美国食品药物管理局（Food and Drug Administration，FDA）证书是即食品、化妆品、医疗用品等品类认证，在亚马逊上销售这几类产品的卖家没有FDA认证是不可以在亚马逊上进行销售的。

（六）CPC认证

美国消费产品委员会、美国海关或亚马逊等电子商务平台要求在美国市场销售儿童产品的责任方需提供儿童产品安全证书（children's product certificate，CPC）认证证书及检测报告等相关文件。适用于所有为12岁及以下儿童设计，或以12岁及以下儿童为主要使用对象的消费品，例如，儿童玩具、儿童服装、儿童学习用品等。

（七）UL认证

美国保险商试验所（Underwriter Laboratories Inc.，UL）认证在美国属于非强制性认证，主要是产品安全性能方面的检测和认证，其认证范围不包含产品的电磁兼容（electromagnetic compatibility，EMC）特性。主要针对的是充电器、移动电源、手机电池、灯具等电动工具的安全性。

（八）FCC认证

美国联邦通信委员会（Federal Communications Commission，FCC）认证是美国联邦通信对于电子产品的一种认证。FCC认证涉及美国50多个州、哥伦比亚以及美国所属地区，管理进口和使用无线电频率装置，包括电脑、传真机、电子装置、无线电接收和传输设备、无线电遥控玩具、电话、个人电脑以及其他可能伤害人身安全的产品。

（九）PSE认证

所有在日本地区售卖的电器类产品（除去非使用插座的）都需要进行日本强制性安全认证（product safety of electrical appliance & materials，PSE）认证。PSE认证是日本强制性安全认证，用以证明电机电子产品已通过日本电气和原料安全法或国际IEC标准的安全标准测试，包括电气用品、电线电缆等。

以上认证是属于亚马逊比较常见的产品认证，但是每个国家的认证体系都有不同。详细内容可以查询相关资料或是在亚马逊后台打开CASE咨询客服。部分产品是不需要认证的，但是有认证的产品可以更好地获得买家的青睐。

亚马逊卖家主动了解销售国的法律法规和要求，更多地了解不同国家地区对于产品认证的要求，在选品阶段仔细确认供应商是否已经取得相关机构的认证来挑选合适的产品，不做伪造证书的行为，能为顺畅销售保驾护航，在一定程度上避免货物无法在平台上进行销售而造成的损失。

拓展阅读

海外常用的社交媒体

社交媒体通常是信息和流行的发源地，人们的购买行为经常会受到其他人的影响，跨境电子商务卖家应对社交媒体保持高度关注，特别是和商品类目相关的话题，要从中发掘可能即将流行的商品。下面介绍一些海外常用的社交媒体。

1. Instagram

Instagram是时尚用户最喜欢用的图片分享网站，从Instagram上产生过很多流行趋势和爆品。Instagram上的照片大多有独特的风格，"Ins风"现在已经是电子商务网站上常用的关键词，用来形容风格类似的商品。

Instagram创立于2010年，以图片和视频分享为主，每月拥有8亿个活跃用户，超过400亿张的照片在这里被分享。用户以年轻时尚人士为主，大多数是18~29岁，32%的用户是在校大学生。

2. Pinterest

Pinterest是图片瀑布流，适合用户在手机端浏览图片。在Instagram上用户喜欢分享生活方式类的图片，而在Pinterest上有很多设计师或其他专业人士分享具有创意的图片。Pinterest创立于2010年，每天约有200万个用户在Pinterest上保存购物Pins别针，也适合卖家做创意类商品营销。

3. Facebook

Facebook于2004年创办，每天使用Facebook的用户高达14亿人，Facebook用户的年龄大多为25~34岁。大部分的品牌商或电子商务卖家都会使用Facebook进行选品或营销。

4. Snapchat

Snapchat是一款照片分享App，每月有3亿多个活跃用户，在每天的活跃用户中，有7 700万用户来自于美国，60%的用户年龄为18~34岁。

5. Linkedln

Linkedln于2002年成立，主要为职业人才网站，除个人用户外，还有超过2 000万个企业用户。Linkedln是一款男性用户比例高于女性用户比例的社交平台。

6. Reddit

Reddit是一个新闻社交论坛，也是新鲜事件和热点事件的源头。在Reddit中有很多细分板块，每个版块都有一个特定的主题，在一些以产品为主题的板块里，用户会讨论最新的产品，卖家可以在这里找到大量灵感。

7. VK

VK是目前俄语系国家中最受欢迎的社交网站，俄罗斯的年轻人在这个社交平台上非常活跃，全球速卖通平台也在VK上投入了大量资源为平台做推广。

8. Itao

Itao网站是全球速卖通针对俄罗斯市场做的商品分享网站，有很多俄罗斯买家会在上面分享从全球速卖通上买来的商品。买家可以使用自己在全球速卖通上的买家账号直接登录Itao网站，非常方便。

在以上平台上可以关注意见领袖分享的信息，这些信息相关的产品可能马上会成为爆款；也可以关注院线未来一年的上映计划，选出被观众期待的电影，这些电影可能会带动一股文化潮流，卖家可以提前准备周边商品。

在社交媒体平台上，一旦识别到具有潜力的商品，应当立即启动供应链组织流程，确保商品能迅速上架。此举的重要性体现在两个方面：首先，这些商品的流行周期短暂且迅猛，中小卖家若能提前把握市场趋势，赶在热潮高涨之前开展销售活动，将有机会获取更高的利润回报；然而，随着市场上越来越多卖家的加入，商品利润将逐渐缩减，中小卖家在此时将难以与大卖家竞争。其次，考虑到部分商品的生命周期极短，若在组织货源的过程中出现延误，可能会导致商品上架时市场热度已经消退，进而造成商品积压，形成库存风险。因此，迅速而有效的供应链组织对于中小卖家而言至关重要。

项目工单

学习完本项目的内容后，认真完成表 3–1 的项目工单。

表 3–1 项目工单

跨境电子商务选品实践	
实践任务	通过了解跨境电子商务平台的选品规则，选出符合规定的商品
实践目标	1. 掌握跨境电子商务平台选品的基本流程和方法，熟悉选品过程中的关键步骤和技巧； 2. 了解目标市场的消费者需求、消费习惯和文化特点，提高市场敏感度和分析能力； 3. 学会分析竞争对手的选品策略和产品特点，为自己的选品提供借鉴和参考； 4. 培养学生的团队协作精神和沟通能力，提高解决问题的能力
实践步骤	1. 了解目标市场与消费者需求 （1）收集并分析目标市场的文化、消费习惯、消费能力和消费需求等信息； （2）利用市场调研工具，如问卷调查、社交媒体分析等，获取消费者对于产品的偏好和意见 2. 分析竞争对手与产品现状 （1）搜索并整理跨境电子商务平台上的同类产品，分析其特点、价格、销量等； （2）了解竞争对手的选品策略、优势和劣势，以便找到自己的差异化点 3. 确定选品方向与定位 （1）根据目标市场和消费者需求，确定选品的总体方向和定位； （2）考虑产品的重量、体积、售后难易度、季节性、节日性等因素，选择具有潜力的产品 4. 寻找并筛选潜在产品 （1）通过各种渠道，如行业展会、社交媒体、供应商推荐等，寻找潜在产品； （2）对潜在产品进行初步筛选，评估其市场需求、竞争情况、品质保障等 5. 深度分析与评估产品 （1）对筛选出的产品进行深度分析，包括功能、性能、价格、品牌等方面； （2）利用数据分析工具，预测产品的销售潜力和市场趋势 6. 制定选品策略与计划 （1）根据分析结果，制定具体的选品策略和计划，包括产品组合、定价策略、推广方式等； （2）制定选品时间表，确保选品工作有序进行

续表

实践提示	1. 充分了解目标市场，避免盲目选品。在选品过程中，务必对目标市场进行深入了解，确保所选产品符合市场需求和消费者喜好 2. 注重产品品质与售后保障。选择品质优良、售后保障完善的产品，以提高客户满意度和忠诚度 3. 关注知识产权与合规问题。在选品过程中，要特别注意知识产权问题，确保所选产品不侵犯他人的专利权、商标权等。同时，要遵守跨境电子商务平台的规则和法律法规，确保业务的合规性 4. 灵活调整选品策略。根据市场变化和消费者需求的变化，灵活调整选品策略，保持对市场的敏感度和适应性 5. 注重团队合作与沟通。在实训过程中，加强团队成员之间的合作与沟通，共同分析问题、解决问题，提高选品效率和质量
实践总结	

实践评价

完成以上实践后，认真完成表 3-2 的实践评价。

表 3-2　实践评价

评价内容	分值	得分
参与实践的积极性、主动性	25	
独立思考能力	25	
创新能力	25	
对选品策略的掌握程度	25	
教师点评：		

项目小结

跨境电子商务选品是平台运营的核心。跨境电子商务经营者在选品前，需进行深入的自我分析和评估，明确经营策略和目标，如市场定位、目标用户群等。选品时，要依据市场需求、产品竞争力、利润空间等因素，避免陷入盲目跟风或选择过时产品的误区。

选品的重要性不言而喻，它直接关系到销售业绩和顾客满意度。经营者需参考市场趋势、消费者反馈和行业报告，结合数据分析，选择有潜力的产品。同时，产品安全认证是不可或缺的环节，它保障了产品的质量和消费者的权益。经营者需了解常见产品认证分类，如 CE、FCC 等，确保选品符合相关标准和法规要求。

思考练习

1. 简述跨境电子商务选品时需要考虑的五个原则。
2. 简述产品安全认证在亚马逊平台中的重要性。

项目四

欧洲税务与品牌申请备案

项目导读

随着全球化进程的加速推进，欧洲市场因其庞大的消费群体、成熟的商业体系以及日益完善的法律法规，吸引了越来越多的企业前来拓展业务。然而，进军欧洲市场并非易事，企业不仅需要了解并遵守当地的税务法规，还需完成品牌申请备案等程序，以确保商业活动的合规性与品牌权益的保障。

学习目标

知识目标

1. 了解欧洲税务相关知识点。
2. 掌握商标注册的重要性及相关要求。
3. 了解品牌备案的概念及优势所在。

技能目标

1. 掌握商标注册申请的流程。
2. 掌握品牌备案流程。

素质目标

1. 提升学生对欧洲税务及品牌申请备案的认知，拓宽对跨境电子商务的整体认识。
2. 增强学生对品牌申请备案的学习意识，为以后的职业发展打下基础。

思政目标

欧洲税务与品牌申请备案的学习非常多样化，不仅包括专业技能的培养，还涵盖了国际化视野、法律法规意识、跨文化沟通能力、职业道德、创新思维、团队合作精神、批判性思维、责任感与使命感以及终身学习能力等多个方面。通过学习，学生可以获得全面的发展，为未来的职业生涯做好充分准备。

任务一 欧洲税务

任务描述

小林的店铺在跨境电子商务平台上生意兴隆，由于他一直专注于产品销售和客户服务，对于税务问题并没有太多关注。直到有一天，他收到了欧盟税务机关的通知，要求他补缴增值税（VAT）并支付罚金。原来，根据欧盟的新政策，所有在欧盟境内销售的商品和服务都需要缴纳 VAT，而林峰并没有遵守这一规定。

任务分析

小林作为跨境电子商务平台的商家，需要了解 VAT 的基本概念，包括如何运作，以及它对跨境电子商务的影响。通过本任务的学习，帮助学生熟悉欧盟的税务政策，了解 OSS 系统的运作方式以及如何通过 OSS 简化 VAT 申报和支付流程。

任务实施

随着跨境电子商务市场向精细化、合规化方向发展，越来越多的海外国家提出了更高的跨境电子商务业务税务监管及政策要求。欧洲地区对税务方面要求严格，欧洲财税合规对卖家来说至关重要，税务合规有助于卖家长久稳步经营，有助于卖家规避由于税务不合规引发的账号等风险。在本任务内容中，旨在系统地了解欧洲税务相关信息，这有助于帮助跨境卖家的欧洲“出海”计划。

一、欧洲财税之 VAT 和 EORI

（一）VAT

VAT 即 value added tax，是欧盟的一种税制，在欧洲境内，销售增值税（除特殊说明，以下简称“增值税”）由增值税注册商家就其在欧洲境内的销售进行征收，并向相关国家税务机关申报和缴纳。VAT 号成为欧洲地区卖家标配。不同国家的 VAT 缴纳标准如表 4-1 所示。

表 4-1 不同国家的 VAT 缴纳标准

国家	增值税标准税率 / %
英国	20
德国	19

续表

国家	增值税标准税率 / %
法国	20
意大利	22
西班牙	21
奥地利	20
波兰	23
捷克	21
荷兰	21
比利时	21
斯洛伐克	20
瑞典	25

1. VAT 注册资料

每个国家对VAT注册要求的资料不尽相同（表4–2）。个别国家对VAT注册有特殊要求，如波兰和捷克需要宣誓翻译；西班牙还需要海牙认证等。

表 4–2 VAT 注册资料

所需提供的资料	英国	德国	意大利	法国	西班牙	捷克	波兰	荷兰
营业执照	√	√	√	√	√	√	√	√
法人身份证（护照）	√	√	√	√	√	√	√	√
亚马逊行动计划文件	√	√	√	√	√	√	√	√
注册平台账号信息截图等	√	√	√	√	√	√	√	√
64–8 文件	√							
海牙认证原件					√			

注：“√”表示本国需要的资料。

2. VAT 计算

计算VAT，需要明确两个概念：进口税和销售VAT。

（1）进口税

海关会对任何个人和公司进口到欧盟的商品征缴进口税，进口税包括：关税（import duty）和进口增值税（import VAT）。

$$关税=申报货值\times 产品关税税率$$

进口 VAT =（申报货值 + 头程运费 + 关税）× 税率

（2）销售 VAT

当货物进入欧盟五国（按欧盟法例），货物缴纳进口税；当货物销售后，商家可以退回进口增值税，再按销售额缴纳相应的销售税。不同类别的产品收取的增值税 VAT 费率不同。

销售 VAT = [应税销售额 /（1+ 税率）] × 税率

（3）VAT 计算

实际缴纳 VAT = 销售 VAT– 进口 VAT

3. 欧盟电子商务增值税（VAT 新规）

（1）欧洲废除 22 欧元以下免进口 VAT 税的福利政策。根据欧盟电子商务增值税（VAT 新规），从 2021 年 7 月 1 日开始，欧盟取消 22 欧元以下进口的免税额度，进口到欧盟的商品，无论价值如何均需缴纳增值税。2021 年 7 月 1 日之后，所有货值低于 150 欧元以下的商品，都必须通过欧盟进口一站式申报系统（import one-stop shop，IOSS）进行 VAT 申报。卖家需要在自发货的包裹上贴有 IOSS 的编号。

（2）电子商务平台被视为卖家，需要承担税务义务。从 2021 年 7 月 1 日开始，平台实行销售 VAT 的代扣代缴制度。欧盟电子商务增值税法规要求亚马逊等在线商城代收代缴欧盟买家支付的销售增值税，并缴纳至欧盟税局。销售增值税被代收代缴之后，销售增值税部分最终是由消费者（买家）承担，卖家的成本不会增加。对于已经被代扣代缴增值税的销售，卖家无须重复缴纳增值税，但仍需依据要求完成相应的 VAT 申报工作。未被代收代缴的欧盟卖家同样需要完成增值税合规义务，需自行缴纳增值税乃至其他税种给到欧盟各国相应的税务机构。欧盟地区当前的增值税申报要求无论该笔交易是否被代扣代缴，卖家仍需要根据要求完成相应的增值税申报。

存放库存的欧盟国家 / 地区仍然需要满足增值税税号注册要求。卖家使用欧盟国家或英国作为货物仓储地，则需注册、申报和缴纳相应仓储所在国的 VAT。

4. 亚马逊增值税整合服务

自 2021 年 7 月 1 日起，亚马逊需要针对以下情形的卖家在亚马逊商城的 B2C 商品销售（面向个人消费者的销售）代收代缴增值税。

从欧盟境内库存配送至欧盟个人买家且公司注册地址在欧盟境外的卖家。

从欧盟境外库存直接配送货件价值不超过 150 欧元，遵守特定的报关和贴标要求的商品至欧盟个人买家的卖家。

卖家从欧盟境外的库存配送到欧盟境内的 B2C 销售，货件价值大于 150 欧元，不会被代扣代缴，卖家需自行缴纳增值税。卖家在欧盟国家 / 地区的 B2B 销售也不会被代收代缴，需自行缴纳增值税。

增值税缴纳具体情况根据卖家注册地、库存所在地、货件价值而定，由平台代收代缴或者卖家自行缴纳（表4–3）。

表 4–3　增值税缴纳情况

单位：欧元

卖家注册地	库存所在地	货件价值	增值税缴纳
欧盟境外	欧盟境内	无论货件价值多少	亚马逊代收代缴
欧盟境外	欧盟境外	≤ 150	亚马逊代收代缴
		>150	卖家自行缴纳
欧盟境内	欧盟境内	无论货件价值多少	卖家自行缴纳
欧盟境内	欧盟境外	≤ 150	亚马逊代收代缴
		>150	卖家自行缴纳

从中国自发货的卖家，配送至欧盟被代扣代缴的B2C订单（货件价值≤150欧元），确保一笔订单对应一个货件（请勿将订单拆分或合并），卖家需向物流承运商确认亚马逊代扣代缴此货件的VAT，向物流合作伙伴提供IOSS编号、正确的货件价值（货件价值≤150欧元）、亚马逊订单编号等信息，卖家的物流承运商负责向欧盟海关出示此信息，免除海关向订单买家征收进口增值税。如果卖家使用亚马逊物流（FBA）或亚马逊购买配送（通过卖家配送服务–MSS），亚马逊将负责向承运人传达此信息或预填写任何所需的海关文件。

（二）EORI

欧盟的经济运营商注册识别号（economic operator registration and identification，EORI）主要用于货物进口、出口以及货物中转。EORI号码是由欧盟成员国的海关颁发给企业或个人与海关交流的唯一必备数字标识，在欧盟国家凡是有经济活动，在欧盟海关注册登记的自然人或法人，尤其是有进出口业务的企业或个人必备的一个登记号。一国注册全欧盟通用，只要企业或个人通过注册地（增值税号注册地）所在海关登记获得EORI号码，那这个号码在全欧盟都可以流通使用。拥有EORI号码就代表卖家是一个有效并且合法的进出口经营体，经营者可以凭借这个号码去同任意一个欧盟国家的海关当局交流，这个号码也是进出口海关申报的必备号码。

货物出口到欧洲国家，清关时必须要有EORI号码。经济运营商（在欧盟海关注册登记的自然人或法人）需要使用货物唯一的EORI号码参与海关及其他政府机构的电子通信和国际货物运输。

（三）EORI号和VAT号的区别

VAT号与EORI号是卖家进行跨境贸易活动中货物出口至欧盟国家时必备的两个号码。VAT号与EORI号的获取方式、通用情况、用途等方面存在一定的区别（表4–4）。

表 4–4　VAT 与 EORI 的差异

项目	VAT 号	EORI 号
全称	VAT registration number	economic operators registration and identification
适用范围	单个 VAT 号码只适用于单个国家	单个 EORI 号码可适用于所有欧盟成员国
注册机构	税务机关及海关总署（如 HMRC）	税务机关及海关总署（如 HMRC）
号码注册	需要提交详尽的 VAT 注册资料	VAT 注册成功后，注册 EORI 无需额外提交资料
进口清关	需要	需要
仓储调配	需要	不需要
商品销售	需要	不需要

1. 获取方式

欧盟VAT通常需要找具备相关资质的税务代理进行注册（个别国家可以直接在官网上上传信息资料进行注册），而EORI通常由税务代理在申请VAT税号时候一并申请。

2. 通用情况

一个EORI号可以在全欧盟国家内通用，而卖家根据实际情况可能需要在不同销售目的国注册不同的VAT号。

3. 用途

VAT是增值税号码，多是用于缴纳关税、进口增值税，以及销售VAT的纳税申报。通常入关需要的是EORI号码，EORI号码主要用于跨境贸易清关，是欧盟国家内清关必备的欧盟税号，特别针对国际进出口贸易企业及个人必备的一个登记税号，EORI号码多数是在产品出口时的报关申报以及货物清关时使用。一旦经济实体拥有VAT号码，则需要在海关处激活成为EORI号码。

EORI和VAT号码两者的关系并不需要同时存在。无论申请方是否有VAT，如果进口方要以进口的名义将货物进口到欧盟国家，同时想要申请对应国家进口税的退税费用，都需要提交EORI登记号，同时申请进口退税也需要有VAT号。

当卖家注册的是英国企业，且年营业额小于85 000英镑，那可以不必注册VAT税号；但当货物涉及进出口时，仍需要注册一个EORI号用来做货物清关。当卖家的货物是当地采购，再卖出去，不涉及进口时，卖家不需要注册EORI号，只需要注册当地的VAT税号。

英国脱欧后，卖家原本申请的注册地为英国的EORI号码在欧盟是失效的。卖家如果仍需要在欧盟国家开展贸易活动，则需要申请一个新的EORI号码。

企业或个人在自己的货物到达欧盟国家任何海关或离开海关之前都需要向海关提供该企业或个人的EORI号码进行申报。企业从非欧盟国家进口物资，在向欧盟海关做申报时也需要提供EORI号码，甚至当企业或个人需要从欧盟之外的国家引进机械设备、参展用品、样品、办公用品等物品时也需要提供该号码，即使该企业或个人平时并不从事进/出口业务。欧盟各国海关之间进行产品流动信息交换时也需要此号码。

EORI号码在做货物海关申报时需要提交，这关系到卖家是否是合法清关，甚至还会影响到后续是否能进行退税的问题。跨境电子商务卖家在VAT合法经营的前提下，想要退某一笔进口增值税时，首先要用自己的EORI号码清关。不管是亚马逊还是其他跨境电子商务平台，只要发货到欧盟国家，都需要用自己的EORI号码进行清关。

二、欧洲财税之EPR

如果跨境卖家的目标市场是亚马逊德国站/法国站，则必须注册EPR。

（一）EPR

生产者责任延伸（extended producer responsibility，EPR）是一项环境政策，以确定生产者的责任。EPR要求生产者（生产者是将须符合EPR要求的产品引入适用国家/地区的第一方，无论是通过在国内制造还是进口的方式。注意，生产者并不一定是制造商）对其在市场上推出的产品的整个生命周期负责，即从商品设计开始到商品生命周期结束（包括废弃物收集和处理）。根据生产者责任延伸法规的规定，责任主体必须在整个商品生命周期内降低其商品对环境产生的影响。总体而言，EPR旨在通过预防和减少产品包装和包装废弃物、电子产品以及电池等产品对环境造成的影响，从而改善环境质量。

EPR明确规定，产品制造商、进口商和分销商对其生产或投放到市场的产品在废物回收上承担财务和组织责任。德国EPR和法国EPR是其立法形式的实践。

2022年，亚马逊强制要求所有德国站、法国站的卖家必须提供EPR注册号。自2022年起，如果卖家要在法国或德国销售商品，亚马逊将有义务确认卖家在销售商品所在的国家/地区是否符合生产者责任延伸（EPR）的要求。如果无法向亚马逊证明符合EPR的要求，亚马逊会采取暂停EPR商品分类下不合规商品的发布等措施。

（二）注册EPR的情况

EPR可以理解为一个统称，它对于德国市场来说，指的是德国合规三法，即报废电器设备回收指令（waste electrical and electronic equipment，WEEE）、电池法、包装法。对于法国市场有七个类别，但具体实施暂时未有明确政策，卖家可以暂时先观望。即产品所属哪个类别，相对应的需要向亚马逊提供生产者责任延伸（EPR）注册号码（表4–5）。

表4–5　德国和法国需要注册EPR的类型

类目	德国	法国
包装	√	√
废旧电池和蓄电池	√	√
废旧电子电气设备	√	√

续表

类目	德国	法国
家具	×	√
纺织品	×	√
印刷纸	×	√
轮胎	×	√

注：“√”表示德国和法国需要注册的EPR类型；“×”表示德国和法国不需要注册的EPR类型。

德国三大类主要是：包装、废旧电池和蓄电池、废旧电气电子设备。

德国售卖的产品带有锂电/锂离子电池的电子配件类，则注册德国EPR＝包装+废旧电气电子设备（WEEE）+废旧电池和蓄电池

法国七大类主要是：包装、废旧电池和蓄电池、废旧电气电子设备、家居、纺织品、印刷纸、轮胎。

法国售卖服装，则注册法国EPR＝包装+纺织品

注意：德国EPR、法国EPR的注册号不通用，卖家需要分别注册。

所有卖家都要注册包装法。尽管没有二级包装（运输中用于保护产品的运输箱/袋），但基本上所有产品都离不开一级包装（如面霜的外壳）。

三、欧盟一站式申报平台

欧盟一站式申报平台（one-stop shop，OSS）指的是单一欧盟市场VAT申报体系。OSS是在欧盟税改后推行的一站式申报服务，从2021年7月1日起，只要注册地址在欧盟境内的公司卖家，都可以通过“Union-OSS”，在自己所入驻的国家，为自己在欧盟境内进行的远程销售统一申报增值税。

OSSVAT旨在减少欧盟国家电子商务行业的税务欺诈，简化VAT申报流程及保护本土企业公平竞争而实行的一种新的税法体系，OSS申报系统在2021年7月1日实行。由欧盟本土发货给欧盟的买家时，可以选择在任何一个欧盟国家使用OSS系统进行所有27个欧盟国家的申报。欧盟本土公司，欧盟远程销售为10 000欧元（包括所有27个欧盟国家）OSSVAT申报属于自愿注册。如果卖家有本土欧盟公司，可以在公司所在地国家开通OSSVAT申报系统，进行所有欧盟销售的VAT申报。欧盟以外公司不再受远程销售限额的影响，按照收货国的税率来进行VAT核算。

OSS适用商品配送地或服务提供地所在成员国的增值税税率，通过注册成员国的OSS门户，按季度提交增值税申报表，按季度向注册成员国缴纳增值税。欧盟内远程销售商品或提供服务，应向买方收取增值税。所有OSS销售记录需至少保留10年。

四、欧盟一站式进口平台

欧盟一站式进口平台（Import One-Stop-Shop，IOSS）指的是进口一站式申报体系。IOSS平台旨在帮助卖家更加便捷地完成税务合规要求，IOSS简化欧盟或非欧盟的卖家远程销售的进口货物，同时IOSS对于卖家来说也同样便利。IOSS申报模式下，物流灵活，通关便捷，货物可以通过任何成员国进口到欧盟。且货物进口到欧盟时，所有产品的售价中包含了所有税赋成本，买家在整个交易流程中仅需支付一次，在收货时无须担忧VAT、清关费等额外的税费。

欧盟成员国均有其IOSS站点，卖家可以自行选择站点注册。IOSS适用于欧盟境内、外国家发货。公司注册地址在欧盟境内的卖家可以在其本国为在欧盟全境进行的远程销售统一申报增值税。欧盟境内卖家仅需在其企业注册国使用IOSS对相关交易进行申报，而无须在多个销售目的国分别注册VAT。非欧盟本土企业不能自行注册。如果卖家公司成立地在中国等欧盟境外国家/地区，则不适用IOSS，即非欧盟境内卖家需通过欧盟境内代理中介，需要指定一个在欧盟设立的机构来履行IOSS注册的相关义务和连带责任，在1个欧盟成员国注册IOSS，并进行相关交易的申报。欧盟境外国家发货，每月申报一次IOSS，每月向IOSS申请地申报缴纳销售增值税。比如中国卖家的自发货配送给欧盟买家，就需要用IOSS申报。

IOSSVAT的申报只针对于货值低于150欧元以下的商品，确保进口货值（整个包裹）不超过150欧元。卖家要确保一笔订单对应一个货件，不要将订单拆分或者合并。

平台可以代扣代缴VAT，亚马逊等电子商务平台必须在货物销售时收取买家的VAT增值税，通过IOSS进行每个月的VAT增值税的申报。为了让欧盟海关正确识别卖家订单（货件价值≤150欧元）已经被亚马逊等平台代扣代缴，海关申报单中必须有IOSS编号，包裹需提供IOSS相关信息。如果货件价值不准确或者未提供IOSS编号，可能会导致订单买家被要求支付额外的欧盟税费和关税以签收商品。

如果卖家已通过亚马逊等平台代扣代缴，则无须重复注册IOSS来纳税。超过150欧元的产品不能通过IOSS申报，只能向产品出售国的税务部门缴纳。独立站/自建站卖家无法进行平台代扣代缴VAT，需要注册IOSS进行每个月VAT申报。

卖家使用IOSS的注意事项如下。

卖家需要在有仓库的国家注册VAT税号并进行申报，卖家必须在有VAT号的国家申请IOSS号码，在发货给欧盟的买家时，须在包裹上面贴有IOSS号码，以确保货物顺利清关。

IOSS仅适用于托运价值150欧元以下的商品，确保进口货值（整个包裹）不超过150欧元。

IOSS申报的产品要求销售的商品从欧盟以外地区发货或途经欧盟境外国家运输至欧盟境内，且销售的商品非特殊产品（如酒类和烟草）的征税对象。

注册IOSS后，提供产品税号（IOSS VAT identification number）及纳税金额，保证其真实性和准确性；在欧盟边境申报货物时，需提供IOSS增值税识别号。

确保按商品配送地所在国的增值税税率，向欧盟境内的买方收取增值税，在交易中显示买方支付的增值税税额，在发票上尽量用欧元显示买方支付的价格。

通过注册成员国的IOSS门户，向出售商品的欧盟成员国按月度提交增值税申报表，按月度缴纳增值税。

按照法律规定，IOSS税号所有人（或者责任人）要做相应的销售记录。卖家需要对IOSS上申报的销售数据进行良好记录并长期留存，所有IOSS销售记录需至少保留10年。

五、OSS与IOSS的区别

OSS与IOSS在用途目的、适用区域、订单要求、商品要求等方面存在区别，具体内容如下。

（1）用途目的。OSS旨在避免新政后超出远程销售阈值需要在目的国注册和申报VAT，而设置的一个简化申报体系；IOSS旨在缓解清关时缴纳进口增值税的繁琐过程，通过IOSS来对清关货物直接放行，后期通过IOSS税务代理统一账户申报和缴纳税金，而设置的一个简化系统。

（2）适用区域。OSS针对的是欧盟境内跨国交易；IOSS针对的是欧盟境外发往欧盟境内的自发货订单。

（3）订单要求。OSS针对B2C订单；IOSS针对企业对消费者（B2B）的销售订单，IOSS要求进口产品申报货值不超过150欧元。

（4）商品要求。OSS要求商品在平台销售，商品在某个国家有仓储并且通过仓储国给欧盟其他国家进行远程配送；IOSS要求商品单品价值低于150欧元。

根据卖家的不同情况，OSS与IOSS的适用情况不同（表4–6），卖家视具体情况选择。

表4–6　OSS与IOSS的适用情况

类型	IOSS	OSS
欧元盟卖家	不适合	适合
非欧元盟卖家（电子商务平台eBay/Amazon等）	不适合（商品单品价值低于150欧元的自发货的交易，由平台提供IOSS账号信息）	不适合（在电子商务平台上销售的非欧元盟卖家不可以申请OSS账号）
非欧元盟卖家（经营独立站）	①不适合：商品单品价值高于150欧元； ②适合：商品单品价值低于150欧元，且为自发货运输	适合在欧元盟其中一个国家有仓储的卖家：只需要在仓储所在国注册VAT及OSS，可申报所有的本地销售及跨国远程销售

注：非欧元盟卖家、单个订单商品价值低于150欧元，从非欧元盟国家库存直邮到欧元盟消费者手里，卖家需按照交付目的地（欧元盟买家所在的国家）税率计算和缴纳增值税。

任务二　商标的注册及申请流程

任务描述

小赵，一位在跨境电子商务平台上销售特色手工艺品的商家。她的店铺以其独特的设计和高质量的手工艺品，在跨境电子商务平台上获得了一定的知名度。随着店铺的销量稳步增长，她发现有其他商家开始模仿她的产品设计，甚至使用相似的品牌名称，这让她感到非常困扰。

在一次跨境电子商务研讨会上，小赵了解到商标注册的重要性。她意识到，只有通过商标注册，才能有效保护自己的品牌不被他人侵犯。她决定开始着手进行商标注册的准备工作。

任务分析

小赵需要进行商标查询，以确定她想要注册的商标是否已被他人注册。在确定商标未被注册后，小赵需要准备相关的申请资料，将准备好的申请文件提交至商标局，同时小赵需要缴纳官方规定的费用。提交申请后，大约 3 ~ 4 周内会被受理，官方会下发受理通知书。在收到受理之后的 5 ~ 6 个月内，官方会进行实质审查。审查结果有三种可能：初审公告（通过审查）、全部驳回（全部商品项目都无法注册）、部分驳回（部分商品项目可以注册，部分不可注册）。若被驳回，小赵需要根据驳回原因进行相应的处理。通过本任务的学习，帮助学生了解商标注册的重要性和申请流程。

任务实施

一、商标注册的重要性

商标注册的重要性

对于跨境卖家来说，商标是产品和品牌跨境出海的助推器，在抢占市场、品牌保护、防止被抢注、平台入驻权益等方面发挥着重要的作用。

（一）抢占市场

商标体现了企业的品牌名称，拥有注册商标标识的产品更容易被买家认可和信赖，注册商标可以提高产品和品牌的市场价值。在跨境电子商务平台上，成为第一个获取品牌的人，能快速建立市场优势，形成买家对品牌的认知。买家依据商标辨识度购买产品，能够提高产品的附加价值，建立市场壁垒，从而提高产品的销量与排名，使得品牌效益最大化。

（二）品牌保护

注册商标是品牌获得法律保护的重要手段。当商标权受到侵害时，有权维护自己的权利，对使用类似品牌销售同一产品的其他卖家提出投诉，对侵权人提出申诉，要求对方立即予以撤销类似品牌销售，维护自身品牌重大利益。在跨境电子商务平台获得销售市场品牌专用权，是防御他人侵犯自己商标权的有力工具，能有效防止被侵权。在跨境电子商务平台上，如果发生卖家商标被他人侵权的行为，可以要求对方产品下架甚至封店。

（三）防止被抢注

防止商标抢注，防范被指控侵权，降低可能的国外应诉和应诉成本。避免因被恶意抢注，对自己品牌造成损害。

平台入驻，获取更多权益：卖家在跨境电子商务平台经营时，商标也可以受到平台的保护。亚马逊、eBay，沃尔玛、全球速卖通等平台入驻需要持有相关的商标。拥有商标的卖家在入驻平台时可以获得更多的权益。

在亚马逊平台上，注册商标为卖家提供了如下优势。

（1）拥有商标注册证书后，便可进行亚马逊备案，申请UPC豁免，可以使用GTIN取代UPC，避免了UPC重复性高，购买耗费等一系列问题。

（2）拥有商标后，别人就不会肆意跟卖卖家的产品，在保护自建商品详情页（listing）、增加listing可信度、使listing能被更精准搜索的同时，还能投诉跟卖，保护listing。

二、商标注册的要求

跨境电子商务平台商标注册举足轻重，卖家在注册前要关注了解跨境电子商务平台可接受的商标类型、商标要求、商标信息等。以亚马逊平台为例，为大家介绍卖家需要注意的商标注册事项。

在亚马逊平台上，品牌备案、加入品牌旗舰店、上A+优化店铺、防跟卖、参加透明计划、上传产品等，都需要持有本土国家注册成功的商标。

在亚马逊平台上注册商标，可以通过申请品牌备案（TM标也可备案）。不管是使用待处理TM商标还是R标，亚马逊品牌注册目前仅接受基于文本或基于图像的商标。

跨境电子商务平台重视商标保护，对入驻平台的商标提出了一定的要求。亚马逊平台要求入驻商标符合以下情形。

（1）正在申请中的商标受理通知书（trade mark，TM）或者商标注册证书（register trademark，R）。

（2）商标有做变更、转让和续展的，需要提供变更、转让、续展等商标证明。

（3）可以是自然人或法人申请的商标。

（4）商标不得与其他品牌商标相似或相同，必须便于识别，有鲜明的特点。

（5）注册商标必须是只包含无任何设计、图形或中文的纯文字的“标准字体”商标。

（6）注册商标需与销售产品的商标文字或图形一致。

（7）法律规定不予注册商标的情形除外。

三、商标注册建议

在跨境电子商务平台上，卖家可以注册商标来保护自己的品牌。商标作为跨境电子商务平台的第一道坎，在注册的过程中有许多需要注意的地方。以亚马逊卖家为例，在亚马逊平台上商标注册需要注意以下事项。

（一）核名建议

（1）不建议使用与店铺名称或者与产品描述相关的词汇组合作为商标名称申请的。

（2）假设卖家要申请保护的产品是电子产品，商标名称就不要用“power”“smart”等相关词汇来组合命名，否则审查员会认为卖家的名称与产品相关，以与产品描述类似而没有显著性为由驳回卖家的商标申请。

（二）分类建议

商标保护的是申请类目下的产品，要申请保护什么产品就要申请该产品对应所属的国际产品分类；商标类目与亚马逊产品类目不同，注册商标以国际产品分类为主，而且这个商标类目没有统称，都是以序数词来命名每个大类的，产品属性相关的为一个大类。

（三）提交资料

提交资料也有不同的区别，以美国商标申请为例，申请类型分有意向申请和已使用申请。

前者为商标未在市场中使用，预申请注册使用；而后者是已在市场上使用这个商标，且印在卖家的产品或网站上使用后，再到商标局做申请注册。

（四）持有人

持有人分为个人申请和公司申请，具体区别为以下两点。

（1）个人申请：提供姓名与地址信息。

（2）公司申请：提供公司名称、地址与法定代表人信息。

注意：个人申请必须是非自然人，也就是需要个体户营业执照，商标归个人所有，后期与营业执照无关。公司申请商标，需要公司营业执照，商标归公司所有，不归公司法定代表人所有。

四、商标注册信息

商标注册在不同国家（地区）需要提交的注册信息存在差异，以美国、欧盟和日本为代表进行不同国家（地区）商标注册信息的讲解。卖家在美国、欧盟和日本注册商标需要如下信息。

（一）美国商标

申请人的英文姓名和地址；产品或服务申请；商标样本；身份证副本（个人）或营业执照副本（企业）；最初在美国使用的日期和证据。

需要注意的是，美国商标申请分为有意向申请和已使用申请。前者为商标未在市场中使用，预申请注册使用；而后者是已在市场上使用这个商标，且印在卖家的产品或网站上使用后，再到商标局做申请注册。美国商标意图需要在再次提及之后第五年使用。

（二）欧盟商标

申请人的英文姓名和地址；产品或者服务项目；商标图纸；身份证副本（个人）或营业执照副本（企业）。

（三）日本商标

申请人的英文姓名和地址；产品或者服务项目；商标图纸；身份证副本（个人）或营业执照副本（企业）。

五、商标注册申请流程

商标注册申请流程一般分成以下几个阶段：查商标名字→签合同→付款→做申请材料→递交到商标局→商标局受理回执→商标进入审查阶段→商标进入公告阶段→下证。

以注册美国商标为例，商标注册主要为以下几个阶段。

（一）商标确认

（1）提供卖家的商标名称，告知注册类别，在提供商标名称前需先查一下商标是否有疑似商标，预估一下商标注册通过率，一般商标近似性较低、有七成以上通过率可以考虑申请注册。

（2）商标名字和类别确定之后，安排签合同及付款。商标注册费用视情况而定，卖家申请注册的类别越多，需要缴纳的费用就越高，具体费用根据以卖家选择代理机构的报价为主。商标可以跨类别申请，美国商标一次只能申请一个分类。一般来说，商标注册按照类别收费，两个分类的应用相当于两个商标的应用，需要支付额外费用；欧盟商标一次可以申请三个分类，如果额外分类也需要支付额外费用。

（二）提出申请

在申请时需要先提交申请，将申请材料提交到美国专利和商标局。美国专利和商标局收到注册申请后，会进行形式审查以确定其是否符合商标注册的基本要求。如果符合，会签发日期并在提交申请两个月后发给申请人一份受理通知书。

（三）审查阶段

在提交申请四个月后，美国专利和商标局的审查员将负责审查并决定该商标能否注册。如不能，审查员会发函注明退回理由或者需要做的改动。申请人必须在收到信后六个月内答复，否则该申请即终止。

（四）异议阶段

如果没有被退或申请人答复理由成立，该商标即会被印制在商标公告上。此后30天为异议期。

（五）发证阶段

如申请基于商标在先的实际使用且没人提出异议，美国专利和商标局将在公告12个星期后颁发注册证书。如商标注册申请基于申请人将善意使用该商标的声明，将在12个星期后颁发通知书。申请人在6个月时间内可以使用此商标并提交使用声明，或者申请6个月延展期。

卖家可以通过商标局官网查询商标是否注册成功。在1～2个月之后，在商标局官网查询到申请信息就可以打印TM标并使用，一般跨境电子商务平台是需要拿到受理通知书后才能允许入驻和使用的（表4–7）。

表4–7 商标注册流程及时效

申请主体	受理回执（工作日）	审查期（月）	公告异议期（月）	至拿到证书总时长（月）	有效期（年）	所需资料
美国商标	3	4～5	3	8～10	10	1. 商标图样（如无图样，仅需提供文字）；2. 一张营业执照副本扫描件（公司申请）或个人身份证复印件正反面（个人申请）；3. 所选分类
欧盟商标	5～7	1～2	3	5～6	10	
日本商标	5～7	4～5	3	8～10	10	
英国商标	5～7	1	3	4	10	
加拿大商标	10	9～18	3	12～24	10	
澳大利亚	5	4～5	3	8～10	10	

对于跨境新手卖家而言，商标注册与店铺注册应是同时进行的事项。当卖家的商标注册完成时，商标可以为卖家的跨境贸易提供更多便利。各个跨境电子商务平台商标注册流程存在一定差异，那么商标在跨境电子商务平台上该如何进行注册呢？以亚马逊平台为例详解商标注册准备工作。

（1）做好准备。卖家需要确保在开始商标注册之前准备好以下内容。

① 清晰、真实的产品照片：清晰、真实的产品包装和品牌照片，确保商标等清晰可见。

② 卖家的线上商店链接：卖家将使用的核心产品属性（这些属性可以是目录号、制造商号、型号或样式号）。

③ 卖家的品牌名称和Logo。

（2）确保卖家的所有线上内容都展示了相同的商标、品牌和联系方式，一致性的内容将有助于加快注册流程。最好保持卖家的网站尽可能简单，因为这有助于亚马逊员工快速查找和验证信息。一旦卖家有了品牌备案账号并进行设置，就可以随时回头并使卖家的网站更加精美或专业。

注意：注册商标一般要经过漫长的申请、审查时间，拿到注册商标证书后，商标使用者享有专用权，企业可以通过商标树立品牌，推广企业。每个国家（地区）商标的注册申请时间不等，商标申请时间和流程是无法加急和控制的。

六、商标注册常见问题

既然注册商标如此重要，那么跨境卖家在申请商标时需要掌握如下关键要素。

（1）商标注册的成功率以及时效性。由于商标审查的严格性和复杂性，商标查询的盲点，不同审查员对商标近似的不同判断以及商标的审查期和公示期异议都会影响商标的通过。商标申请无法保证100%成功。如果商标被驳回或者被异议，要具体看驳回原因或者异议的原因，选择相对应的解决方法。

（2）商标设计的颜色要求。商标可以设计颜色，但建议用黑白色申请商标。如果采用黑白颜色来注册商标使用，在使用商标时，可以用任何颜色来修饰图样本身，不会影响任何商标权利。但若使用彩色商标来注册商标使用，那么后期只能使用该颜色的商标。彩色图样申请的商标，使用时需要改变颜色的，需要重新提出注册申请。

（3）商标注册具备区域性保护的特点。如果卖家的产品注册为中国商标且在美国或欧盟其他地区无与其他卖家注册相同商标的，也可以销售到跨境电子商务平台。但是如果在美国或欧盟其他地区有与其他卖家注册相同商标的话，那么卖家的商标是不可以使用的。

（4）禁止作为商标注册的标志及元素。仅有本商品的通用名称、图形、型号的；仅直接表示商品的质量、主要原料、功能、用途、质量、数量及其他特点的；其他缺乏显著特征的。

（5）禁止作为商标使用的标志及元素与国家名称、国旗、国徽、军旗、军徽、军歌、勋章等相同或者近似，与政府间国际组织的名称、旗帜、徽记相同或者近似的，同中央国家机关的名称、标志、所在地特定地点的名称或者标志性建筑物的名称、图形相同的，与表明实施控制、予以保证的官方标志、检验印记相同或者近似的；夸大宣传并带有欺骗性的，容易使公众对商品的质量等特点或者产地产生误认的；带有民族歧视性的，有害于社会主义道德风尚或者有不良影响的；商标缺乏显著特征：仅有本产品的通用名称、图形、型号的，仅直接表示产品的质量、主要原料、功能、用途、重量、数量及其他特点的。

（6）商标是否可以转让。商标可以转让，商标注册人有权在注册商标的有效期内，按照法定的程序，将商标的专用权转让给另一方。商标转让流程：申请→受理→审查→公告→核发转让证明。

注意：商标转让人和受让人应当签订转让协议，并共同向商标局提出申请。受让人应当保证使用该注册商标的商品质量。转让注册商标的，商标注册人对其在同一种商品上注册的近似商标，或者在类似商品上注册的相同或者近似商标，应当一并转让。

任务三　品牌的备案及流程

任务描述

小周的店铺以其独特的家居装饰品设计在跨境电子商务平台上小有名气。他的产品因为融合了传统工艺和现代设计，受到了海外消费者的喜爱。随着销量的增加，小周开始注意到市场上出现了一些仿冒品。这些仿冒品不仅质量低劣，还使用了与他相似的品牌名称和标识，严重损害了他的品牌形象和客户信任。

任务分析

小周在面对品牌侵权和仿冒品问题时，应立即开始品牌备案流程，确保在跨境电子商务平台上的品牌得到官方认可和保护。如果还没有注册商标，小周应该尽快在主要销售国家注册商标，以获得法律保护。同时收集仿冒品的样本、销售数据、客户反馈等证据，以备在与平台沟通或法律诉讼中使用。通过本任务的学习，帮助学生了解品牌备案的优势和流程。

任务实施

品牌备案是指跨境卖家进行了品牌注册后提交相关资料在跨境电子商务平台进行备案。备案后，卖家在对品牌拥有完全控制权的同时，有助于保护品牌并且能够使用更多行销工具。注册当地品牌是跨境电子商务平台卖家运营店铺的一把利器，品牌备案能够有效保护卖家品牌安全，防止不正当的跟卖和侵权行为。

以亚马逊平台为例，亚马逊品牌备案，即为亚马逊的卖家注册品牌之后向亚马逊提交备案。亚马逊品牌备案能够提供给品牌持有者一层保护。

一、品牌备案的优势

不同跨境电子商务平台的品牌备案优势不尽相同。以亚马逊为例，卖家通过亚马逊品牌备案，除了防止侵权、抢占市场、享受更多平台权益以外，还能够在平台上更好地保护自己的品牌。亚马逊卖家在亚马逊商城销售品牌产品，可以帮助品牌所有者创立和发展业务，同时带来一流的卖家体验，还能在流量为王的亚马逊运营中，给店铺带来更多的转化机会。

品牌备案不仅能够保护卖家品牌安全，防止不正当的跟卖和侵权行为，还能给店铺带来更多的转化机会。当前亚马逊平台买家，在购买商品时，品牌也是影响转化的一个重要因素。此外，买家也会通过亚马逊平台发现新的品牌和产品，品牌卖家销售增速也会大于整体卖家销售增速，通过平台，也能快速地推广沉淀品牌效应。

除了买家购买时品牌的流量和转化影响外，亚马逊平台也针对完成品牌备案的卖家提供更多的品牌权益，除品牌打造、品牌数据分析外，还有很重要的品牌保护功能。这些功能有助于多维度展示和推广商品，提升转化和流量；利用开放的数据卖家可以进一步优化营销计划，优化投入产出；开启全方位的品牌保护功能，更好地保护卖家的商品免除被跟卖和被侵权假冒的风险，有效保护品牌商品销量。具体的品牌权益如表4-8所示。

表 4-8　品牌卖家权益

品牌商权益	品牌工具
品牌打造	品牌旗舰店
	A+ 页面
	视频广告
	品牌推广
	展示型推广
品牌分析	亚马逊品牌分析报告
	品牌控制面板
	亚马逊属性
品牌保护	自动品牌保护
	举报侵权行为
	透明计划
	Project Zero

对于亚马逊卖家来说，品牌备案除了能够更好地保护卖家品牌外，亚马逊卖家还能够享有UPC豁免权益。亚马逊卖家在上架商品时，无论是FBA发货还是FBM发货的商品，都需要填写商品编码上架。UPC编码需要付费购买。若完成品牌备案，亚马逊平台政策可以申请豁免UPC。对于卖家来说，即可以节省一笔费用。

首先，对于完成品牌备案的店铺，卖家可以在亚马逊账号后台搜索框直接搜索“UPC豁免”，单击进来即为“申请全球贸易项目代码豁免”，可选择商标注册的商品类目、填写商标名，单击“申请更多分类”就能一次性申请多个类目的代码豁免。这些信息填写完成后，“检查资格”按钮会激活变亮，即可单击按钮，进入下一步。商标名和类目信息对应填写正确，亚马逊检测豁免资格状态中“√”，则可单击“继续提交证明”按钮，提交相应资料。

然后，填写商标分类里的任意一款产品名，并相应提交此商品的产品图、包装图三张，三张图中需要展示出品牌名，填写提交后，单击“提交申请”，亚马逊平台会根据提交的信息审核。

最后，审核通过后，即会发UPC豁免审核通过的邮件通知到账号注册邮箱，以后即可在备案品牌对应的商品分类中使用“GTIN”编码类型上架产品，无须购买UPC。除了品牌备案的账号可申请UPC豁免外，被品牌授权的账号也可以申请。

很多亚马逊新手卖家觉得做品牌备案这件事非常麻烦，但是在运营中，品牌备案能够更好地保护卖家的品牌安全，防止不当的跟卖和侵权行为，还能够享有平台的品牌权益，可以助力卖家更长远的业务拓展。

二、品牌备案流程

品牌备案流程分以下步骤。

（1）进入到备案的店铺后台，单击“品牌旗舰店→管理店铺”。

（2）进入品牌旗舰店页面后，选择框中的“亚马逊品牌注册”。

（3）进入品牌管理页面，单击“注册新品牌”即可进行品牌备案。

（4）开始备案商标，单击“注册新品牌”。备案前需提前准备好商标申请号和显示商标名的产品图，备案时需填写。

（5）品牌信息填写页面，填写商标名称、选择注册的商标所在地区商标局，填写商标注册号或序列号，提交商品图片，提交。

（6）销售账户信息填写。若之前并没有作为供应商向亚马逊销售商品，没有供应商代码，则选“卖家”。品牌的商品类别根据实际商标申请时的类目选择。

（7）分销信息填写。分销信息几个选项选“是”，分销地可不填，然后点提交即可。

填写完成，即会跳转到另一界面，出现提示“您已经成功提交了该品牌的申请，当我们审查您的申请时，我们会向您发送一封电子邮件”。到此，备案还没结束，提交之后，亚马逊会进行审查，在品牌管理页面可以看到。审查时间一般在1～3个工作日内，如品牌信息填写无误，亚马逊会给卖家的邮箱发送一封邮件，邮件大意为：官方会向卖家注册商标的邮箱里发送一个验证码，卖家需要将此验证码回复到注册品牌备案的邮件中去。

取得验证码并回复邮件之后，亚马逊会通过邮件告知卖家的品牌备案已经完成，这时整个备案流程才成功结束。

至此，卖家就能够使用品牌备案的所有功能了。

三、品牌授权方法

除了品牌备案外，品牌授权也是备受跨境电子商务卖家关注的焦点问题。在跨境电子商务平台上，品牌可以进行授权。一个商标可以有多个分销商，因此一个品牌可以授权给多个不同的账号使用。不同跨境电子商务平台的品牌授权规定和流程不同。

以亚马逊平台为例，在亚马逊平台中，一个品牌只能在一个账号备案，其他账号想要使用此品牌，可以通过授权的方式，从品牌备案账号给其他账号设置品牌权利。在亚马逊平台上，具体品牌授权步骤操作如下。

（1）进入到备案的店铺后台，单击“品牌旗舰店→管理店铺”。

（2）单击“亚马逊品牌注册”。跟品牌备案流程一样，单击“亚马逊品牌注册”进入品牌管理页面。

（3）在品牌管理页面中，单击“用户权限”进入设置页面。

（4）进入到新的界面，单击“邀请用户加入卖家的品牌”。

（5）进入授权界面，按照要求填写需要授权亚马逊店铺的品牌账号邮箱及姓名，以及需要授权店铺的品牌名，选择品牌授权的管理角色权限，最后单击最下方的发送邀请。

（6）到被授权的店铺所登录的网络环境里面，登录被授权店铺的注册邮箱，会收到一封邮件，单击“单击此处”进入品牌注册邀请。

（7）被授权的店铺会收到一封邮件，单击“接受邀请”。

（8）在跳转的新界面，再次单击确认，大概15分钟时间，品牌授权成功。

四、品牌工具功能解读

在跨境电子商务平台上，完成品牌备案的卖家可以使用平台上的品牌工具更好地运营和保护品牌。以亚马逊平台为例，完成品牌备案的店铺，亚马逊会开放相应的品牌功能给到卖家。

（一）品牌分析

亚马逊为品牌商提供的品牌分析报告，能为卖家提供额外的洞察数据报告，聚合了客户搜索和购买行为的数据，卖家可以精确获取买家群体画像，辅助制订业务运营的改进方案，有助于改进产品及广告推广方式，改善客户消费体验、提升口碑，帮助提高转化率和销售额。

亚马逊关键词搜索。由此可以知道产品通过哪些搜索词赢得了最多点击并提高了转换率；也能看到目前的营销策略对销量产生的影响，以便做出相应的调整。

市场篮子分析。购物篮分析（market basket analysis，MBA）的数据显示了客户会同时购买卖家的哪些产品，以及关联购买的详细数据，可以发现交叉销售和捆绑销售的机会，甚至发现存在销售潜力的新品。

商品比较和替代购买行为。通过了解以下信息来全面地“知己知彼”，提高产品竞争力。可以通过此功能，了解哪一种竞品最常用来与卖家的产品相比，以及买家查看卖家的产品后最终的购买选择。

人数统计。在这一版块，图表会显示属性、年龄、家庭收入、教育水平、性别和婚姻状况等买家的，可以选择报告的日期范围并导出到CSV做深度分析，深挖的信息对做下一阶段的产品差异化有好处。比如，卖家从“年龄段”这栏发现买家里的年轻人比例在增多，那卖家可以考虑做得更时尚一些，或者出个“青春版”的子体。在“家庭收入”这栏，卖家若发现高收入人群在增加，可以考虑开发“高配版”产品，或者尝试提升价格。

（二）品牌保护

品牌保护功能主要为卖家提供两种品牌保护方式：一种是主动防止假冒商品的功能，即亚马逊的透明计划（transparency）项目；另一种是举报涉嫌违规行为，可以通过后台品牌客服通道举报侵权仿冒产品。

透明计划是亚马逊为品牌商和买家提供的一项新服务。它会对每一件商品进行追踪从而保护品牌商和买家免受假货侵害。此项服务可以事先主动防伪保护，避免假货商品评论，能提供检验商品真伪的功能并曝光更多品牌信息。开启透明计划保护后，其他卖家在上架相同的商品时，必须提供该商品对应的、正确且唯一的transparency代码，才能顺利上架。每个产品对应的transparency代码都是独一无二的，卖家不能提供与品牌、产品或版本不符，或使用过的代码，保护验证闭环对FBA与自发货均适用。当前产品使用此服务，需要购买Transparency代码，会有标签费用产生。

卖家进行了亚马逊品牌注册的，可使用“举报违规行为工具”举报涉嫌侵犯知识产权、版权、商标的行为。此工具仅支持潜在知识产权侵权的举报，卖家需要清楚地了解要举报的侵权类型，选择不正确是不能举报成功的。“举报违规行为”的侵权类型有三种：版权侵权、商标侵权和专利侵权。

版权侵权是指卖家未得到版权所有者的授权，擅自将他人所有版权的照片或作品上传到商品详情页。

商标侵权指的是卖家使用某种特定的标志或易混淆的近似标志，导致买家对所售商品是否是商标所有者的商品产生混淆。

专利侵权指的是卖家在他人专利有效期限内制造、使用、提供销售、销售，或将发明进口至专利注册国的行为。

特别需要注意的是，如果举报“商标侵权”，卖家必须先确认举报的ASIN产品详情页面是否使用卖家的商标。如果详情页面不包含卖家的商标，该举报是无效的。如果要举报商标或专利的侵权行为，则卖家的注册商标或专利必须在卖家举报侵权行为的国家/地区完成注册。

选择好具体的举报违规的类型后，要提交所有所需内容，否则可能会按“不完整的举报”被亚马逊拒绝，所以卖家要在“提供更多信息以帮助亚马逊了解卖家的问题”一栏用英语填写相关信息。

（三）管理试验

通过管理试验工具，卖家可以创建两个不同版本的内容，它们将随机显示给亚马逊买家。可以使用此工具，为商品提交替代A+商品描述、标题和图片，在整个试验中，一组访问者可以看到产品描述的版本A，另一组可以看到版本B，这意味着试验不随时间轮换显示产品描述，两个版本的产品描述将始终显示在试验过程中，但它们将显示给不同的买家群体，试验组的买家可以在任何可用位置看到卖家的产品描述。试验结束后，卖家可以比较两个版本的产品描述，查看哪个版本更有效，然后发布获胜的产品描述。通过试验，卖家可以了解如何创建更好的产品描述，以吸引买家并提高销量。

（四）品牌控制面板

品牌控制面板（amazon brand dashboard，ABD）是一个进行数据汇总并加以呈现的界面。通过这个便捷操作的界面，能够更有效地管理影响客户体验的健康指标，帮助卖家监控品牌健康状况并增加流量和转化，还能查看店铺的商品评价。

ABD有这几个关键区域：品牌健康度、买家评论和新商品优化器，此外，还有搜索词优化、A+页面。

1. 品牌健康度

品牌健康度有三大指标：有竞争力的价格、Prime资格、库存率。

（1）有竞争力的价格。此功能会调查其他零售商，并在其他地方以较低价格提供产品时提醒卖家。还会报告在过去30天内并非以最低价格获得的浏览量。

（2）Prime资格。在此版块，可以查看过去30天内针对具有Prime资格的产品页面浏览量所占的百分比。如果拥有不合格产品的网页浏览量，则可以看到这些浏览量的数字细分。

（3）库存率。此标签将让卖家知道是否有任何产品缺货。如果出现缺货情况，该工具会告诉卖家来自缺货产品的页面浏览量。

2. 买家评论

通过品牌控制面板上的“买家评论”页面，品牌所有者可以方便地追踪其品牌商品的所有新买家评论。关注买家的看法非常重要，这样有助于发现并纠正商品信息缺陷、发现并举报滥用行为，或者对买家评论发表评论。

3. 新商品优化器

新商品优化器（针对过去60天内创建的ASIN）将作为一项新的权益提供给卖家平台上的品牌使用。页面展示卖家在过去60天内发布的商品并提供ASIN创建日期、最佳时间状态、操作。

4. 搜索词优化

为了帮助买家在亚马逊上发现商品，卖家可以选择提交搜索词，搜索词应是买家可能在其搜索中使用的关键词。注册品牌的卖家，可以使用ASIN搜索词优化工具来确保自己商品的搜索词符合亚马逊的最佳实践。在搜索词优化版块能直截了当地看到卖家的listing哪些没有优化search terms，那么就能根据提示点击运行搜索词优化。通过优化或是亚马逊广告推广，有助于提高商品详情页面的流量。

5. A+页面

使用A+商品描述管理器就能向详情页面添加丰富的商品描述，品牌卖家可以利用“A+内容”中的添加独特品牌故事、增强版图片和文本添加位置等功能，在原本形式单一的产品描述上，添加更多的文本和图像，使详情页看起来更专业、更生动，让买家更有代入感。

（五）品牌目录管理器

品牌目录管理器，是专供品牌方使用的工具，其中列出了在亚马逊上销售的此品牌的所有商品。借助该工具，品牌卖家可以了解是谁在销售卖家的商品、买家体验如何，以及对于没有品牌方直接报价的商品预计会有哪些销售机会。目前，只有被指定为“品牌代理”的卖家才能使用品牌目录管理器。

品牌目录管理器可以展示产品零售报价、品牌报价、卖家数、平均评分、潜在机会等信息。通过了解每个产品的平均评分情况，就能获取产品在买家当中的受欢迎程度。通过对客户满意度的记录，就能进一步分析，使卖家更加精准地为客户服务，增加客户的满意度，从而达到利润的上升。通过查看未来十二个月的“潜在机会”，即预估销量，就能了解市场的容量以及该款产品市场的竞争水平。

（六）买家互动

买家互动功能：“管理您的买家互动”工具允许品牌所有者直接向亚马逊商店中的买家发送电子邮件，有助于与亚马逊买家建立忠诚的关系、提高品牌的知名度并推动销售。通过买家互动功能进入发送邮件页面（需把后台页面切换为英文），卖家可以给客户发送营销邮件，把卖家的产品推荐发送到客户的邮件里，但是客户必须是关注者，需要卖家利用帖子等工具，不断地吸引更多的粉丝。

（七）虚拟捆绑商品

品牌商可以利用虚拟捆绑商品工具，创建由2～5个互补的ASIN组成的虚拟捆绑商品。捆绑之后的商品组合，会在主要商品的详情页上占据中心位置显示。买家在看完商品图片和描述后，就能立即看到捆绑的商品，起到相互引流的作用。

使用虚拟捆绑工具，目前不收取任何费用，可任意组合现有FBA库存ASIN，而不产生额外库存。虚拟捆绑可以捆绑同一账号下任意产品，不限产品关系，促进爆品引流虚拟捆绑折扣，不影响成分ASIN之后参与促销价格。

（八）品牌引流奖励计划

品牌引流奖励计划，是亚马逊新推出的，旨在让客户满意、同时提高营销效率并赚取奖金的计划。不同于联盟计划主要面向社媒红人、博主、媒体网站、Deal/Coupon网站，品牌引流奖励计划是面向亚马逊品牌卖家的，用以激励品牌卖家通过站外的渠道为自己的listing引流，并奖励卖家平均产品销售额10%的佣金。带来的流量越多，获得奖励的机会就越大，奖金将按月存入销售佣金中。换言之，卖家做站外，亚马逊会给10%的奖励。

（九）品牌旗舰店

备案成功之后卖家就可以创建自己的品牌旗舰店，为产品目录创建多个页面。亚马逊品牌旗舰店中有许多设计模板供卖家选择，这些模板具有不同的商店布局和可定制的功能，可以最准确地展示卖家的品牌故事和价值定位。卖家可以决定重点展示哪些产品，当别人单击进入店铺会发现展示的内容更加丰富，也可以在此版块展示自己的品牌理念。除此之外，亚马逊卖家还可以利用可选的多媒体内容来为买家推送通知，利用内置的社交功能，如社交分享按钮，或整合广告以提高品牌知名度，并推动高质量的流量到卖家品牌旗舰店的listing，达到宣传品牌、提高销量的效果。

最重要的是，品牌旗舰店版块的内容只属于卖家，不会掺杂其他卖家的产品或者广告，而且内容可以随时修改调整。

亚马逊品牌旗舰店应具备的功能如下。

（1）获得一个专享的亚马逊品牌链接。

（2）创建多个页面用于展示多种类型的商品。

（3）预设的四个模板（选取框、标注、商品网格、空白）及桌面端模板。

（4）通过亚马逊搜索和产品页面将用户导入店铺。

（5）通过头条搜索广告将用户导入店铺（页面顶部、页面左侧、页面下方）。

（6）店铺社交分享功能，方便站外推广引流。

（7）提供广告报告功能。

（8）提供流量数据报表功能。

品牌旗舰店能实现很多促销推广的目的，如新品推广、产品关联销售、打折促销等。

（十）品牌客服通道

完成品牌备案后，可在品牌管理页面找到品牌注册客服人员的通道。

单击进入客服页面，可看到服务项目：举报违反知识产权的行为：如专利、版权、商标侵权，可通过此提交；举报违反市场政策的行为：如商品变体不正确、商品与描述不符、商品评论违规等；Project Zero：用于注册并询问Project Zero计划，完成R标备案，申请加入此计划，可自动保护品牌商品；撤销违规行为举报：要撤销违规行为举报并恢复卖家之前举报的卖家的商品时使用，提交撤销通知的人必须与举报违规行为的人为同一人，否则，将会被拒绝；商品信息问题：如遇无法发布商品、提示商品页面错误、商品变体错误等情况，也可通过品牌客服通道让客服团队协助解决；更新您的品牌资料：当卖家想要修改与自己的品牌注册账户关联的用户特权和访问权限或者更新与卖家自己的品牌相关的信息（例如为不同的商城或地区添加新商标）时使用；技术问题：如果品牌注册网站上的某个页面无法正常显示，或者卖家在使用品牌注册时遇到错误，请通知亚马逊，此选项也可用于申请销售权益，提交此请求时，卖家必须说明申请的功能/工具/权益（A+商品描述、品牌旗舰店和Amazon Vine等），以及缺少这些权益的品牌；升级之前的举报：此流程供卖家跟进之前提交给亚马逊的侵权问题，如果想要对之前所提交的侵权问题的结果提出申诉或进行上报，引用之前提交的投诉编号，可以上报追踪到正确的问题。

（十一）Amazon Vine

Amazon Vine计划是亚马逊向品牌卖家推出的专属评论计划，是卖家新品快速获得高质量评论的一条捷径。测评人负责免费使用亚马逊卖家提供的产品并为这些商品发表真实的买家评论。

参加Vine计划的卖家可以免费提供商品给Vine发言人。作为交换，卖家可以获得Vine发言人的评论。每个商品最多可获得30个Vine评论，Vine Voice的评论相对普通的评论权重会更高，并且每条评论都会有“Vine Customer Review of Free Product”标记，这将极大地促进商品的排名和转化率。

参加Vine计划的商品要求：成功备案亚马逊品牌且listing商品详情页评论少于30条，商品处于新品状况，商品使用FBA配送，且拥有库存，在注册Vine时商品已成功发布。亚马逊规定成人用品无法参与。

自2021年10月12日起，亚马逊针对每个注册的父ASIN收取200美元的注册费，并在注册时显示注册费用。对于每个父ASIN，将在商品的首条Vine评论发布日期7天后向卖家收取费用。如果没有收到评论或第一条Amazon Vine评论发布时已经超过向Vine Voice发布产品之日后的90天，亚马逊不会收取注册费。

拓展阅读

跨境电子商务平台接受的商标类型

商标作为一个品牌区别于其他品牌的载体，拥有许多不同的类别。那么，跨境电子商务平台能接受的商标类型是什么样的呢？要回答这个问题，先来说说什么是商标。

1. 商标

商标是一种标明某产品或服务系由某人或某一公司所生产或提供的显著标志。商标是品牌的载体，是公司、产品的名片。如果说商标是一个产品或者服务区别于其他产品或者服务的显著标志，商标所树立的形象就是品牌。

商标是品牌的一个载体，受法律保护，一个品牌可以有多个商标，商标具有法律效力且区分国家，中国注册的商标，在其他国家不适用。商标的注册是区域性的，在特定国家注册是受到特定国家区域保护的，企业可以用商标来保护自己的知识产权。在中国境内注册的商标只能在中国境内获得保护，同理在出口国（地区）当地注册的商标，也只能在出口国（地区）获得保护。所以产品通过跨境电子商务出口海外，也需要注册海外商标知识产权。

2. 商标类别

商标是区别产品或服务的一种标志，每一个注册商标都是指定用于某一产品或服务上的。注册申请时需根据商标所使用的产品或服务范围来选定大的分类。注册商标的专用权，以核准注册的商标和核定使用的产品为限。

尼斯分类将商标类别分为45大类，其中1～34类为产品类别；35～45类为服务类别（表4-9）。

表4-9　商标类别：尼斯分类

1类—化学原料	11类—灯具空调	21类—厨房洁具	31类—饲料种籽	41类—教育娱乐
2类—颜料油漆	12类—运输工具	22类—绳网袋篷	32类—啤酒饮料	42类—网站服务
3类—日化用品	13类—军火烟火	23类—沙绒丝	33类—酒	43类—餐饮住宿
4类—燃料油脂	14类—珠宝钟表	24类—布料床单	34类—烟草烟具	44类—医疗园艺
5类—医药	15类—乐器	25类—服装鞋帽	35类—广告销售	45类—社会服务
6类—金属材料	16类—办公用品	26类—纽扣拉链	36类—金融物管	
7类—机械设备	17类—橡胶制品	27类—地毯席垫	37类—建筑修理	
8类—手工器械	18类—皮革皮具	28类—健身器材	38类—通讯服务	
9类—电子产品	19类—建筑材料	29类—食品	39类—运输贮藏	
10类—医疗器械	20类—家具	30类—方便食品	40类—材料加工	

注：带灰色底纹的为热门类目。

通过跨境电子商务向国外出口产品，还需要在国外办理商标注册和知识产权保护登记。在中国注册的商标只能在中国受到保护；在出口国当地注册的商标也是如此。跨境电子商务产品在全球范围内流通，当产品通过跨境电子商务出口国外时，在出口国进行商标注册是非常有必要的。

3. 商标标记/注册类型

商标标记/注册主要分为R标和TM标。

（1）R标：商标标识，即已经注册成功的商标，且已获得商标专用权，在其右上角或右下角标注“圆圈R”或“注”注册标记显示。

（2）TM标：商业标记，即注册商标标识，指未注册过或正在申请受理中的商标，标注“TM”标记，常见于国外商标。

商标注册可向当地国家申请商标保护，但是R标和TM标二者受法律保护的力度是不同的。R标具有排他性、独占性、唯一性等特点，属于注册商标所有人所独占，受到注册地相关知识产权法律的强制性保护，任何企业或个人未经注册商标所有权人许可或授权，均不可自行使用，否则将承担侵权责任。TM标，申请注册商标时，享有使用在先的权利，没有法律的强制保护性，表示正在使用这个图标时只表明这是一个商标。TM标仅保护自己使用，不能投诉别人；R标可投诉别人。R商标的价值大于TM商标。

商标标记一般在产品标识的右上角或右下角，但并非一定要在商标上标记使用。

4. 商标类型

商标包括文字、图形、字母、数字、三维标志和颜色组合，以及上述要素的组合，均可作为商标申请注册。商标常见类型主要有文字商标、图形商标、文字+图形组合商标3种显示类型，图形商标不能在亚马逊平台进行备案。卖家应结合自己所经营的业务类型，选择合适的商标类别，设计商标的样式。

商标申请可以分开申请也可以组合申请。商标分开申请后可以分开使用，也可以组合使用，不过会产生相应的叠加费用，但是商标组合申请不可以拆开使用。如HUAWEI，如果组合申请，若英文不通过的话，会连同中文一并驳回；如果单独申请，中文通过即可发证，英文不通过的话也不会影响到中文商标。对于跨境电子商务卖家来说，建议分开申请。

项目工单

学习完本项目的内容后，认真完成表4–10的项目工单。

表4–10　项目工单

税务申报实践	
实践任务	了解欧洲税务制度并进行申报
实践目标	1. 掌握欧洲税务制度的基本框架和主要税种，了解税务申报的基本流程和要求； 2. 熟悉欧洲品牌申请备案的流程和所需材料，了解品牌保护的重要性和相关法律法规； 3. 通过实际操作，提升在欧洲市场进行税务申报和品牌申请备案的实践能力； 4. 培养学生的合规意识和风险防控能力，为企业在欧洲市场的稳健发展奠定基础
实践步骤	1. 了解欧洲税务制度 （1）查阅相关资料，了解欧洲各国的主要税种、税率及申报周期等； （2）了解欧洲税务合规要求，包括税务登记、税务申报、税务审计等方面的规定 2. 熟悉品牌申请备案流程 （1）查询欧洲各国品牌申请备案的官方网站，了解申请流程、所需材料及费用等信息； （2）学习品牌申请备案的相关法律法规，确保品牌名称、标志等符合规定 3. 进行税务申报与品牌备案的实际操作 （1）假设你是一家在欧洲运营的企业，根据企业实际情况，制定税务申报计划； （2）准备税务申报所需材料，如财务报表、税务申报表等，按照规定的申报周期进行申报； （3）根据企业品牌规划，选择合适的品牌名称和标志，准备品牌申请备案所需材料； （4）在官方网站上进行品牌申请备案，按照流程完成申请

续表

实践提示	1. 在进行税务申报时，务必确保申报数据的真实性和准确性，避免因错误申报导致税务风险； 2. 在进行品牌申请备案时，注意品牌名称和标志的独创性和合法性，避免侵犯他人权益； 3. 严格遵守欧洲各国的税务制度和品牌申请备案规定，确保企业合规经营； 4. 在实际操作过程中，注意保护企业商业秘密和敏感信息，防止泄露
实践总结	

实践评价

完成以上实践后，认真完成表 4-11 的实践评价。

表 4-11　实践评价

评价内容	分值	得分
参与实践的积极性、主动性	25	
独立思考能力	25	
创新能力	25	
对税务申报流程的掌握程度	25	
教师点评：		

项目小结

欧洲税务与品牌申请备案是企业海外拓展的重要一环。在税务方面，欧洲 VAT 和 EORI 是必备的税务标识，而 EPR 则是针对电子产品的环保税。OSS 和 IOSS 作为欧盟一站式申报平台，分别服务于欧盟内和欧盟外电子商务，简化增值税申报。

在品牌方面，商标注册能提升品牌形象和市场竞争力，需遵循诚实信用原则，确保商标的显著性和独特性。品牌备案则能确保品牌权益，流程包括申请、审核和授权等步骤，授权方法多样，品牌工具功能丰富，助力企业更好地管理品牌。

思考练习

1. 为什么商标注册对于跨境卖家来说具有重要性?
2. 简述亚马逊品牌备案的优势。
3. 简述 OSS 和 IOSS 的主要区别。

项目五

跨境电子商务的产品上架

项目导读

随着全球化和互联网的深入发展，跨境电子商务已经成为一种重要的商业模式。对于跨境电子商务企业而言，产品上架是至关重要的一环，直接关系到产品的曝光率、销售情况以及品牌影响力。因此，本项目的目标是建立一套高效、规范的跨境电子商务产品上架流程和体系，以提高产品的市场竞争力，促进销售业绩的提升。

学习目标

知识目标

1. 了解打造产品上架的相关要素。
2. 掌握产品变体的概念。

技能目标

1. 掌握产品标题、关键词、五点描述、详情描述、A+页面及产品视频的编辑技巧。
2. 熟练掌握单个产品上传、批量上传、跟卖上传等不同产品上架操作方法。

素质目标

1. 提升学生对跨境电子商务产品上架的总体认知，为下一环节的学习打下基础。
2. 增强学生对跨境电子商务相关知识和技能的学习意识，为成为复合型人才而努力。

思政目标

跨境电子商务涉及到与不同国家的交流和合作，通过学习跨境电子商务产品上架知识和技能，不仅有助于提高学生的专业技能水平，为其未来的职业发展奠定坚实的基础，还可以增强学生的爱国意识，使其了解国家间的文化差异、贸易政策等，培养正确的思想观念和价值取向，使其更好地适应全球化的发展。

任务一　产品上架要素

任务描述

小孙在跨境电子商务平台上开设了自己的店铺，准备将她的珠宝作品带给全球的消费者。然而，她很快发现，简单地将产品上架并不能保证销量。她需要考虑更多的要素来吸引国际买家。

任务分析

小孙首先应认识到产品描述的重要性。产品描述是吸引买家的关键。同时提高图片的质量，高质量的产品图片对于在线销售至关重要。更为关键的一点是为产品添加关键词，使产品更容易被搜索。通过本任务的学习，帮助学生了解与产品上架有关的要素。

任务实施

对跨境电子商务平台卖家来说，上架产品是开始跨境电子商务平台运营工作的第一步，在进行产品上架前，需要提前了解有关产品上架的要素。在本任务内容中，以亚马逊平台为例介绍与产品上架有关的标题、关键词、搜索关键词、图片、产品描述、A+页面和产品视频等相关要素。

一、产品上架

产品上架是指将产品发布或投放到市场，以供消费者购买和使用。跨境电子商务平台运营工作开展首先需要做的就是上架产品，这对跨境电子商务平台卖家来说是最基本的，只有熟练地掌握了上架产品这一流程才可以进行后续的操作，很多卖家售卖产品的时候不清楚跨境电子商务平台对于产品的上架规则，盲目上架，很可能会触碰到平台政策红线，导致店铺被扣分，影响到店铺运营。

产品上架

二、标题

好的商品标题一方面可以让客户准确理解该商品详情页的产品，及其功能是否能满足客户的需求；另一方面可以让亚马逊搜索引擎准确抓取到产品关键信息，最好标题每个词都可以被单独搜索，尽可能多地包含重要信息，这样就能为产品带来更多的流量，更大概率地被买家搜索到。

标题的写法参照格式：品牌名+核心关键词+功能词+属性词（产品尺寸、材质、颜色等）+其他。尽量简洁明了，重点突出客户关注的信息，具有可读性，不要大量堆积关键字在标题上，应当做到主语不重复，同义不同词，组词美观，卖点明确，才有利于搜索引擎抓取核心关键字。

标题书写的注意事项如下。

（1）如多件商品捆绑销售，请在商品标题后面添加（pack of X）。

（2）每个单词首字母大写（a，an，and，or，for，on，the之类的词除外），请勿全部使用大写字母。

（3）使用阿拉伯数字（“2”而不是“two”）。

（4）拼写出测量单位（“6inches”而不是“6”）。

（5）请勿使用符号，如 ~ !*$? ~ {}[]#<>|*；/^ ¬ |。

（6）请勿使用环境依存文字或颜文字。

（7）请勿包含商品价格或促销信息，如“打折”或“免运费”。

（8）请勿使用主观性评价用语，如“热门商品”或“Best Seller”。

（9）请勿在商品名称中包含您的卖家名称。

三、关键词

关键词是产品在亚马逊平台身份识别器，是最直接的搜索流量来源，一般关键词可以分为核心关键词、长尾词、精准关键词等，找到与自己产品相关的关键词，然后将这些关键词按照一定的优先顺序嵌入listing中，是产品上线前最重要的工作之一。

关键词来源有很多方式，有免费和付费方式，以下简单列举几种。

（一）亚马逊前台搜索框

亚马逊前台搜索框是站内流量最大的来源。当客户在亚马逊的搜索框输入某个关键词时，亚马逊会根据买家搜索量的大小和匹配程度，把与这个词相关的搜索量最高的一些词展现出来。这些词是按照搜索量的大小和相关程度来进行综合排序的。搜索框下拉展示的词与卖家的产品相关，可以直接复制作为产品的一个关键词（图5–1）。

图5–1 亚马逊前台搜索框及下拉关键词

（二）竞品的详情页

可以调研品类“Best Sellers Rank”里面竞品排名靠前的产品，它们的标题、五点描述、A+页面、Q&A、review等版块的内容，获取相关的关键词或是评论中买家常提到的高频词、产品词。

（三）分类节点关键词

亚马逊平台不断地细化产品的分类，很多类目产品的细分类目节点名，就是产品的核心关键词，可直接作为产品的关键词使用。

另外，也可关注竞品中“Amazon Choice”标签展现的关键词。

（四）品牌分析之亚马逊关键词搜索

完成品牌备案的卖家，可以在后台开放的品牌分析功能中使用关键词搜索功能，输入一个产品词，设定时间段，即可搜索出相应的词，或者用竞品ASIN反查。搜索频率排名越靠前，热度越大，可以想办法嵌入listing中，提高曝光度。

（五）广告推荐词及后期广告报表词

当卖家在创建产品的“手动广告—关键词投放”活动时，系统会根据产品已有信息，给出相关关键词推荐。自己填写关键词，系统也会根据卖家输入的词，来自动推荐一些产品的关键词，这些关键词是按照搜索量和相关性来综合排名的。

当广告开启一段时间后，会生成相应的广告报表，可以下载报表，筛选那些点击率和转化率都不错的词，因为这类关键词已经经过了购买和转化的考验，是后续应当重点关注和培养的词，可以进一步优化listing。

（六）选品工具

随着跨境电子商务业态的发展，市面上可选择的选品软件数量越来越多，比如卖家精灵、鸥鹭、Jungle Scount等。目前的选品软件基本上都会有关键词功能，特别是关键词反查和挖掘，可以快速地检索出相关的关键词信息，包含关键词的月搜索量、月销量、商品数、售价、review评分等信息。

（七）关键词工具网站

关键词工具分收费性和免费性工具。Merchant Words（www.merchant words.com）关键词搜索分析工具数据较为全面，几乎覆盖了亚马逊的主流国家站点，用户可以根据自己的目标站点选择国家，输入关键词后就能根据搜索的词匹配出相关的精准词、长尾词等，并且可以导出报表数据。Merchant Words工具是付费工具，卖家可以根据需求按月或是年购买。

四、搜索关键词

搜索关键词（search term）具有一定的搜索权重，是在上传产品信息时填写的一个信息项。

亚马逊的搜索引擎在匹配客户搜索的关键词时，优先匹配标题的信息，然后匹配搜索关键词填写的信息。亚马逊会在抓取后，根据与买家搜索需求的匹配度，筛选展示出符合条件的产品展示给买家。因此搜索关键词会直接关系到卖家商品的曝光量，匹配度越高，被买家看到的概率往往也越大。

搜索关键词不展示在前台，主要是给搜索引擎抓取的，因此在书写时不同词无须加标点，可以直接用空格隔开。搜索关键词长度不得多于250个字符，不要重复堆砌同一个单词，建议输入没有列入商品标题但可以让买家搜索到的关键词，如同义词、近义词、缩写等，但禁止包含别人的品牌和Asin。

五、图片

要创建一个好的亚马逊listing，标题、描述、关键词和图片这四大因素一个都不能少。高质量的商品图片可激发买家的想象力并促使买家购买卖家的商品。因此提高商品图片质量，尤其是主图的品质也是优化listing的重要步骤。

在亚马逊平台上，大部分的买家通过关键词搜索来筛选匹配的产品，在搜索页展现的产品信息中，图片占据很大的篇幅，因此清晰立体的图片，更有利于客户单击来到listing的详情页，客户除了看产品描述和产品评论之外，大部分的时间都花在了浏览产品图片上面。产品图片信息量多，买家很大可能就会购买卖家的产品。

在亚马逊平台中，上传产品图片分主图和辅图（图5-2）。主图1张，辅图8张，共9张，但在产品页面直接展示的只有6张辅图，其余2张需要点击图片界面查看。每个产品拥有一张或多张清晰直观，并且便于理解的图片是亚马逊要求卖家在上传listing时的一个硬性指标，图片是否具有吸引性也是能否为自己的listing带来更高转化率的一个重要因素。不同角度、不同细节的图片给客户在浏览过程中带来的感受和信息量也是不一样的，很多时候客户在购买产品的时候，因为未接触到实际产品，可以说购买的就是产品图片，所以产品图片一定要引起卖家的重视。

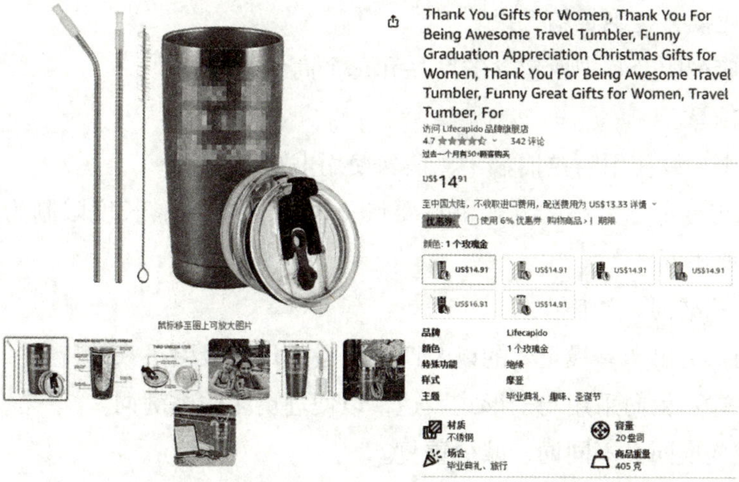

（a）　　　　　　　　（b）

图 5-2　产品图片的主图和辅图

产品图片的具体要求如下。

（1）要在详情页面达到最佳缩放效果，文件最长边的分辨率最好不小于1 600像素。事实证明，缩放功能有助于提高销量。

（2）图片最长边的分辨率不得超过10 000像素。

（3）图片必须采用JPEG（.jpg或.jpeg）、TIFF（.tif）、PNG（.png）或GIF（.gif）文件格式。首选文件格式为JPEG。

（4）图片必须清晰，未经过像素处理且没有锯齿边缘。

（5）主图图片背景颜色为纯白色，不允许主图片出现多余的文字，不接受图表的形式，也不接受在主图片插入其他图片。

（6）产品需要占据图片85%的地方。

（7）图片不得在真人模特上展示儿童、婴幼儿的紧身连衣裤、内衣和泳衣。

（8）图片不得包含任何亚马逊徽标或商标、亚马逊徽标或商标的变体，或者任何容易让人混淆的与亚马逊徽标或商标相似的内容。

六、产品描述

在亚马逊平台上，产品描述主要分为五点描述和长描述。

（一）五点描述

五点描述主要让客户清晰地了解这个产品卖的是什么，能给客户带来什么帮助和便利。卖家在写产品描述时可以选择将产品优势、解决痛点和适应范围等信息，分段进行论述，文字不要太长，使用简单的单词和语句表达出来即可，买家依靠商品要点来了解重要的商品特征和特殊信息。通过为商品提供具有相关性且完整的信息，有助于提高卖家的商品曝光度，并为提高销量带来积极影响。

五点描述书写要点如下。

（1）简洁生动，拒绝长篇大论。

（2）套装应列明套装中所包含的商品和每个商品的尺寸。

（3）质保信息。

（4）要点中始终使用阿拉伯数字，请勿使用书写数字。

（5）请以句首字母大写的方式书写要点（无标点符号）；长度限制为256个字符（根据商品类别有所不同）。

①格式：总结词+详细描述。

②总结词：突出产品最重要的以及产品具备的最能吸引买家的特点。

③详细描述：偏向采用句子形式表达，以便埋更多的关键词。

④关键词变换同义不同词，减少重复。

⑤信息条理有序，不重复。

⑥ 卖点结合市场listing分析，将买家最注重的放在前面。

（二）长描述

长描述是亚马逊产品listing的长描述，它是对于产品核心卖点和参数的一个补充。对于没有品牌的listing来说，长描述的内容可以由几块内容组成：售后（打消客户的后顾之忧）、主要特性、产品参数、注意事项（减少无故退货）、包装配件。对于品牌listing，卖家可以利用A+页面有效提升转化率，图文版的品牌详情页面比纯文字的描述效果更好，A+页面可在后台导航“广告〉A+页面”进入编辑。

描述本身可能字数相对比较多，正常情况下买家没有那么多时间或是耐心去完完全全地看完，卖家需要认真、仔细地把描述做到位，尽量用核心关键词去做引导，全方位有条理地罗列出来，让买家能更好更直接地找到想关注的点，一定要避免将其写成商品说明书，简单易懂的语言才能为产品带来更好的转化。

七、A+ 页面

所谓A+页面就是图文版商品详情页面，通过它卖家可以使用额外的图片和文本进一步完善商品描述部分（图5-3）。如果已经成功通过了Amazon的品牌注册（brand registry，BR），卖家从现在开始就可以在卖家的产品描述页面添加图片和文字信息了。

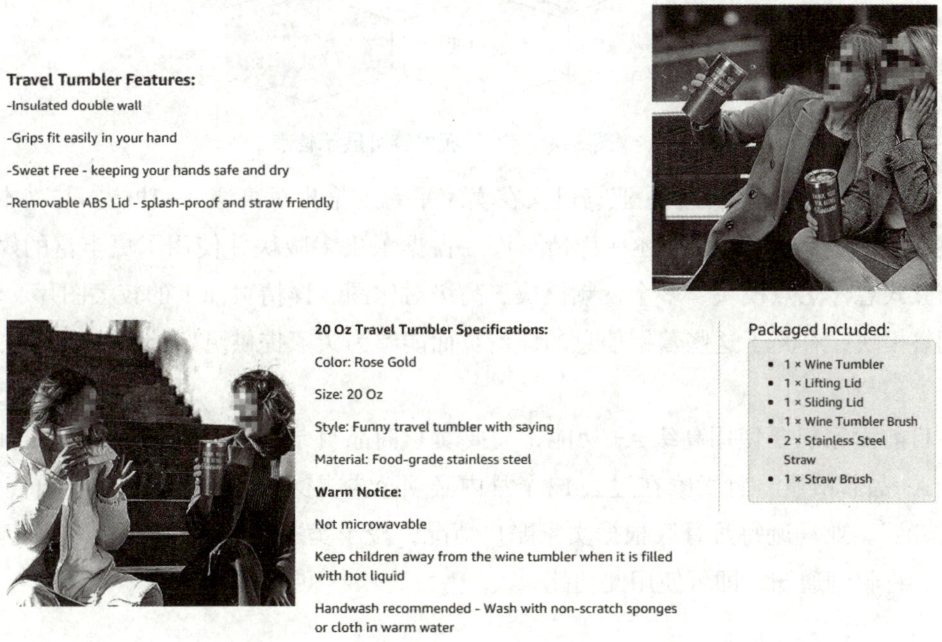

图 5-3 A+ 页面

给产品添加A+图文页面首先有助于提升产品的转化，促进买家重复购买；其次可以宣传产品以及品牌故事，将买家与卖家的品牌故事、价值观以及品牌独特之处联系起来，还能打消买家的购买疑虑，避免不良的差评。除此之外，添加A+页面还可以提高产品被发现的概率。

A+内容类型有品牌故事及基础商品描述两大版块内容。

（1）品牌故事功能，卖家可以分享自己独特的故事，从而在竞争中脱颖而出并与自己的客户建立联系。借助这项功能，卖家可以在名为“来自品牌”的详细信息页面上的专用插槽中，使用引人入胜的视觉内容，将品牌故事的元素与产品功能分开突出显示。

（2）利用“A+商品描述”功能，可以更改品牌ASIN的商品描述以及有关商品特性和用途的更多详情，用于扩充主商品详情页面中的要点和图片。这些信息可以主动回答买家的问题，从而帮助买家做出购买决定。据亚马逊平台数据调查显示，使用A+页面的商品可以增加5%的销售额。A+商品描述版块的内容如下（图5-4）。

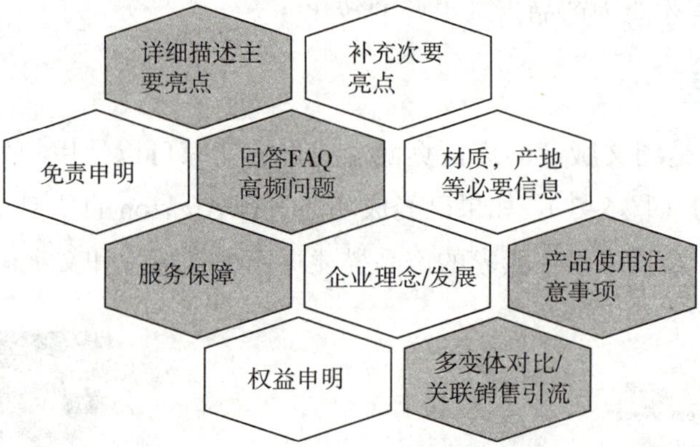

图5-4　A+页面内容可展示信息

在原有A+功能基础上，亚马逊又在卖家平台上推出了高级A+功能。与基本A+商品描述相比，高级A+商品描述在详情页面上占据了更多版块并使用了更丰富的媒体内容，如交互式悬停热点模块、多个视频模块、高级对比图、详情页面上的较大图片、轮播模块和问答模块，补充了这些营销信息的详情页面能够为买家提供更好的购物体验，进一步提高买家参与度。

目前卖家想要使用高级A+功能，需要卖家商品目录中所有ASIN必须包含已发布的基础A+品牌故事，且卖家在过去12个月内必须至少提交15个基础A+内容项目且状态为“已核准”。亚马逊每月月底根据卖家账户情况，授予卖家高级A+访问权限。若卖家符合标准，将收到通知，即可使用此功能。

八、产品视频

已经进行品牌注册的卖家，可以在亚马逊上传产品视频。视频可以更加直观地展示产品，对买家而言，点开一款产品时，如果有视频说明，就可以在几秒钟内有效地了解产品的价值，那可以有效地促进成交率、提高转化率。根据亚马逊平台数据显示，在网页上放置主图视频的产品，其转化率可以提高20%。对于功能性很强的产品，视频可以更好地介绍，避免了之前冗长的listing描述，以及后续很多客服问题。视频中可以对产品的使用方式、注意事项进行详细说明，这样能减少很多售后问题以及退货问题。

产品视频可以在导航“库存—上传和管理视频”中进入，上传相应视频。视频格式要求.mp4或.mov，小于5 GB（建议使用480 p或更高的分辨率），内容不能包含任何URL（包括社交媒体链接和用户名），或引导用户离开亚马逊商城的内容。另外，还需确保卖家的视频采用的是商城的主要语言，并确保其中包含标记的商品；不得包含商品价格、促销信息、折扣声明（包括“便宜”“实惠”“促销”等字样）或具有时效性的信息；不能含有自己、公司或者分销商的信息及联系方式；不能提及其他竞品或者是授权的字眼；不得出现其他品牌标识。视频时长建议不超过1分钟，标题不超过100个字符，需要包含产品关键词。

任务二　产品上架流程详解

任务描述

小娜拥有一家小型服装工厂，她决定将业务拓展到国际市场，于是在跨境电子商务平台上开设了自己的店铺。对于如何上架产品，她几乎一无所知，但她知道这是她进入国际市场的关键一步。

任务分析

小娜在跨境电子商务平台上上架产品时要确定是单个产品上传还是将产品批量上传，然后根据实际需要学习相应的方法。通过本任务的学习，帮助学生了解产品上传的方法。

任务实施

各个不同的电子商务平台，产品上架操作方法有差异，产品上架方法也有多样性。在本任务中，主要以亚马逊平台为例，介绍几种不同的产品上架方式及其具体操作流程。

一、单个产品上传

单个产品上传的流程如下。

（1）进入卖家后台，单击导航栏库存（inventory）下面的添加新商品。

（2）自建listing，即可打开在“Add a product”（添加新商品）页面单击“I'm adding a product not sold on Amazon”（我要添加未在亚马逊上销售的新商品）。

（3）在Browse中选择产品详细的类目，按照产品的类目层级，一级一级选择，直到细分类目，选中产品想要放置的类目，单击“Select”即可进入产品信息上传页面。

如果不确定产品的商品品类，可以使用品类搜索功能，在Search搜索框中输入产品关键字，从搜索结果中选择相应的品类，单击进入添加商品页面。

（4）进入商品信息填写页面，填写商品信息。打开右上角的“高级视图”按钮，可展开更多的详细填写内容，如商品重要信息、变体、报价、合规信息、图片、描述、关键字、更多详情等。

商品上传页面中带“*”号的信息是商品的必填项，按照要求规范填写，其他为可选项，不同类目商品上传所需填写信息不同。

① 商品编码。亚马逊规定商品上传需要一个商品编码，若未完成品牌注册，使用UPC上传；完成品牌注册可申请UPC豁免，使用GTIN上传。

② 商品名称。即产品标题，根据前文要求填写。

③ 品牌。上传商品时需填写品牌，根据注册的品牌正确填写，买家可在前台通过搜索品牌，查找到这个品牌的产品。

④ 外部材质。制作材质可以填写在此栏。

（5）变体信息栏目为非必填项目。变体是指同款产品中有不同的变量，如尺码或是颜色等的不同，一般有不同的颜色和尺寸，则可以通过变体一栏添加多种属性。若产品是单体，没有其他变量，此栏可跳过不填。不是所有产品都有变体，一般鞋服箱包类较常存在变体。

具体的变体填写，可以先根据产品的变量选择变体主题（如尺寸、颜色），接下来再填写具体的变量值（颜色变量如white、black等），单击添加变体，即可设置不同变体的售价、库存等信息。

（6）报价信息填写。卖家SKU：若不填写，系统则会自动生成一串代码，建议卖家自定义填写，按照一定规律编辑，如T-shirt-black，后续运营和仓储人员可通过此SKU明确知道是哪款产品，有利于管理优化。

① 商品税费代码。若中国卖家注册美国账号，注册时税务已填写非美国公民，不缴税，默认NOTAX即可。

② 您的价格。产品的售价，若商品有变体，则在变体栏里填写售价；若单一商品，填写准确的销售价格。

③ 配送模板。若商品选择FBA配送，无须填写；若FBM自配送，可以在上架商品前先在“设置—配送设置”中设置此商品的运费配送模板后，在此选择对应的模板。

④ 优惠价。若商品做限时促销，可以在此填写促销优惠价，价格需比“您的价格”中填写的价格小，并选择相应的“优惠价开始日期”和“优惠价结束日期”。

⑤ 状况。商品的状况，一般有“全新”“二手”等不同状态，一般上新选择“全新”。

⑥ 订单商品最大数量。设置买家一次加购的产品数量。亚马逊平台默认买家一次可

加购999件，因此建议卖家根据买家真实需求设置一个合理值，以防被竞争对手恶意加购，无库存可售卖。

⑦ 处理时间。主要针对卖家自发货给的一个备货时间，备货时间是指从买家下单到卖家将订单商品交付给承运人这一过程所用的时间，卖家可根据实际所需备货时间填写，亚马逊会根据填写的备货时间加上运输时间作为订单总配送时间。若是FBA发货的产品，此栏无须填写。

（7）商品合规信息填写。主要针对产品含有电池类的，需在此栏填写产品所含电池信息，如电池数量、成分、容量等信息。产品不含电池则跳过，无须填写。

（8）商品图片上传。亚马逊后台产品图片可上传1张主图和8张辅图，前台会显示1主图和6张辅图。主图纯白底，辅图则无颜色要求，卖家可以根据产品特性多方面展示，如场景图、尺寸图、安装图、细节图等。

（9）商品描述信息填写。“产品说明”项填写商品的长描述，“分项描述”填写商品的描述，开始只会显示一行，可通过单击下方的“添加更多”选项一行一行显示，前台可展示五行描述，建议填写完整，信息越完整客户对商品越了解清晰，有利于商品的转化。

（10）商品关键字信息填写。“搜索关键词”会限制字符数，把最核心的关键词写上，不需要逗号，不用考虑语法，单词之间不要重复，只需空格隔开即可。

（11）商品更多详情信息填写。在此页面里的信息非必填项，主要包含如商品重量、尺寸、材质、款式、适用人群等，可根据对产品的了解，进行一些数据补充。亚马逊系统会根据填写的信息，调取显示在前台商品详情页，有利于客户进一步了解商品的相关信息。

（12）保存及创建。确认所有必填信息都填好后，屏幕下方的“Save and finish”按钮，会由灰色变成橘黄色，单击“Save and finish”即可完成商品创建。

创建成功后在“库存—管理库存”页面就能查看此商品的信息，可再单击各个SKU后面的“编辑”按钮，进一步编辑修改。

二、批量上传

当卖家有很多款产品需要上传或者一款产品拥有很多个变体时，可以使用批量上传方式。

批量上传是通过使用Excel表格上传商品信息，常用在多个listing同时上传、商品有多变体或是商品信息修改等情况。通过批量表可以更快速地完成相应的工作。

（一）批量表模板下载

批量表模板下载流程如下。

（1）进入卖家后台单击“库存—批量上传商品”。

（2）选择上传的商品所在分类。已知产品所在类目，可通过商品分类工具，一层一层选择对应的产品类目，最后小类目里，单击“选择”。若找不到产品层级类目，可使用页面中的“搜索工具”一栏，使用产品的核心关键词搜索，系统会自动匹配出相关类目，卖家再选择产品想要放置的类目节点，选择即可。

（3）单击“Standard”按钮下载模板。生成批量表的步骤如下：步骤1：选择到最小类目；步骤2：选择商品上传的站点，如美国；步骤3：选择模板的类型，建议用“高级”模式，会有完整的商品信息项；确认后进行步骤4：单击“生成模板”，即可下载相应的模板。

（二）批量表介绍及填写

1. 批量表介绍

批量上传商品模板文件包含很多工作表，如说明（instructions）、图片要求（image）、例题（example）、数据定义（data definitions）、模板（template）、浏览数据（browse data）、有效值（valid values）如表5-1所示。其中，只有模板表是需要填写的；其他表格起解释说明和引导作用，是为了更好地更清晰地填写模板表。

表5-1　批量表子表格菜单

说明	图片要求	例题	数据定义	模板	浏览数据	有效值

注：说明（instructions）：关于批量库存文件表的总体说明。

图片要求（image）：关于亚马逊的图片标准要求。

例题（example）：有关如何输入商品信息的填写示例。

数据定义（data definitions）：关于模板（template）表格里各项值的解析。

模板（template）：填写商品信息和产品数据，是最终需要上传的表。

浏览数据（browse data）：下载表格的这个路径和类目值，要求对应要发布商品的分类使用分类树指南（browse tree guide，BTG）中的有效值。

有效值（valid values）：包含在填写“Template”选项卡时可以使用的各种可接受值。

2. 模板（template）表填写注意事项

首先进入数据定义（data definitions）表，查看各个字段解释。A列为组名称；B列为字段名称；C列为本地标签名称；D列为定义和用途；E列为可接受值；F列为示例；G列提示该字段是否为必填项（required必选项，optional为可选项）。其中A列组名称主要分为必填项（required）、图片（images）、变体信息（variation）、基本产品信息（basic）、商品发现信息（discovery）、未分组（product Enrichment）、产品大小（dimensions）、配送（fulfillment）、合规信息（compliance）、报价（offer）、垂直购销（B2B）。

（1）必填项（required）

进入模板（template）按照数据定义（data definitions）的要求填写必填信息，每行一个商品（表5-2）。

表 5-2　批量表必填信息

模板类型=fptcustom	版本=2022.1013	模板签名=QkFDS1BBQOs=	设置=属性行=3&内容语言标签	请用英语填写此模板。前三行仅供 Amazon.com 使用。请勿修改或删除前三行中的任何数据		
Product Type	Seller SKU	Brand Name	Product ID	Product ID Type	Product Name	Category（item-type）
backpack	bag-parent-1013	ABCD			Travel Laptop Backpack	laptop-computer-backpacks
backpack	bag-10-156-gery	ABCD	658858896342	UPC	Travel Laptop Backpack Grey 15.6 Inch for Men	laptop-computer-backpacks
backpack	bag-10-17-red	ABCD	658858896346	UPC	Travel Laptop Backpack Red 17 Inch for Women	laptop-computer-backpacks
backpack	bag-10-156-blue	ABCD	658858896348	UPC	Travel Laptop Backpack Blue 15.6 Inch for Men Women	laptop-computer-backpacks
backpack	bag-10-17-black	ABCD	658858896349	UPC	Travel Laptop Backpack Black 17 Inch for Women	laptop-computer-backpacks

商品类型（product type）：根据表格下载时选择的类目，表格自带对应商品类型有效值，下拉选择即可。

卖家SKU（seller SKU）：商品的SKU，建议按照一定的规则编写，SKU一旦确定就无法更改，以T-shirt为例，如父体的SKU可编辑为“shirt-0316”，表示是3月16日上传的一款T-shirt，某个子体如白色T-shirt S码，可以编辑其SKU为“shirt-0316-white-s”。

品牌（brand name）：品牌名填写跟备案时一致的商品商标名。

商品编码（product ID）：根据Product ID Type选择的编码类型填写，根据ISBN，ASIN，UPC或EAN等类型的不同，商品编码必须满足各自类型的字符数要求：UPC（12位数字）、EAN（13位数字）、EAN8（8位数字）、GTIN（14位数字）。若是选择UPC，则此栏填写的UPC码需要通过正规渠道购买。

商品编码类型（product ID type）：有GTIN，UPC，EAN，全球目录编码（global

catalog identifier，GCID）和ASIN码可供选择，当产品没有品牌备案时，美国站可选UPC编码类型上传，完成品牌备案并申请UPC豁免则可用GTIN编码类型上传。EAN一般用于欧洲站。只有商品已经存在，使用批量表修改商品信息时才可使用ASIN码类型。

商品名称（product name）：商品的标题，按照前文说明的，首字母大写，连词小写书写商品名称。

制造商（manufacturer）：填写商品的制造商。

制造商零件编号（manufacturer part number）：填写商品的制造商零件编号。

产品类型关键字（category（item-type））：商品所在类目细分类目，表格自带下拉有效值。

您的价格（category（item-type））：填写基于商品状况的价格。

库存数量（quantity）：卖家自配送商品，卖家输入能提供的真实可售商品的数量，整数填写。如果首次提交商品信息时该输入项留空，商品将显示为“缺货”。库存数量输入项只适用于子商品或独立商品且该输入项不适用于亚马逊物流商品，亚马逊配送商品请勿输入数量，卖家可以在一个单独的栏中提交运营中心编号。该输入项填写真实售卖的子体，不填写父体。

商品是否有保质期（is product expirable）：注明商品是否有保质期，通常在商品的包装上标注。根据商品的有效期实际情况，从有效值列表中选择；

主图片url（main image url）：商品的主图片所对应的url。必须对所有商品提供该url。图片应该为72 dpi，且最长边分辨率至少为500像素。首选的图片文件格式为jpeg（jpg），而且url必须完整有效（即包含http://）。

（2）图片（images）

可以上传商品不同视图的其他图片，或者可以调动情绪的其他图片。

（3）变体信息（variation）

父子关系（parent child）：即某件商品与其他或类似商品的关系。选择父商品或子商品。“父商品”仅指定其子商品共有的属性，是不可购买的虚拟商品。“子商品”定义父商品可能存在的规格、口味等变体，是可购买的、真正销售的商品。如果填写了以下任意栏，则该项为必填项：变体主题、口味、尺寸。

父SKU（parent SKU）：如果该商品为子商品则填写与其关联的父商品的SKU，为父商品则不填写。

关系类型（relationship Type）：描述相关商品间的关系，通常属于存在不同的颜色或尺寸等变体类型，即该项一般选择填写“变体”，存在商品变体关系的父商品，不填写该项信息。

商品变体主题（variation theme）：描述父商品根据颜色、尺寸等参数来划分不同的子商品。对应划分参数选择一个合适的变体主题，如填写颜色、尺寸。

填写变体时需要注意（表5-3），父产品SKU行表格若填“Parent”；子产品SKU行填“Child”，parent SKU行就填写上“父SKU”，relationship type填“Variation”，variation theme填写要变体的内容，按颜色或尺寸，或颜色尺寸，或风格等级，变体的内容一定要写。

表5-3 批量表商品变体信息

变体信息			
Parentage（起源）	Parent SKU（父级 SKU）	Relationship Type（关系类型）	Variation Theme（变化主题）
parent_child	parent_sku	relationship_type	variation_theme
Parent			color-size
Child	bag-parent-1013	Variation	color-size
Child	bag-parent-1013	Variation	color-size
Child	bag-parent-1013	Variation	color-size
Child	bag-parent-1013	Variation	color-size

（4）基本产品信息（basic）

更新删除（update delete）：新品上传选择Update，产品部分更新选择“Partial Update”，删除商品或者删除部分商品信息选择“Delete”。

商品描述（product description）：关于商品的文本长描述，不是关于待售商品状况的说明。把准备好的描述文字填写进去即可。

版本（edition）：关于商品版本或版次，为可选项。

型号（model）：关于商品的型号，为可选项。

（5）其他信息

商品发现信息（discovery）：会影响买家在站点上浏览或搜索查找买家产品的方式。

未分组（product enrichment）：可以创建丰富的产品列表。

产品大小（dimensions）：用来表明产品的大小和重量。

配送（fulfillment）：提供亚马逊配送或卖家自配送订单的相关配送信息。

合规信息（compliance）：记录商品对销售所在国家或地区消费法律的合规情况。

报价（offer）：根据实际情况选择填写，填写有助于买家了解购买商品的报价信息。

B2B：根据实际情况选择填写。

商品信息输入完毕后确认所有必填信息都正确添加，并且UPC和SKU没有重复，即可保存。

（三）批量表上传流程

产品信息填写并保存完成后，即可回到亚马逊账户后台，打开导航栏“库存—批量上传商品”，进入批量上传页面。

选择“上传卖家的库存文件（Upload Your Inventory Files）”后，单击“浏览文件”，选择到填写完成保存好的批量表。

亚马逊识别到文件后，在打开的页面选择处理报告格式为“Excel”，单击上传。即可跳转到“监控上传状态”页面。

从“监控上传状态”可知，批量表上传需要一定的时间，每一次上传，亚马逊会自动为此次的上传生成一个编码并在页面下方有相应的上传进程。

当看到“上传状态”显示“完成”时，可以在“操作”一行中下载处理报告。处理报告中会显示具体的数据处理情况，在“上传数据处理一栏”可看到具体的错误提示（图5-5）。

已处理的记录数	3
有错误的记录数	3
告记求数量	0

错误类型	错误信息范例	影响的码性名称(ExCel列)	错误数量
300060	无法通过URL http://www.companyname.com/images/1252.main.jpg访问该媒体。请确保此URL正确且该媒体可公开访问		3
		总错误数量	3
		总错误和警告数量	3

图5-5　批量表处理报告数据错误提示

可根据错误提示做好信息更正，再重新上传，直至处理报告显示成功（图5-6），即可在导航“库存——管理库存”中查看到相关上架的产品listing信息。

已处理的记录数	3
有错误的记录数	0
告记求数量	0
总错误和警告数量	0

图5-6　批量表成功上传

三、跟卖上传

（一）跟卖

跟卖即在别人创建的产品页面下销售同样的产品，是亚马逊上普遍存在并且独具特色的一种出售方式。亚马逊跟卖实质上是共享商品页面。通俗来讲，就是在别人的商品页面上挂自己的产品链接。

跟卖是亚马逊平台的独有特色，是亚马逊平台允许的一种销售方式。从平台层面来说，亚马逊考虑到同一款产品，可能有多个不同的分销商，为了避免同一款产品被多个不同卖家重复发布在平台，导致买家购物体验差的情况，因此允许符合平台跟卖规则的其他卖家通过跟卖的形式，将商品链接挂在已有的其他卖家的商品详情页上，以供买家直接对比选择，为买家提供更优质价廉的产品，方便买家快速寻找所需商品。

1. 跟卖的前提

亚马逊设立跟卖规则的初衷是鼓励同一个品牌的不同代理商进行价格竞争，让利买家，增加亚马逊平台吸引力。想要跟卖，必须满足“有同样的产品”这个前提条件，“同样的产品”即商品品牌、图片、标题、产地、颜色、型号、参数、材质、包装等完全一致，只有符合物品一致性原则才能进行跟卖。对于同一个制造商而言，卖家要有相应的经销资格，需满足此条件，跟卖才是可允许的。

2. 跟卖的影响

不同卖家的相同产品展示在同一条商品页面上，所有卖家共享此商品页面的流量，不同的跟卖者只需要提供自己商品的SKU、价格、配送方式、库存数量和产品的新旧状况即可。

对于被跟卖的商品，所有的卖家共享流量，也意味着所有卖家都会争抢销量和购物车，占有购物车（buy box）的卖家成交概率更高。购物车是亚马逊根据平台的算法，参考销量、转化率、售价、配送方式、账号绩效等因素来进行分配的。

对于商品的原卖家来说，商品被跟卖后，此商品的多个卖家在一款产品下一起显示，且跟卖者无须像原有的卖家一样投入大量的精力和财力就可一起分享流量。因为跟卖者投入少，很多的跟卖者会通过低价的方式来抢占购物车，卖家之间的竞争更激烈，一旦打价格战，产品的利润会越来越低。且很多无良的跟卖卖家，为了抢占流量，可能跟卖的商品质量差、货不对板，客服和物流表现差，导致商品收到差评，影响整体的商品销量。因此对于商品原有卖家来说，为了保护自己的商品，会使用多种不同的方式赶跟卖。如果卖家没有足够好的经验和准备，建议不要选择跟卖。因为跟卖的风险还是很大的，在跟卖的过程中卖家会遇到各种下架的情况发生。

若卖家跟卖的商品，申请了商标备案或者拥有专利，而卖家没有获得授权，被商品原有卖家投诉会导致卖家的账号受限制或者被封号。

跟卖的listing被商品原有卖家修改了而卖家迟迟没有察觉到，可能会造成发错货而被买家投诉，影响卖家的账号表现。若商品有很多库存，将造成更大的损失。

虽然跟卖的风险很大，但是跟卖的人仍然络绎不绝，还是天天在亚马逊做着跟卖的事情。因为跟卖不需要自己创建listing的页面，可谓是省时省力又省心。新手卖家跟卖的话，还能快速出单，增加流量，进而提高销量。

良性跟卖对于跟卖者来说，销量和流量是最大的收益。如果抢到黄金购物车，那么这个listing就相当于变成卖家的listing了。

（二）跟卖上传

对于新手卖家而言，账号在审核期间是不稳定的，不建议立刻跟卖。刚开始，可以先自己建立listing，上传产品进行销售，对Amazon操作方面的规则有了一定的了解和熟悉之后，待账号相对稳定时再选择跟卖。

跟卖上传的流程如下。

（1）进入卖家后台，单击屏幕左上角库存（inventory）下面的添加新商品（add a product）。

（2）跟卖已有的商品，可在打开的添加新商品（add a product）页面搜索框中输入想要跟卖商品的名称或是ASIN码，再单击框中的搜索符号。

（3）单击搜索之后，会搜索出ASIN码匹配的要跟卖的商品，选择商品的跟卖状态，商品状态有“全新”“收藏品”“二手”，一般中国卖家只能销售“全新”的商品。选择完即可单击“销售此商品”，进入跟卖listing的信息填写。

（4）填写商品跟卖的相关信息，如商品的SKU、售价、库存数量、商品状况、配送模式等。

（5）信息填写完成，单击“Save and finish”按钮，即完成跟卖的步骤。

（三）规避风险，安全跟卖

首先，跟卖时可以选择已经有人跟卖的产品，最好有稳定的货源，产品质量有一定的保障。若他人跟卖后没有被投诉，那卖家可以选择这个产品进行跟卖。

其次，跟卖要真实诚信。自己的产品实物一定要跟图片的展示是一样的，不能买家收到货，发现产品和图片完全不符合。跟卖了别人的产品，就算产品的质量或者细节没有别人做得好，但最起码跟卖的产品要与被跟卖的产品是一样的。在跟卖期间，每天都要对跟卖的listing进行检查，查看listing是否被修改或者拥有了品牌保护，避免侵权投诉。

如果收到警告信要求停止跟卖否则投诉的情况下，要及时进行处理，将产品下架。然后告诉对方已经下架了，接下来就可以通过品牌查找途径来确认产品是否可以继续跟卖。

如果卖家的账号有做FBA的话，最好不要轻易尝试跟卖，以免账号被封，库存被亚马逊封存。

注意：没有100%安全的跟卖策略，只要跟卖就有可能犯错。因为申请一个美国品牌只需要一周时间，可能一两周后对方就可以举报卖家。

如果想长期做Amazon平台，建议卖家还是自己做自己的品牌与商标，自己做自己的商品页面，开发自己的产品，这才是长期发展的做法。自己创建listing，拥有自己的品牌，注册商标以保护自建的商品页面。保护自建的商品页面还有以下三个好处：第一，可以防止别人跟卖；第二，可以保持利润的空间；第三，防止别人篡改商品页面里面的内容。

防止跟卖的方法：注册商标、专利、版权；测试购买，然后向亚马逊投诉；服务商赶跟卖；警告信；R标可以加入亚马逊的透明计划等。

四、产品上传变体管理

跨境电子商务平台卖家在上传产品时，可以对产品的变体进行合并、拆分、创建等操作。

（一）变体

变体是产品之间相互关联的产品集，是同一个产品的不同属性（大小、颜色、尺寸、式样）归集。简单地说，变体是能在同一个商品页面上点击购入的产品。良好的变体关系商品信息可让买家根据不同的属性（尺寸、颜色或其他特性），通过商品详情页面上提供的选项比较和选择商品。

父/子关系三项要素如下。

（1）父商品是一个产品的集合，父体不具备销售意义，只是作为一个绑定节点存在。

（2）子商品与每个父商品相关联，具有变体属性的产品，真实售卖的产品。

（3）变体主题父商品与子商品之间的关系，用于界定每个关联子商品之间的不同。根据卖家上架商品所设置的分类，变体主题也会有所不同。

创建变体的优点如下。

（1）流量叠加。当一个商品有变体，买家在搜索到它时，进入产品详情页后可以从其他选项中选择更适合自己的产品，实现了不同属性产品之间的互相引流，能够有效提升产品的曝光度，利于单量的增加。

（2）Review和QA共享。可叠加，商品页面可以获得更高的权重，获得更多的曝光和流量。

提报活动可省钱：提报秒杀或是Vine计划，可以按父ASIN提报，一次费用可以多个子体一起参与。

（二）变体合并、拆分、创建操作

1. 合并变体

单体创建变体合并，首先要先创建一个父商品，填写所有必填项，如product type，SKU，brand name，product name，item type keyword等信息。选择变体主题，并在变体主题填写对应的变量值。

父商品首次上传，填写update；若子商品新建全部选“Update”；若合并现有子体则子体更新方式选“Partial Update”，且子商品的product ID type选择“ASIN”，子商品的ASIN可以在导航“库存—管理库存”中找到（表5-4）。

表 5–4　合并变体信息填写

变体信息				基本产品信息
Parentage（起源）	Parent SKU（父级 SKU）	relationship type（关系类型）	variation theme（变化主题）	update delete（更新删除）
parent_child	parent_SKU	relationship_type	variation_theme	update_delete
Parent			Color	Update
Child	bag–parent–1013	Variation	Color	Partial Update
Child	bag–parent–1013	Variation	Color	Partial Update
Child	bag–parent–1013	Variation	Color	Partial Update
Child	bag–parent–1013	Variation	Color	Partial Update

2. 拆分变体

想要解除父子变体关系，将子商品变成独立商品，可在manage inventory页面找到此父子变体商品，复制父子商品的SKU，ASIN信息，下载相应的批量表，将复制的父商品和子商品的SKU，ASIN粘贴在模板SKU，product ID列，并且补充product ID type，update delete。在“update delete”列，父商品填写delete，子商品填写partial update，保存后上传此库存文件即可更新（表5–5）。

表 5–5　拆分变体表操作

模板类型＝fptcustom	版本＝2022.1013	模板签名＝QkFDS1BBQOs＝	设置＝属性行＝3& 内容语言标签	请用英语填写此模板。前三行仅供Ama–zon.com 使用。请勿修改或删除前三行中的任何数据			基本产品信息
product type	seller SKU	brand name	product name	product ID	product ID type	item type keyword	update delete
feed_Product_type	Item_SKU	Brand_Name	item_name	External_product_id	External_product_id_type	Item_type	update_delete
backpack	bag–Parent–1013	ABCD	Travel Laptop Back– pack			laptop – computer– backpacks	Delete
backpack	bag–10–156 – gery	ABCD	Travel Laptop Back– pack Grey 15. 6 Inch for Men	B06P6FXKP2	ASIN	laptop – computer– backpacks	Partial Update
backpack	bag–10–17 –red	ABCD	Travel Laptop Back– pack Red 17 Inch for Women	B065K885FX	ASIN	laptop– computer– backpacks	Partial Update

续表

模板类型=fptcustom	版本=2022.1013	模板签名=QkFDS1BBQOs=	设置=属性行=3&内容语言标签	请用英语填写此模板。前三行仅供Ama-zon.com使用。请勿修改或删除前三行中的任何数据			基本产品信息
backpack	bag-10-156-blue	ABCD	Travel Laptop Back-pack Blue 15.6 Inch for Men Women	B08963NXY4	ASIN	laptop-computer-backpacks	Partial Update
backpack	bag-10-17-black	ABCD	Travel Laptop Back-pack Black 17 Inch for Women	B08YB96C49	ASIN	laptop-computer-backpacks	Partial Update

3. 新增变体

新增变体即在原有多变体的listing里再继续增加子商品，如原有一款衬衫，本来只有S、M、L三个尺码，现在要新增XL尺码进去，即可通过表格，新增一个子商品。

为父商品添加一个新商品，子商品必填信息需全部填写。update delete列中原有父体跟子体选择partial update，新增子体选update（表5-6）。

拓展阅读

跨境电子商务产品上架的注意事项

随着全球化的发展，跨境电子商务逐渐成为我国企业拓展国际市场的重要途径。为了确保产品在国际市场上的品质和口碑，上架流程显得尤为重要。本文将为您详细解析跨境电子商务产品上架的注意事项，帮助您顺利地将产品推向全球市场。

1. 产品合规性

（1）了解目标市场的法律法规。不同国家对产品的安全性、合规性要求不同，因此在上架产品之前，务必深入了解目标市场的相关法规，确保产品符合当地法律法规要求。

（2）合规检测。在产品上架前，进行合规检测，确保产品质量和安全性达到目标市场的标准。例如，欧洲市场对RoHS和REACH法规有严格要求，美国市场对FDA和UL认证有明确规定。

（3）取得相关认证。根据目标市场的法律法规和行业标准，取得相应的认证证书，如CE认证、FCC认证等。

2. 产品描述与信息准确性

（1）详尽的产品描述。产品描述应包含产品名称、用途、规格、材质、颜色、尺寸等信息，以便消费者全面了解产品。

表 5-6　新增子商品操作

模板类型＝fptcustom	版本＝2022.1013	模板签名＝QkFDS1BBQOs＝	设置＝属性行＝3& 内容语言标签	请用英语填写此模板。前三行仅供 Amazon. com 使用。请勿修改或删除前三行中的任何数据			变体信息				基本产品信息
product type	seller SKU	brand name	product name	product ID	product ID type	item type keyword	parentage	parent SKU	relationship type	variation theme	update delete
feed_product_type	item_SKU	brand_name	item_name	external_Product_id	external_Product_id_type	item_type	Parent_child	Parent_SKU	Relationship_type	variation_theme	Update_delete
backpack	bag–parent –1013	ABCD	Travel Laptop Backpack		ASIN	laptop–computer–backpacks	Parent			color–size	Partial Update
backpack	bag–10–156 – gery	ABCD	Travel Laptop Backpack Grey 15.6 Inch for Men	B06P6FXKP2	ASIN	laptop–computer –backpacks	Child	bag–parent–1013	Variation	color–size	Partial Update
backpack	bag–10–17–red	ABCD	Travel Laptop Backpack Red 17 Inch for Women	B065K885FX	ASIN	laptop –computer –backpacks	Child	bag–parent –1013	Variation	color–size	Partial Update
backpack	bag–10–156 –blue	ABCD	Travel Laptop Backpack Blue 15.6 Inch for Men Women	B08963NXY4	ASIN	laptop –computer–backpacks	Child	bag–parent –1013	Variation	color–size	Partial Update
backpack	bag–10–17–black	ABCD	Travel Laptop Backpack Black 17 Inch for Women	B08YB96C49	ASIN	laptop computer back packs	Child	bag–parent –1013	Variation	color–size	Partial Update
backpack	bag–10–17 –blue	ABCD	Travel Laptop Backpack Black 18 Inch for Women	658858 896352	UPC	laptop –computer–backpacks	Child	bag–parent –1013	Variation	color–size	Update

（2）准确的图片和视频。上传清晰、真实的图片和视频，展示产品的特点和使用方法，避免误导消费者。

（3）产品标签和说明书。确保产品标签和说明书内容准确无误，符合目标市场的要求。

3. 产品质量与售后服务

（1）严格的质量控制。在产品生产过程中，实施严格的质量控制，确保产品质量可靠。

（2）完善的售后服务。提供及时、有效的售后服务，处理消费者的疑问和投诉，维护企业形象和消费者满意度。

（3）退换货政策。明确退换货流程和政策，符合当地法律法规，确保消费者权益。

4. 库存与物流管理

（1）合理的库存规划。根据市场需求和销售预测，合理规划库存，避免库存积压和断货风险。

（2）可靠的物流渠道。选择合适的物流渠道，确保产品按时送达消费者手中，提高客户满意度。

（3）跨境物流跟踪。实时跟踪跨境物流信息，便于消费者查询和售后处理。

5. 价格策略与促销活动

（1）市场调研。深入了解目标市场的价格水平和消费者需求，制定合理的价格策略。

（2）促销活动。根据市场需求和节假日特点，开展有针对性的促销活动，提高产品销量和知名度。

（3）优惠券和折扣。合理设置优惠券和折扣，吸引消费者购买。

综上所述，跨境电子商务产品上架需要注意合规性、产品描述准确性、质量与售后服务、库存与物流管理以及价格策略与促销活动等多方面因素。只有全面考虑这些因素，才能在国际市场上站稳脚跟，实现可持续发展。

项目工单

学习完本项目的内容后，认真完成表 5–7 的项目工单。

表 5–7 项目工单

跨境电子商务产品上架实践	
实践任务	选择合适的平台上架产品
实践目标	1. 熟悉并掌握跨境电子商务平台的注册及账户管理操作； 2. 学会分析市场需求与竞品情况，确定适合上架的产品； 3. 掌握产品上架的具体步骤和流程，包括信息填写、图片上传等； 4. 学会根据平台数据和用户反馈优化产品描述和定价策略； 5. 提高学生的实际操作能力和团队协作能力，为日后的跨境电子商务运营工作打下基础

续表

实践步骤	1. 平台选择与注册 （1）收集不同跨境电子商务平台的信息，进行对比分析； （2）选择适合的平台，按照平台要求进行注册 2. 产品选择与准备 （1）分析目标市场需求和竞品情况，确定上架产品； （2）准备产品资料，包括图片、描述、价格等 3. 产品上架操作 （1）登录平台账号，进入产品管理页面； （2）按照平台要求填写产品信息，上传产品图片； （3）设置产品属性、发货方式等 4. 产品优化与调整 （1）根据平台数据调整产品描述和关键词； （2）根据用户反馈优化产品图片和价格
实践提示	1. 在选择平台时，应充分考虑平台的知名度、用户规模、费用等因素； 2. 产品资料应真实、准确，避免虚假宣传或误导消费者； 3. 上传的产品图片应符合平台要求，确保清晰度和美观度； 4. 在设置产品价格时，应充分考虑成本、市场需求和竞品价格等因素； 5. 定期检查产品数据，及时调整优化策略，提高产品销量和用户满意度
实践总结	

实践评价

完成以上实践后，认真完成表 5-8 的实践评价。

表 5-8　实践评价

评价内容	分值	得分
参与实践的积极性、主动性	25	
独立思考能力	25	
创新能力	25	
对产品上架流程的掌握程度	25	
教师点评：		

项目小结

在跨境电子商务平台，产品上架是至关重要的一环，它直接影响产品的曝光率和销售量。产品上架要素包括精准且吸引人的标题、关键词和搜索关键词，清晰高质量的产品图片，详尽且吸引人的产品描述，优化的 A+ 页面布局，以及富有吸引力的产品视频。

产品上架流程多样，包括单个产品上传，适用于精细化运营；批量上传，提高上传效率；跟卖上传，快速跟随市场热点；产品上传变体管理，实现同一产品不同规格或颜色的全面覆盖。通过这一流程，读者能够确保产品在跨境电子商务平台的有效展示，为提升销量奠定坚实基础。

思考练习

1. 简述亚马逊 A+ 页面的主要功能和优势。
2. 简述在亚马逊平台上进行商品上传时，如何填写商品信息。

项目六

跨境电子商务的物流

项目导读

跨境电子商务是指在不同国家或地区间进行的电子商务交易活动，其中物流与订单建立是确保交易顺利进行的关键环节。随着全球化进程的加速和互联网技术的快速发展，跨境电子商务已逐渐成为新的国际贸易增长点。然而，跨境电子商务面临着诸多挑战，如运输距离远、清关手续烦琐、订单信息同步不及时等。因此，优化跨境电子商务的物流与订单建立流程，提高交易效率，降低运营成本，成为当前亟待解决的问题。

学习目标

知识目标

1. 了解跨境电子商务物流的概念特点及主要的运输方式。
2. 掌握物流配送服务及相关费用信息。
3. 了解影响亚马逊库存绩效指标的因素。

技能目标

1. 掌握创建配送订单、移除配送订单以及多渠道配送订单的技能。
2. 掌握提升IPI分数的技巧。

素质目标

1. 提升对跨境电子商务物流的认知，逐步构建跨境电子商务整体知识框架。
2. 增强对跨境电子商务物流的学习意识，为职业规划提供更多选择。

思政目标

通过学习跨境电子商务物流，可以让学生了解国际贸易的重要性和复杂性，培养学生的全球视野和跨文化交流能力。同时，可以引导学生树立正确的价值观，如诚信、责任、合作和创新，以适应快速发展的跨境电子商务行业。

任务一　跨境物流流程和运输方式

任务描述

小陈是一位热爱尝试新事物的年轻人，他经常在跨境电子商务平台上购买来自世界各地的商品。最近，他购买了一个来自欧洲的智能手表，这是他第一次从这么远的地方购物，对于物流方式他充满了好奇。

任务分析

熟悉跨境电子商务平台上的物流方式，常见的物流运输方式有国际快递、海运、空运等。通过本任务的学习，帮助学生了解跨境物流定义和跨境物流出的基本流程。

任务实施

跨境物流是指跨越不同国家或地区之间的物流服务，把产品从一个国家（地区）运送至另外一个国家（地区），不光面临着货物运输的困难，进出口两国之间的海关往往也有着重重阻力，需要经过国内运输、双清报关、目的国内运输才能最终配送至买家。相比国内传统电子商务物流模式，跨境电子商务增加了进出口报关、清关等环节，跨境运输航程比较长，跨境电子商务涉及国家和物流环节众多，跨境电子商务物流的产业链条较为冗长，其中，揽、干、关、仓、配每一个环节都是重资产基础设施的投入（图6–1）。

图 6–1　跨境物流出口流程

一、跨境物流流程

跨境出口电子商务相较于传统出口贸易，在减少产品流通环节、提高产品流通效率方面具有显著优势。

由于全球不同国家/区域情况复杂，国与国之间不同的经济、政治、文化环境，也导致了众多不确定因素的出现，如基础设施资源分散，存在干线运输资源分散、各国末端派送能力薄弱的问题；跨境物流的标准化程度低，且区域优势明显，跨境物流业务往往集中在本土或者周边地区和国家。

二、跨境电子商务物流运输方式

跨境电子商务物流运输方式

（一）海洋运输

在国际跨境货物运输中，运用最广泛的是海洋运输。海洋运输是使用船舶通过海上航道在不同国家和地区港口之间运送货物的一种方式，包括海运整箱和海运拼箱。目前海运量在货物运输总量中占80%以上。

电子商务渠道的定义分为两种方式。

（1）货运卡车交货，顾名思义，是从起点到目的地国家的海上运输，然后通过卡车（海卡）到达目的地。

计费标准为：按照方数＝长 × 宽 × 高/1 000 000的计算方式进行计算（长、宽、高，单位：cm）。

在物流成本上海运是相对省钱的一种方式，运输过程也相对稳定，适合大公司货物运输。

（2）海运和快递派送相结合，从起点到目的地国家的海运，然后是到目的地的快递，也叫海派。

在费用的计算上和空运专线是相同的，运输费用较低，时效上强过海卡运输方式。

海运的优势是运量大，运费低，不过海运受自然条件和气候影响，航期不明确，运输风险大，物流时效慢。

（二）铁路运输（铁运）

在国际跨境货物运输中，铁路运输是仅次于海洋运输的主要运输方式。铁运目前表现最直观的是“一带一路”铁路专列运输。从国内出发，通过中东，链接欧洲的商务运输为国际贸易客户提供铁路进出口物流服务（图6-2）。

铁路运输时效快，中国与欧洲之间的平均海运时间为一个月左右，铁路运输的时间可以减少两个星期；受限制小，铁路运输在运输的过程中受天气等自然环境的影响比较小，运输风险比海上小，中转少，时间准确性高，运输量大，安全性比较高。

计费标准与空运相同，铁运时效优于海运，可以控制在半个月以内，在价格上也较空运快递有一定的优势。

图 6-2 “一带一路”铁路专列

（三）航空运输（空运）

航空运输是指使用飞机作为运输工具进行货物跨境运输的一种运输方式。国际空运的运输主体是各大航空公司，一般只能送到机场，产品需要进行出口商检（有的货物不需要商检）。国际空运是在体积重量和实际重量之中取其大者计算费用。

注意：体积重量是按长 × 宽 × 高 ÷ 6 000 计算的，其中长、宽、高都是按厘米（cm）来计算。体积大的货物叫抛货，也叫泡货，如枕头这类产品，实际重量只有 5 kg，体积重量可以达到 22 kg，则以体积重量来核算运费。

空运价格组成：由航空公司收取的 air freight 运费；根据不同机场情况收取不同的燃油附加费，目的地的价格不一样。空运运输速度快、货运质量高且不受地面条件的限制等，但价格昂贵，增加成本。

跨境物流小件货物一般选择快递或空运，一般不需要报关、清关，能够提供门到门服务。

大宗货物一般是使用海运或铁路渠道发货，需要单证，清关，时间相对较慢，但价格便宜，是跨境物流主要选择的运输方式。

任务二　常用物流模式及产品配送方式

任务描述

小李，一位跨境物流公司的经理，他负责一项紧急且重要的国际运输任务。他的电脑屏幕上弹出一封紧急邮件，邮件来自公司总部，内容简短而紧迫：一批高价值的医疗设备需要在 48 小时内从上海运往纽约，用于支援当地的一家医院。这是一项关乎人命的任务，不容有失。在如此紧迫的情况下，小李该如何选择物流方式呢？

任务分析

在众多外界影响因素下，选择适当的物流方式需要考虑的首要因素是时间效率。此次任务由于紧急，小李需要选择最快的运输方式，同时还要考虑运输成本。

任务实施

跨境物流链条长、环节多、成本高、时效存在不确定性，电子商务卖家需求也较为多样，由此衍生出多种物流模式。

一、跨境电子商务常用物流模式

（一）跨境直发模式

跨境直发模式是指物流服务商完成出口货物门到门的全流程物流环节。跨境直发物流服务产品因包裹可追踪能力、时效要求、计费方式的差异，在产品价格方面与海外仓有明显区别，电子商务卖家可根据自身的实际运输需求进行选择。跨境直发模式主要包括国际邮政物流、国际商业快递、专线物流三种类型。

1. 国际邮政物流

跨境邮政包裹是指通过万国邮政联盟（Universal Postal Union，UPU）体系实现货物的进出口运输，邮政网络覆盖全球。邮政物流包括中国邮政小包、中国邮政大包、中国香港邮政小包、EMS、国际E邮宝、新加坡小包、瑞士邮政小包等。其中，邮政小包、国际E邮宝及EMS最为常用。

（1）国际E邮宝

国际E邮宝（employees utilizatiorv board，EUB）是中国邮政速递物流为适应跨境电子商务轻小件物品寄递需要推出的经济型国际速递业务，利用邮政渠道清关，为中国卖家提供发向美国、加拿大、英国、法国和澳洲包裹寄送服务。E邮宝主要针对轻小件物品的空邮产品，只收2 kg以内货物，支持按总重计费，50 g首重，续重按照每克计算，免挂号费。主要路向时效7 ~ 10个工作日；墨西哥20个工作日；沙特阿拉伯、乌克兰、俄罗斯7 ~ 15个工作日。国际E邮宝特点如下。

① 优势：美国路向速度快并且价廉物美，全程提供物流跟踪信息。

② 劣势：欧洲路向价格略贵。

③ 适用产品：轻小件物品。

（2）中国邮政小包

邮政小包是各国邮局依托全国邮政现有网络开展的业务，主要分为经济类（平邮）和挂号类两种，所寄产品重量限制在2 kg以内（图6–3）。由于邮政小包价格便宜，因此处理优先级低，同时考虑成本因素，运输并非直达，时效慢且跟踪查询能力差，服务水平欠缺等问题明显。正常情况的时效为16 ~ 35个工作日左右货物可到达目的地；节假日、政策调整、偏远地区等特殊情况的时效为35 ~ 60个工作日到达目的地。中国邮政小包特点如下。

① 优势：价格便宜。

② 劣势：处理优先级低；运输并非直达；时效慢且跟踪查询能力弱。

③ 适用产品：2 kg以内轻量级产品。

图 6–3　中国邮政小包

（3）EMS

特快专递邮件业务。在各国各地区的邮政、航空、海关等部门均享有优先处理权，可发货敏感货物（非易燃易爆、侵权产品、有价证券、现金等禁限寄物品）。EMS特点如下。

① 优势：时效快，全程提供物流信息。

② 劣势：价格较贵。

③ 适用产品：适合高货值、重量高的产品。

2. 国际商业快递

国际商业快递模式是指在两个或两个以上国家（或地区）之间所进行的快递、物流业务。以国际快递形式承运进出境货物、物品，快速、高效且安全，并提供全程跟踪查询。目前，国际商业快递主要有DHL，UPS，FedEx，TNT四大商业快递巨头。其中UPS和FedEx总部位于美国；DHL总部位于德国；TNT总部位于荷兰。

（1）德国敦豪国际公司（DHL）

DHL是全球知名的邮递和物流集团DeutschePost DHL旗下的公司，业务遍布全球220个国家和地区，是全球国际化程度最高的公司。DHL国际快递速度快，轨道齐全，安全可靠，在快递、空运、海运、陆运、合同物流解决方案及国际邮递等领域提供了专业性服务。作为全球第一的海运和合同物流提供商，DHL可以为买家提供从文件到供应链管理的全系列物流解决方案。DHL在发往欧洲、日韩区域上，价格更有优势，具有清关快、派送快、时效高等特点。全球时效一般在2～5天。

（2）美国联合包裹运送服务公司（UPS）

UPS快递中文名为美国联合包裹运送服务，它是目前全球最大的快递公司，世界上最大的几家快递承运商和包裹快递公司之一。在全球200多个国家地域中设立了分点收货，拥有众多的网点，覆盖面广泛，派送收件非常迅速，尤其是在美国、加拿大、英国地区。UPS的服务地区主要为美国和欧洲，其中美国地区占据90%左右。但随着中国跨境电子商务的崛起，UPS近几年来在亚洲市场中的占比也有了很大提升。适合发小件，在全球地区发货3～6天内派送完毕。

（3）美国联邦快递集团

美国联邦快递集团（federal express，FedEx），是全球最具规模的快递运输公司，隶属于美国联邦快递集团，在全球开设多个分公司，服务全球220个城市。FedEx在欧洲、东南亚、南美地区的时效上相对较好，发往东南亚的货物甚至能达到隔天送达，时效性极高。主要的服务地区是美国，占据了整体业务的80%，它最大的特点就是快递多采用空运的方式，物流运送高效便捷。

（4）荷兰天地公司

荷兰天地公司（thomas national transport，TNT）是世界四大商业快递公司之一，是一家国际知名的物流企业，总部位于荷兰。TNT的电子查询网络在全球最为先进，向全球超过200个国家提供了邮政、快递服务，欧洲地区的市场占有率最高。在欧洲、亚洲和北美洲等地，可以针对不同买家的需求，提供9点派送、12点派送、隔天派送、收件人付费快件等服务内容。TNT对货物的限制也比较多，敏感货物不适合使用TNT快递渠道发货。价格相对较高；综合时效相对慢一点，参考时效为3～7个工作日。

3. 专线物流

国际物流专线，指运营不同国家（地区）间点对点的货运线路，专线物流模式下物流服务商集中大批量卖家包裹，集中发往某一特定国家或地区，其运输线路、运输时间、物流起点与终点、运输工具都是固定的，专线物流一般是通过空运、海运、包舱等方式将货物运输到国外，再通过合作公司进行目的国的派送。中国目前已开通中俄专线、中美专线、中欧专线、中澳专线等物流专线。

（二）海外仓模式

海外仓是指出口商或跨境电子商务在海外买家所在国家或地区设立的仓库，是建立在海外的仓储设施。海外仓模式是基于对现有市场上所有的物流运输方式进行整合，为卖家在销售目的地进行货物仓储、分拣、包装和派送的一站式物流服务体系。海外仓模式包含头程运输、仓储管理和本地配送三个环节。跨境电子商务卖家通过海运、空运或者快递等运输方式将出口货物运输至目的地国海外仓储中心进行存储、“备货”，并根据当地的销售系统订单，及时从当地仓库直接进行分拣、包装和配送（图6-4）。

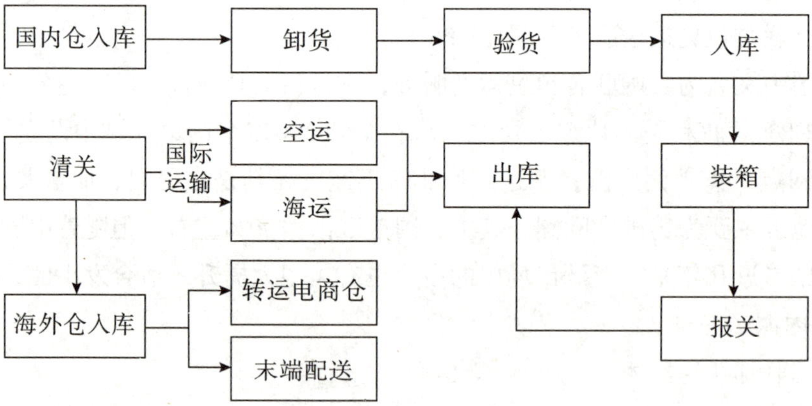

图6-4　海外仓流程

海外仓主要包括平台海外仓（自营/合作）、卖家自建海外仓和第三方海外仓三种类型。

1. 平台海外仓

比较典型的是亚马逊FBA，由亚马逊提供包括仓储、拣货打包、派送以及收付款、退换货等一系列的电子商务服务。作为全球最大的电子商务零售平台之一，亚马逊的仓库大多靠近机场，配送货效率很高，而且有着多年的物流经验，物流问题比较少。但是相比其他海外仓，亚马逊仓储的费用也相对较高。

2. 卖家自建海外仓

卖家也可以自建海外仓，自行解决通关、报税、物流配送等一系列问题，公司可以自己掌握系统，自己进行管理。自建海外仓风险和成本更高，且没有规模优势很难拿到当地的优惠配送价。该模式适用于规模较大的出口跨境电子商务企业。

3. 第三方海外仓

跨境电子商务与第三方海外仓的合作方式有两种，一种是租用；另一种是合作建设。租用的话会有租用费、物流费等；合作的话一般只有物流费用。第三方海外仓有利于提高单件产品的利润率，而且稳定的供应链也有助于产品的销售，带动买家体验，提高回购率。

但是，这种模式也有一定的弊端，比如存货量预测不准可能会导致货物积压，货物追踪出现问题可能会导致产品丢失等。

（三）跨境物流模式选择

在疫情防控的严峻形势下，跨境直邮模式屡遭阻碍，快递物流出货难，码头拥堵、国际燃油价格变动，跨境物流成本高。与跨境直邮模式相比，海外仓优势明显，受到越来越多跨境卖家的欢迎，规模迅速增长。据商务部数据显示，截至2024年一季度中国海外仓数量已超过2 500个，总面积超过30 000 000 m^2，外贸新业态实现新增长。

长期来看，跨境直发模式和海外仓模式相互补充、并存发展，共同助力卖家跨境出海。不同的跨境物流均有优劣，跨境卖家需要根据物流匹配度、物流价格、物流时效、派送安全性、物流服务这五个因素来综合考虑选择适合的优质物流（表6–1和表6–2）。

表6–1　跨境物流模式对比

物流模式	优势	劣势	适用范围
邮政物流	覆盖面广、邮政网络配送、派送范围无死角；邮政清关，报关资料相对较少，查验率和被税风险低；物流成本低、物流性价比高	时效性差、货品难追踪、丢包率高	小件零星包裹，低价值量跨境商品配送，适合产品体积较小、卖价和利润空间较小、服务要求不高、时效要求不高的快递
国际快递	范围广、派送网络健全、清关能力强、派送时效快、派送安全、包裹妥投率高、丢件率低，跟踪信息准确、优质服务（门到门）	物流成本高、特殊商品不能递送，覆盖面有限	高货值、高质量的产品，一些价格高、利润高、体积小、时效苛刻的产品
专线物流	区域针对性强，配送国家区域时效高，高规模化集包集货，丢包率低，发货、海外仓、报关、海运/空运运输、目的国清关、海外配送等环节统一由物流公司全程服务，成本较低、速度适中	覆盖面不大，配送国家有限定性，国际（地区间）物流专线具有明显的区域局限性，服务范围有限	专线物流介于国际快递和国际邮政物流之间，物流成本中等，时效中等，适合特定线路的货物，配送至特殊国家渠道的产品

续表

物流模式	优势	劣势	适用范围
海外仓	海外仓发货，物流成本低、物流时效快、物流服务好、售后退货/换货/重发等问题解决方便，客户满意度较高	海外仓设立本土化挑战较高，支付海外仓储费，对海外仓储库存量有要求，海外仓滞销库存难以处理；风险多、对海外仓运营者要求高	畅销品、高利商品、尺寸、重量大的商品： （1）高利润、高风险，体积大且重量超重的物品，国内小包无法运输或者运费太贵（如灯具、户外产品等）； （2）低风险、高利润，日用快消品，非常符合本地需求，需快速送达的产品（工具类，家居必备用品，母婴用品）

表 6-2　跨境物流模式选择

物流模式	成本	时效性	丢件率
邮政物流	低	低	中
专线物流	中	中	低
商业物流	高	高	低
平台海外仓	中高	高	低
第三方海外仓	低	高	低
自建海外仓	高	高	低

二、跨境电子商务平台产品配送方式

跨境电子商务平台的物流方式以官方自建物流，海外仓平台的物流方式运输为主。其中全球速卖通 AliExpress 以自发货和海外仓物流运输为主；Lazada 以 Lazada 官方物流、LGS 全球配送和自发货为主；Shopee 平台以自建的物流体系为主（Shopee Logistics Service，SLS）；Wish 平台以直发物流、海外仓、FBS 为主；亚马逊平台以 FBA 官方物流和 FBM 自发货为主。本节以亚马逊为例，详细介绍产品的发货模式，亚马逊产品主要分两种发货模式，一种是亚马逊配送，简称 FBA；另一种是卖家自配送，简称 FBM。

（一）卖家自配送

卖家自配送（FBM）就是由卖家自行发货的一种运营模式，俗称自发货模式。亚马逊在自发货模式中仅仅是作为一个销售的平台，库存、包装、配送、客户服务等一系列流程都由卖家自行负责。当客户下单之后，卖家才将自己的商品从国内的电子商务平台采购下来（无货源）或者是将卖家自己生产的产品通过物流运到国际转运仓，再由国际转运仓运到国外客户的手里。虽然 FBM 有益于卖家的业务，但是也需要花时间在处理物流等相关烦琐的一些问题上，卖家们适不适合FBM，完全取决于所卖产品以及卖家的类型。

1. FBM卖家订单处理流程

确认买家订单→打印订单标签→打包发货→国内运输→出口报关→跨境运输→目的国进口清关→目的国运输→配送给买家。

2. FBM卖家常用的发货方式

FBM卖家常用的发货方式包括邮政包裹、国际快递、国际专线（专线物流）、海外仓配送。

根据所出售产品的不同（种类、质量、尺寸、安全性）、买家配送要求、配送成本和淡季旺季等因素选择卖家最适合的物流渠道发货。

3. FBM自发货降低物流成本的方法

（1）选品。同等价值的产品，小体积的物流费用会更低，利润率更高，所以在大体积产品和小体积产品之间，卖家应更多地考虑小体积产品。

（2）优化打包方式。卖家可以完善包装箱的产品组合、气泡袋的选择、透明胶的粘贴次数等，减轻重量，节省费用。

（3）与物流机构合作，争取折扣。卖家可以寻求与配合度高的物流商进行合作，也可以基于自身销量和订单，与物流商签订长期合作协议，长期合作一般可以拿到比较低的折扣。

（4）多种物流方式相结合。例如，小件产品可以使用E邮宝物流渠道发货，500 g以上或者E邮宝邮费超过100元的，使用DHL物流渠道发货。

（5）产品搭配销售，减少发货次数。一般有两种做法，一种是同款产品，多件销售享优惠价，比如3件8折；另一种是互补性产品，可以推荐客户一起购买，比如电脑和鼠标。

4. FBM退货处理

（1）若卖家已经点击确认发货，但是产品还没有寄出去，买家申请退货的情况，可以通过订单信息联系买家，了解具体退货原因。如果买家执意要退货，直接在订单管理页面退款即可。

（2）如果已经点击确认发货，产品已经寄出，买家申请退货，可以先联系买家，询问具体想退货的原因。如果买家执意要退货，需让买家拒收，然后在订单管理页面给买家退款。如果有海外仓的话，也可以与客户协商，收到产品之后退货到海外仓，具体根据沟通情况协调解决方法。

（二）亚马逊配送

亚马逊物流发货（FBA）是指由亚马逊提供包括仓储、拣货、包装、配送、客服和退货在内的所有高标准物流服务。针对亚马逊物流订单的买家服务、全球销售，提供亚马逊合作承运人计划、多渠道配送、亚马逊物流贴标服务、亚马逊物流预处理服务、亚马逊物流重新包装服务、库存配置服务、人工处理服务等物流服务。简单来说，FBA就相当于Amazon官方的海外仓。客户下订单后，Amazon提供拣货打包、配送、收款、客服、退货处理一条龙物流服务。同时，也会收取一定的费用。

亚马逊物流FBA配送即亚马逊将自身平台开放给第三方卖家，卖家将商品批量发送至亚马逊运营中心，由亚马逊负责帮助卖家存储。当商品售出后，由亚马逊完成订单分拣、包装和配送，并为这些商品提供买家咨询、退货的服务，亚马逊则收取相应服务费用。

亚马逊FBA配送具有速度快、提供全天候客户服务的优点。使用亚马逊物流的商品，一方面会被自动标记prime标志，提升产品的曝光量；另一方面，针对符合要求的订单，卖家们还可以享受免费配送服务，客户服务和退货等相关问题也都由亚马逊专业的客服来解决处理。如因FBA物流问题产生差评，亚马逊平台会默认是平台责任而非卖家责任，会帮助删除差评。此外，使用FBA发货还可以提升排名，帮助卖家赢得buy box，提高转化。

亚马逊为帮助优化物流成本，针对特定的产品和地区，还提供了特惠物流解决方案。例如，针对欧洲五国的跨地区解决方案“亚马逊物流欧洲整合服务”；针对特定产品的特惠解决方案“亚马逊物流新选品计划”“亚马逊物流轻小商品计划”等。

FBA支持多渠道配送，能满足跨平台的配送需求。如果卖家有其他销售渠道的订单，比如自己的独立站或是eBay平台都有销售相同的商品，均可以使用储存在亚马逊运营中心的库存进行配送，只要通过简单的在线用户界面管理库存创建多渠道配送订单即可。

1. FBA具体运送流程

卖家将商品转化FBA配送→创建发货计划→打印货件标签→打包发货→国内运输→出口报关→跨境运输→目的国进口清关→目的国运输→亚马逊仓库接收货物并盘点上架→客户下单→亚马逊进行商品拣货包装→配送给买家→客服服务，主要流程如下（图6–5）。

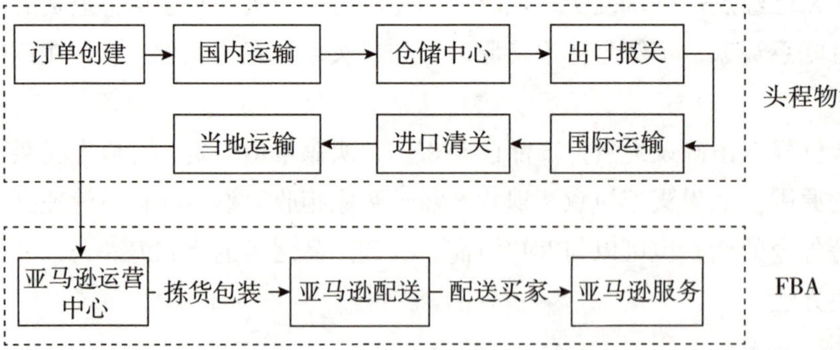

图6–5　FBA具体运送流程

亚马逊FBA发货前的操作步骤如下。

（1）确认商品是否符合亚马逊物流限制，符合才可入仓。

（2）在卖家平台转化库存为亚马逊配送。

（3）创建配送货件计划，设置商品配送数量、准备好配送商品、为商品贴标签、清点配送商品做好发货准备。

（4）选择合适的头程物流服务商，确定头程物流配送方式。

（5）处理货件计划，装箱，并为货件（装箱后的商品）贴标签，包装并发货。

2. FBA头程物流

在FBA配送过程中，商家把自己在亚马逊上销售的产品库存直接送到亚马逊当地市场仓储中的这一段物流过程（货物从国内—国外亚马逊仓库这一段运输，中间包括清关预付关税等服务）即为FBA头程物流。

不同物流方式的运费成本不同、发货时效不同，不同的物流服务商可提供的服务和优势专线也有所不同，因此卖家需要综合考量选择合适的头程物流配送方式。FBA头程服务目前从时效快慢依次排序：快递、空运欧洲铁运（欧洲站）、海运。

快递主要是DHL，UPS，FedEx几大快递。快递时效快，服务好，相对的运费也比较高，选择快递配送，一般是注重它的时效性，轻小商品更适合。

空运也叫空加派或是FBA专线物流。一些物流公司和航空公司签署合约，将货物运输到目的地机场，用飞机送至目的国，清关后转交给当地快递配送至亚马逊仓库。空运时效相比快递一般会慢一点，价格也比快递更低一些。

海运根据目的国尾端配送方式的不同可分为海派和海卡。海派是指到目的国港口后，由当地快递配送至亚马逊仓库；海卡是指到目的国港口后，通过卡车的方式配送到亚马逊仓库。此外还有快船和慢船之分，因此时效有区别。海运是最常见的FBA头程渠道，载货量最大、资费最低的渠道，物流公司一般会有最低货量要求。

此外，欧洲站还额外多了一种欧洲铁运的运输方式。欧洲铁路专线，是利用中欧国际铁路为依托帮助托运人将货物从中国运往包括英国、德国、法国、意大利、比利时、波兰、荷兰、瑞士、奥地利、匈牙利、西班牙、葡萄牙、希腊等多个欧洲国家的运输方式。铁运只能到欧洲国家，无法到美国，时效一般比欧洲海运快一些，运费也较低，是目前跨境物流中性价比较高的一类物流方式，也是目前欧洲站降低运费的一个主流方式。

头程物流均有各自的特点和明显的优势与劣势，合理地利用每种物流方式的特点及优势，便能最大限度降低物流成本且享受良好的物流服务。

（1）快递

刚起步的卖家且对时效要求严格，可选择快递渠道。这种方式和我国国内快递差不多，一个是国家与国家之间的物流运输；一个是国内地点与地点之间的物流运输。国际快递可以用最短的时效把货物送到客户手中，同时它收取的费用也是比较贵的。

该类头程物流的优点在于时效快、稳定性好、安全性高；缺点在于运价高、附加费多。这种发货方式比较适合时效性要求很高的货物或者小体积而且售价很高的产品，例如文件和样品小件货物等。

（2）空运快递

卖家可以选择靠谱的物流服务商通过空运的方式将货物运输至目的国家，再利用快递将货物送至FBA仓库，时效一般为10～15天，时效快的7～10天，可以免预约入库。在电子商务旺季的时候用来备货和补货是非常好的。若在旺季要排仓，可能会耗费一定的时间；若是在淡季，在降低成本和时效方面都是不错的选择。

（3）海运

从整体情况来看，海运是目前最慢的一类物流渠道，也是费用较低的主要头程运输方式。海运总体可分为快船、慢船两类。快船时效较快、资费较高；慢船时效较慢、资费较低。海运的签收时效是25～45个工作日，物流时效较其他两种头程运输方式相对较慢，所以海运也是资费较低的一类物流方式。由于是在大海上航行，所以海运运输的运量大，基本不用考虑由货物重量引起的限行问题，而且运输安全，海路宽阔，航道四通八达，不会发生像汽运那样撞车、翻车的危险，在海况良好的情况下能够保证货物平稳，不受损伤，一定程度上也避免了被盗窃的隐患。海运的最大特点就是价格便宜、运量大、货物安全，适合不紧急的补货。

海运的费用包括：国内本地杂费+海运费+目的地清关+目的国派送。到美国派送的方式分为：卡车派送和快递公司派送，主要区别在派送时间和价格上。一般海运头程整柜不含税，卖家会用自己公司的资料进行报关和清关，双清包税的比例越来越小。如是卡车送去亚马逊，一般需要入库预约，操作比快递麻烦。

① 美森轮船公司海+快：时效快，不塞港，专用卸柜码头（目前情况UPS提取慢）。

② 普通海+快：旺季可能会塞港，时效不如美森，价格低于美森。

③ 海运专线：价格最低，时效比较快。

④ 普通海卡：最省钱。

3. FBA 标签

商品发往亚马逊仓库，出仓时需要贴两种标签，一个是商品标签；另一个是货件标签。

（1）商品标签

亚马逊为产品分配FNSKU（fulfillment network SKU），以将其识别为卖方独有的产品。FNSKU标签需要贴在每个产品上。商品标签有两种条码选项，一种是制造商条形码；另一种是亚马逊条形码。制造商条形码主要指的是商品生产厂商提供的商品原始条码，一般是以BO开头，适用于愿意接受共享库存的卖家。亚马逊已有邮件通知，不再接收只有BO开头的制造商标签的产品。亚马逊条形码是由亚马逊平台为卖家上传的产品所提供的商品条码，主要用于商品的标识和跟踪。亚马逊条形码一般是以XO开头。

（2）货件标签

货件标签是指张贴在包裹外箱上的标签，显示发货和收货地址，以及FBA的货件编码。货件标签可确保货件送达运营中心时，亚马逊的工作人员可以快速轻松地扫描标签，处理货件。

总的来说，亚马逊FBA的流程就是：首先卖家发送商品至亚马逊运营中心，然后亚马逊存储并管理卖家的商品。当买家订购卖家的商品时，亚马逊会对商品进行拣货包装并提供快捷配送，最后亚马逊用当地语言提供买家服务及退换货服务。

4. FBA合规政策及要求

使用亚马逊FBA配送的卖家，要严格遵守FBA合规政策及要求。

（1）Amazon物流政策要求

① 箱子尺寸。对于内含多件标准尺寸商品的箱子，其任何一侧的长度均不得超过25英寸（63.5 cm）。装了过大尺寸商品的超大箱子将会受到货件权限限制，产生额外费用或遭到运营中心拒收。

② 箱子重量。如果卖家使用亚马逊合作承运人，请准确测量箱子和托拍的重量和尺寸，确保为每个货件提供准确的测量值。

箱子不得超过50 lb磅（22.6 kg）的标准重量限值，除非内含单件重量超过50 lb的大件商品。对于单件重量超过50 lb的大件商品，请在箱子顶部和侧面贴上明确标明多人合搬的标签。对于单件重量超出100 lb的大件商品，必须在包装箱顶部和侧面贴上明确标明机械升降的标签。内含珠宝首饰或钟表的箱子不得超过40 lb。

③ 包装材料：气泡膜包装；完整的纸张（较重的牛皮纸最佳）；可充气的充气垫；聚乙烯泡沫板。

④ 货件要求。单个汽运零担货件的包装箱数量不得超过5 000个。如需运送5 000个以上的包装箱，卖家必须创建第2个货件。

（2）易融库存要求

亚马逊物流仅在10月16日至次年4月14日期间接受易融商品。在4月15日至10月15日期间储存或运至亚马逊运营中心的易融库存将被标记为“不可售”且被弃置，并需支付相应费用。必须在每年的4月15日前提交针对易融商品库存的移除订单。

“易融”商品是指所有热敏感商品，包括但不限于巧克力或软糖，以及精选的果冻和蜡基商品。

在夏季，储存在亚马逊运营中心的商品必须达到质量标准（23.8 ~ 68.3℃），此温度范围旨在保护商品在储存和配送期间的完整性。

（3）亚马逊物流禁运商品

运送前需确认要运送的商品是否属于受管制的危险品。运往亚马逊运营中心的危险品即使尚未被亚马逊鉴定为危险品，仍可能会被弃置而不予赔偿。参与亚马逊物流计划的卖家必须遵守亚马逊的受限商品政策和亚马逊物流特定商品限制。以下是亚马逊物流禁运的商品：酒精饮料（包括无醇啤酒）；汽车轮胎；礼品卡、礼券和其他储值工具；带有未授权营销材料（例如宣传册、价格标签和其他非亚马逊标签）的商品；需要预处理但未根据亚马逊物流包装和预处理要求进行预处理的商品；包装松动的电池；存在残损或缺陷的商品；在发货前未向亚马逊正确注册标签或标签与所注册商品不符的商品；不符合亚马逊与卖家之间任何协议要求的商品；非法复制、复印或制造的商品；被亚马逊通过其他方式确定为不适宜销售的商品。

（三）FBA和FBM两种运营模式对比

1. FBA优点

（1）配送时效快，客户体验好。针对亚马逊平台会员，FBA的产品可以免费两日达，买家购物体验更好，可以让卖家获得更多买家和销售额。

（2）流量和销量红利。使用FBA发货的商品更容易赢得buy box，可以获得更多的商品曝光，有更多的流量扶持，有利于提升商品的排名，且亚马逊会员更愿意购买FBA发货的商品。

（3）卖家工作量少。亚马逊负责客户服务和配送，卖家不必处理订单问题，可以将更多精力放在选品和运营方面。

（4）可以移除因FBA物流引起的差评。由FBA物流原因导致的买家差评，卖家可以直接向亚马逊客服申请移除差评。

2. FBA缺点

（1）资金压力和风险。需要先找货源，备货入亚马逊仓储，再进行销售，有仓储和资金投入压力。

（2）对运营人员要求比较高。因有一定的投入，故对选品运营要求比较高，新手很容易产生亏损。

（3）一般需要测品，测评和广告介入，增加成本投入。

3. FBM优点

（1）无库存压力。一般采用无货源模式，客户下单之后才去采购发货。

（2）前期投入资金相对较小。

（3）对运营水平要求相对较低。

4. FBM缺点

（1）物流时效相对比较慢。

（2）比较难竞争获取到购物车。

（3）出单相对FBA略少。

（4）需要花费一定的时间在发货和客服上。

（5）遇到国际退货，退货成本高。

在决定选择使用FBA还是FBM，或者FBA+FBM结合使用时，应当综合考虑业务规模、增长潜力、销售的产品类目，以及预期投资最多的资源，根据需求再对比优势进行选择。

如果单从利润空间来看，亚马逊FBA的模式会比FBM更好，但是其门槛较高，比如选品以及运营都需要专业团队进行运作。对销售轻小件并且产品售价相对便宜的卖家来说，亚马逊FBA是更好的选择；对于销售容易滞销、多箱装运、个性化或定制商品，并且没有强大的行业和物流知识的卖家而言，亚马逊FBM这种投资小、收益高的模式会更加适合。总的来说，并非固定一种模式就一定适合什么类型的卖家，很多卖家为了实现最大化的利润经常会结合两种模式使用。

三、物流配送服务及费用简介

（一）FBA物流功能及服务

加入亚马逊物流，卖家将货放到亚马逊仓库后，则可以借助可选功能和服务来帮助管理和发展业务。亚马逊物流费用涵盖以下各项服务的费用：将卖家的商品存放在亚马逊运营中心，分拣、包装和配送订单以及为所售商品提供客户服务。即相应的产品配送、包装贴标、翻新、移除等多项服务。

（1）亚马逊合作承运人计划。亚马逊合作承运人可在将卖家的库存运输到运营中心时提供一定的折扣。

（2）多渠道配送。亚马逊可以配送通过自己的网站和其他渠道销售的库存订单。

（3）亚马逊物流贴标服务。亚马逊可以为库存产品贴上条形码标签。亚马逊物流贴标服务按件收取费用。

（4）亚马逊物流预处理服务。亚马逊可对库存商品进行预处理，以使其符合亚马逊物流预处理要求。亚马逊物流预处理服务按件收取费用。

（5）亚马逊物流重新包装服务。亚马逊将对买家退回的符合要求的亚马逊物流商品进行重新包装，以便可以再次销售。

（6）库存配置服务。在卖家创建入库计划时，货件可能会被拆分为多个货件并发往不同的运营中心。卖家可以利用库存配置服务将所有库存发往一个运营中心，然后亚马逊会为卖家分发库存。库存配置服务按件收取费用。

（7）人工处理服务。如果卖家在将库存发往亚马逊物流时未提供箱内物品信息，亚马逊将在运营中心手动处理卖家的箱子。人工处理服务按件收取费用。

（8）针对亚马逊物流订单的客户服务。如果卖家通过亚马逊物流销售商品，亚马逊将代表卖家提供客户服务。

（二）FBA物流费用

将产品放置到亚马逊的仓库，部分服务亚马逊会收取相应的服务费用。

（1）亚马逊物流订单的配送费用。亚马逊物流的订单配送费用和相关服务费用。

（2）月度库存仓储费。对于存放在亚马逊运营中心的所有商品，亚马逊将按日历月和平均占用体积收取仓储费。

（3）储费、长期仓储费。除月度仓储费外，亚马逊还会对亚马逊运营中心的库存评估收取长期仓库存仓储超量费。如果卖家的现有库存在特定月份超出了仓储限制，除了月度库存仓储费和长期仓储费（如适用）之外，卖家还需要支付库存仓储超量费。仓储超量费取决于超出仓储限制额度的天数。

（4）移除订单费用和弃置订单费用。卖家可以让亚马逊退还或弃置存放在亚马逊运营中心的库存。此项服务按件收取费用。

（5）退货处理费。亚马逊将对提供免费退货配送的订单收取退货处理费。

（6）计划外服务费用。如果库存抵达运营中心时未经过适当的预处理或贴标，亚马逊将为卖家提供这些服务。此项服务按件收取费用。

除此之外，亚马逊多渠道配送，也收取相应的多渠道配送订单费用，根据配送商品的尺寸重量、数量及选择的配送时效不同，费用不同。

亚马逊物流的服务费用，基本上都会根据商品的尺寸和重量不同，收取不同的费用，具体的商品尺寸分段如下（表6–3）。

表 6–3　亚马逊商品尺寸分段

商品尺寸分段	单件重量	最长边	次长边	最短边	长度 + 周长
小号标准尺寸	16 盎司	15 英寸	12 英寸	0.75 英寸	不适用
大号标准尺寸	320 盎司	18 英寸	14 英寸	8 英寸	不适用
小号大件	1 120 盎司	60 英寸	30 英寸	不适用	130 英寸
中号大件	2 400 盎司	108 英寸	不适用	不适用	130 英寸
大号大件	2 400 盎司	108 英寸	不适用	不适用	165 英寸
特殊大件	超过 2 400 盎司	>108 英寸	不适用	不适用	>165 英寸

注：1 盎司 =28.350 g；1 英寸 =2.54 cm。

1. 亚马逊物流订单的配送费用

亚马逊物流配送费用是指向买家配送在亚马逊商城购买的商品而按件收取的费用。该费用因商品的分类、尺寸和重量而异。有时称为“取件和包装”费用。亚马逊每年会根据市场情况，调整配送费收费标准，2023年亚马逊不同尺寸重量和类型的产品配送费用如下（表6–4）。

表 6–4　2023 年亚马逊不同尺寸重量和类型的产品配送费用

商品类型	尺寸分段	发货重量	每件商品的配送费用 / 美元
大多数商品（非危险品和非服装商品）	小号标准尺寸	不超过 4 盎司	3.22
		4 ~ 8 盎司（不含 4 盎司）	3.40
		8 ~ 12 盎司（不含 8 盎司）	3.58
		12 ~ 16 盎司（不含 12 盎司）	3.77

续表

商品类型	尺寸分段	发货重量	每件商品的配送费用 / 美元
大多数商品（非危险品和非服装商品）	大号标准尺寸	不超过 4 盎司	3.86
		4 ~ 8 盎司（不含 4 盎司）	4.08
		8 ~ 12 盎司（不含 8 盎司）	4.24
		12 ~ 16 盎司（不含 12 盎司）	4.75
		16 ~ 24 盎司（不含 1 盎司）	5.40
		24 ~ 32 盎司（不含 1.5 盎司）	5.69
		32 ~ 40 盎司（不含 2 盎司）	6.10
		40 ~ 48 盎司（不含 2.5 盎司）	6.39
		48 ~ 320 盎司（不含 3 盎司）	7.17+0.16/8 盎司（超出首重 48 盎司的部分）
服装	小号标准尺寸	不超过 4 盎司	3.43
		4 ~ 8 盎司（不含 4 盎司）	3.58
		8 ~ 12 盎司（不含 8 盎司）	3.87
		12 ~ 16 盎司（不含 12 盎司）	4.15
	大号标准尺寸	不超过 4 盎司	4.43
		4 ~ 8 盎司（不含 4 盎司）	4.63
		8 ~ 12 盎司（不含 8 盎司）	4.84
		12 ~ 16 盎司（不含 12 盎司）	5.32
		16 ~ 24 盎司（不含 16 盎司）	6.10
		24 ~ 32 盎司（不含 24 盎司）	6.37
		32 ~ 40 盎司（不含 32 盎司）	6.83
		40 ~ 48 盎司（不含 40 盎司）	7.05
		48 ~ 320 盎司（不含 48 盎司）	7.17+0.16/8 盎司（超出首重 48 盎司的部分）
危险品	小号标准尺寸	不超过 4 盎司	4.19
		4 ~ 8 盎司（不含 4 盎司）	4.48
		8 ~ 12 盎司（不含 8 盎司）	4.64
		12 ~ 16 盎司（不含 12 盎司）	4.37
	大号标准尺寸	不超过 4 盎司	4.64
		4 ~ 8 盎司（不含 4 盎司）	4.89
		8 ~ 12 盎司（不含 8 盎司）	5.03
		12 ~ 16 盎司（不含 12 盎司）	5.34
		16 ~ 24 盎司（不含 16 盎司）	6.00
		24 ~ 32 盎司（不含 24 盎司）	6.29
		32 ~ 40 盎司（不含 32 盎司）	6.56
		40 ~ 48 盎司（不含 40 盎司）	6.85
		48 ~ 320 盎司（不含 48 盎司）	7.17+0.16/8 盎司（超出首重 48 盎司的部分）

2. 月度库存仓储费用

每月库存仓储费：根据日历月和卖家的每日平均库存量，对存储在亚马逊运营中心的所有商品收取仓储费。

亚马逊针对卖家的库存在运营中心占用的空间收取月度库存仓储费。月度仓储费是根据卖家的每日平均体积（立方英尺）计算的，计算标准基于正确包装并准备按照亚马逊物流政策和要求发货商品的大小。费用根据产品大小和一年中的时间而有所不同。一般1~9月为淡季，仓储费用相对较低；10~12月旺季仓储费用高（表6-5）。

表 6-5　2023 年亚马逊月度仓储费收费标准　　单位：美元 / 立方英尺

收费时间	每月收取，通常在产生费用的次月 7 ~ 15 日	
费用构成	每次仓储使用量，基于卖家的库存在亚马逊运营中心所占空间的平均每日占用体积。根据商品类型、尺寸分段和一年中的时间计算得出的费率	
非危险品商品		
月份	标准尺寸	大件商品
1 ~ 9 月	0.87	0.56
10 ~ 12 月	2.40	1.40
危险品商品		
月份	标准尺寸	大件商品
1 ~ 9 月	0.99	0.78
10 ~ 12 月	3.63	2.43

注：1 英尺 =30.48 cm；1 立方英尺 =0.028 3 cm^3。

3. 长期仓储费

卖家在亚马逊运营中心存放超过365天的库存除了每月的库存仓储费外，还需支付月度长期仓储费。自2022年5月15日起，亚马逊针对已在运营中心存放271~365天的商品，开始收取超龄库存附加费。使用每月15日的库存快照评估长期仓储费。

平台会根据商品总体积（以立方英尺为单位）评估长期仓储费。

每个SKU的费用金额计算方式：12个月以上的收费金额（12个月长期仓储费）=收取12个月以上费用的商品数量（12个月长期仓储费商品数量）×单位商品体积（以立方英尺为单位）×6.90美元

要计算所有库存的长期储存费总额，请下载该报告并计算12个月以上的收费金额“12-mo-long-term-storage-fee”列中费用的总和（表6-6）。

表 6-6　长期仓储费

分类	库龄为 271 ~ 365 天的商品	库龄达到 365 天或更长时间的商品
费用构成	按存放的每件商品。基于商品体积的费率	按存放的每件商品。费率基于商品体积或每件商品（以较大者为准）
金额	每立方英尺 1.50 美元	每立方英尺 6.90 美元或每件商品 0.15 美元（以两者中较大值为准）

亚马逊物流在整个配送网络中按照先进先出的原则计算库存年龄。已售出或移除的商品将从在配送网络中存放时间最长的库存中扣除，无论实际发货或移除的是哪个商品。例如，如果运营中心员工挑选并运送最近到达运营中心的商品，亚马逊物流仍会从最早的库存中扣除该商品。

卖家可以主动管理旧库存避免长期仓储费。要在下一个库存清理日期之前移除旧库存，有以下方法。

（1）降价并通过亚马逊奥特莱斯销售。通过在亚马逊奥特莱斯设置交易可以帮助卖家销售旧库存。奥特莱斯优惠是一种促销优惠，最低折扣为20%。

（2）提交移除或处置订单。如果卖家在清理日期之前提交库存移除或处置订单，则该库存不会产生长期仓储费，即使在清理日期之前并未实际移除该库存。提交移除令的截止日期是当月14日晚上11:59（太平洋时间）。

（3）设置自动移除。如果卖家在每月15号之前为需要支付长期仓储费的库存设置自动移除，则不会向该库存收取长期仓储费。

卖家可以移除所有需要支付长期仓储费的库存，或者选择一个价格范围来确定要移除的商品。卖家还可以在运营中心保留定价高于特定金额的库存，仅支付这些商品的长期仓储费，并将剩余的商品退还给卖家或进行处理。亚马逊会收取标准移除费。

4. 库存仓储超量费

仓储超量费取决于超出仓储限制额度的天数，即使后来卖家账户的库存水平降回到当月分配的仓储限制额度之内，也仍然需要支付该费用。仓储超量费将按照每立方英尺10美元的标准每月收取一次，并基于商品库存在运营中心占用的超出仓储限制额度的所有空间的日平均体积（以立方英尺为单位）计算。

如果现有商品库存在给定月份超出了仓储限制额度，卖家将需要支付库存仓储超量费。仓储限制额度基于可用的亚马逊运营中心容量、历史库存绩效指标分数和销量计算得出。如某个月份产生了库存仓储超量费，亚马逊将在该月结束后收取这笔费用。假设在7月1日超出了仓储限制额度，并在7月5日之前移除部分库存，使库存水平降回到仓储限制额度之内。8月1日，卖家将需要为在7月超出限制额度的四天支付仓储超量费。

5. 移除订单和弃置订单费

移除订单费用：亚马逊按照移除的每件商品收取，从处理移除订单到货件离开运营中心可能需要90天或更长时间，承运人还需要2周的时间来运送货件。订单的收费在移除订单完成时收取。

弃置订单费用：当卖家请求亚马逊将储存在亚马逊运营中心的库存商品进行弃置处理时，亚马逊会按件收取弃置费用。卖家可以通过提交移除订单从亚马逊运营中心移除库存。通常情况下，会在14个工作日内处理弃置订单，但是在假日季和移除高峰期，处理移除订单可能需要30个工作日或更长时间。

一些服装、鞋靴、钟表、珠宝首饰和危险品需要进行特殊处理来移除，收费的费用标准跟一般商品不同。

注意：属于标准尺寸分段且不足1 lb的发货重量将向上取整到最接近的0.1 lb进行计算。对于其余尺寸分段，发货重量将向上取整到最接近的整数磅数进行计算（表6-7）。

表6-7　移除订单费用

单位：美元

收费频率	收费时间	费用构成
一次	移除订单完成时	按已移除的每件商品。费率基于商品发货重量计算得出
尺寸分段	发货重量	每件商品的移除费用
标准尺寸	0 ~ 8盎司	0.97
	8 ~ 16盎司（不含0.5盎司）	1.46
	16 ~ 32盎司（不含1.0盎司）	2.20
	>32盎司	2.83+1.06/16盎司（超出32盎司的部分）
大件商品和需要进行特殊处理的商品 *	0 ~ 16盎司	3.12
	16 ~ 32盎司（不含1.0盎司）	4.07
	32 ~ 64盎司（不含2.0盎司）	5.56
	64 ~ 160盎司（不含4.0盎司）	9.43
	≥ 160盎司	13.05+1.06/16盎司（超出160盎司的部分）

6. 退货处理费

对于在亚马逊商城出售且属于亚马逊免予收取退货运费的某些分类下的买家退货商品，亚马逊将收取亚马逊物流退货处理费。具体的收费标准如下（表6-8）。

对于服装和鞋靴分类中退货的每件商品，亚马逊将收取退货处理费。对于钟表、珠宝首饰、箱包、手提包和太阳镜类退货的商品，亚马逊不收取退货处理费。

表6-8　退货处理费

收费时间	商品状况评估完成后，即商品退回亚马逊运营中心之后	
费用构成	按每件退货商品收费。根据商品尺寸分段计算费用	
尺寸分段	发货重量	退货处理费（美元）
小号标准尺寸	不超过6盎司	2.12
	4 ~ 8盎司（不含4盎司）	2.16
	8 ~ 12盎司（不含8盎司）	2.23
	12 ~ 16盎司（不含12盎司）	2.32

续表

大号标准尺寸	不超过 4 盎司	2.40
	4 ～ 8 盎司（不含 4 盎司）	2.44
	8 ～ 12 盎司（不含 8 盎司）	2.53
大号标准尺寸	12 ～ 16 盎司（不含 12 盎司）	2.61
	16 盎司～ 1.5 盎司（不含 16 盎司）	2.71
	24 ～ 32 盎司（不含 1.5 盎司）	2.81
	32 ～ 40 盎司（不含 2 盎司）	2.95
	40 ～ 48 盎司（不含 2.5 盎司）	3.13
	48 ～ 320 盎司（不含 3 盎司）	3.41+0.20/16 盎司（超出首重 48 盎司的部分）
大件	小号	4.19+0.20/16 盎司（超出首重 32 盎司的部分）
	中号	10.57+0.25/16 盎司（超出首重 32 盎司的部分）
	大号	43.70+0.25/16 盎司（超出首重 1440 盎司的部分）
	特殊	75.08+0.25/16 盎司（超出首重 1440 盎司的部分）

7. 计划外服务费用

在某些情况下，如果卖家发送到亚马逊的商品在到达运营中心时未提供所需的标签或预处理，亚马逊物流可能会向卖家收取计划外服务费用。计划外服务费用按件收取，费用如下（表6–9）。

表 6–9　计划外服务费用

单位：美元

问题组	问题	问题发生率	基于指导级别收取的计划外服务费用		
			标准	提升	重要
			每件商品费用		
缺少标签—商品相关	缺少亚马逊条形码	商品级别	0.20	0.40	0.40
计划外预处理—商品相关	封装	商品级别	0.20	0.40	0.40
计划外预处理—装袋	装袋	商品级别	0.70	1.40	1.40
计划外预处理—气泡膜包装	气泡膜包装	商品级别	1.00	2.00	2.00

8. FBA 预处理

使用亚马逊物流预处理服务，能确保卖家的商品得到妥善包装和预处理以进行配送，对商品进行恰当的包装和预处理有助于减少商品接收时间的延迟。开启亚马逊物流预处理服务后，亚马逊将对符合要求的商品进行预处理，并按件收取费用，具体费用如下（表6–10）。

要启用亚马逊物流预处理服务，需在创建入库计划时按以下步骤进行操作。

（1）选择卖家想要让亚马逊进行预处理的商品。

（2）在“预处理方”字段中选择“亚马逊”。

表 6–10　亚马逊物流预处理费用　　单位：美元 / 立方英尺

每件商品的费用		标准尺寸			大件		
预处理分类 *		预处理	贴标	总计	预处理	贴标	总计
易碎品 / 玻璃制品	气泡膜包装	0.80	0.55	1.35	1.60	0.55	2.15
	贴标						
液体	塑料袋包装	0.70	0.55**	0.70 ~ 1.25	1.40	0.55**	1.40 ~ 1.95
	贴标（可选）						
服装、面料、毛绒物品和纺织品	塑料袋包装	0.70	0.55**	0.70 ~ 1.25	1.40	0.55**	1.40 ~ 1.95
	贴标（可选）						
母婴	塑料袋包装	0.70	0.55**	0.70 ~ 1.25	1.40	0.55**	1.40 ~ 1.95
	贴标（可选）						
尖利物品	气泡膜包装	0.80	0.55	1.35	1.60	0.55	2.15
	贴标						
小号	塑料袋包装	0.70	0.55	1.25	不适用	不适用	不适用
	贴标						
成人用品	塑料袋包装（黑色或不透明）	1.00	0.55	1.55	2.00	0.55	2.55
	贴标						
粉末、球状和颗粒状物品	塑料袋包装	0.70	0.55**	0.70 ~ 1.25	1.40	0.55**	1.40 ~ 1.95
	贴标（可选）						
打孔包装	塑料袋包装	0.70	0.55**	0.70 ~ 1.25	1.40	0.55**	1.40 ~ 1.95
	贴标（可选）						
套装勿拆	塑料袋包装	0.70	0.55	1.25	1.40	0.55	1.95
	贴标						

亚马逊最终会收取这些额外的预处理服务费用：装箱费、衣架去除费、套装创建费、窒息警告贴标费和套装贴标费。

亚马逊物流贴标服务为可选服务。所有商品均须具有可扫描标签，而且在完成预处理之后可看到该标签。亚马逊可能会使用代表性样本来验证商品的重量和尺寸。如果亚马逊的信息与卖家的信息存在差异，将使用亚马逊关于商品重量和尺寸的信息来计算费用。亚马逊可能会不定期更改关于商品的重量和尺寸信息，来体现更新后的测量结果。根据商品的重量和尺寸计算费用时，将使用计算之时亚马逊掌握的关于商品重量和尺寸的信息。

9. FBA 贴标

对于需要使用亚马逊条形码的符合条件的商品，亚马逊物流将替卖家粘贴这类条形码（按件收取费用）。亚马逊物流贴标服务费用为每件商品0.55美元。

卖家可以在亚马逊物流设置中更改亚马逊物流贴标服务的选项。由卖家自己贴标，节省成本，具体操作如下。

（1）在卖家账户后台的“设置”下拉菜单中，选择“亚马逊物流”。

（2）在“可选服务”部分，单击“编辑”。

（3）在“贴标方”下，选择“亚马逊”即可注册亚马逊物流贴标服务；选择“卖家”即可取消注册。

（4）单击“更新”按钮保存即可。

10. 人工处理费

如果卖家选择不提供箱内物品信息或是忘记提供，则货到达亚马逊仓库时，亚马逊将在运营中心人工处理卖家的箱子，需要收取相应费用（表6–11）。与提供箱内物品信息的货件相比，人工处理货件的接收速度可能会更慢。

表 6–11　亚马逊人工处理费　　单位：美元 / 商品

月份	人工处理费
1 ~ 10 月	0.15
11 ~ 12 月	0.30

11. 亚马逊物流重新包装和翻新服务

亚马逊物流为包装残损但处于可售状况的商品提供重新包装和翻新服务。对于符合条件的商品，系统会自动重新包装，而翻新是一项可选服务。

（1）重新包装。符合条件的买家退货，以便它们可以作为新品销售。该服务适用于零售商品和亚马逊物流退货商品，且无法在设置中禁用。亚马逊将对每件退货商品进行评估，以确定其是否可以进行重新包装。重新包装包括更换聚乙烯塑料袋或气泡膜包装，或重新装箱商品，还包括对有品牌和无品牌的包装箱以及聚乙烯塑料袋进行重新包装。

（2）翻新服务。亚马逊可通过可选翻新提供其他包装服务。根据商品的不同，亚马逊物流可以对包装箱进行重新贴胶带、重新涂胶水和重新装订；去除过多的胶带、非商品标签和贴纸；重新装箱有品牌和无品牌的瓦楞纸箱。鞋靴和服装翻新可包括蒸汽清洁以及去除污渍和气味。

除了标准分类销售佣金外，翻新手机设备和解锁手机将收取2%的费用。

除了标准分类销售佣金外，所有其他翻新商品均将收取1%的费用。

12. FBA 合仓费

亚马逊为了更好地满足不同地区买家购买的需求，可以更方便快速地提供物流服务。在开通亚马逊物流服务时，平台会默认“分布式库存配置”，即分散库存。在这种模式下，卖家创建发货计划时，亚马逊会将卖家们的商品进行分仓，分布到全国的多个运营中心。分仓会导致头程费用增加，尤其是发货量少的时候，因为一般一箱21 kg以上的货物头程费用会比较划算，且多票货发会导致头程其他附加费用增加。

因此为了方便卖家管理库存以及节省库存成本，可以选择合仓服务，在“设置—亚马逊物流—入库设置”中选择“库存配置服务”即可。

库存配置服务即代表合仓，卖家可以注册库存配置服务，并将所有符合条件的库存发送到同一个收货中心或运营中心。货件抵达后，平台将对货件进行拆分并将其发往不同的运营中心。此项服务按件收取费用，费用如下（表6-12）。

表 6-12　库存配置服务费　　单位：美元

标准尺寸商品（按件收取）	小于或等于 16 盎司	$0.30
	16 ~ 32 盎司	$0.40
	超过 32 盎司	$0.40+（超出首重 32 盎司的部分）$0.10/ 盎司
大件商品（按件收取）	小于或等于 80 盎司	$130
	超过 80 盎司	$1.30+（超出首重 80 盎司的部分）$0.20/ 盎司

注：对于重量超过 1 盎司的大号标准尺寸非媒介类商品以及所有小号、中号和大号大件商品，按照体积重量或单价重量（以较大者为准）来计算每件商品的费用。单价重量是指单件商品的重量。体积重量等于商品体积（长 × 宽 × 高，以英寸为单位）除以 139。

在卖家使用库存配置服务时，目的地收货中心或运营中心由亚马逊来决定，卖家无法选择把货件发往哪个收货中心或运营中心。亚马逊只确保同一个SKU的产品发往同一个仓库，所以可能会针对不同的货件选择不同的目的地，如果是不同的SKU就有可能被分到其他仓库。根据许多卖家的经验来看，合仓后全部分到同一个仓库的概率很高。但是如果说有碰到商品尺寸超出规格的情况，即使是在设置合仓的前提下，也有可能被分到不同的仓库。

13. 多渠道订单配送费

亚马逊可以配送通过自己的网站和其他渠道销售的库存订单，配送按件收费，具体收费标准根据不同配送服务时效（标准配送、加急配送、优先配送）收费不同（表6-13至表6-15）。

表 6-13 多渠道订单标准配送费 单位：美元

标准 3 ~ 5 天配送					
尺寸分段	包含单件商品	包含 2 件商品	包含 3 件商品	包含 4 件商品	包含 5 件以上商品
小号标准尺寸：不超过 2 盎司	4.75	3.00	2.65	2.08	1.97
小号标准尺寸：2 ~ 6 盎司	5.35	3.80	3.29	2.50	2.30
小号标准尺寸：6 ~ 12 盎司	6.20	4.50	3.90	3.30	2.60
小号标准尺寸：12 ~ 16 盎司	7.45	5.15	4.45	3.80	2.70
大号标准尺寸：不超过 2 盎司	4.75	3.00	2.65	2.08	1.97
大号标准尺寸：2 ~ 6 盎司	5.35	3.80	3.29	2.65	2.30
大号标准尺寸：6 ~ 12 盎司	6.20	4.50	3.90	3.30	2.60
大号标准尺寸：12 ~ 16 盎司	7.45	5.15	4.45	3.80	2.70
大号标准尺寸：16 ~ 32 盎司	7.65	5.22	4.55	4.00	3.10
大号标准尺寸：32 盎司以上	7.65+0.46/16 盎司	5.22+0.46/16 盎司	4.55+0.46/16 盎司	4.00+0.46/16 盎司	3.10+0.46/16 盎司
小号大件：32 ~ 80 盎司	12.50+0.46/16 盎司	8.99+0.46/16 盎司	7.65+0.46/16 盎司	6.35+0.46/16 盎司	5.00+0.46/16 盎司
小号大件：480 盎司以上	24.70+0.46/16 盎司				
中号大件：超出首重 32 盎司的部分	20.20+0.51/16 盎司				
大号大件：超出首重 1 440 盎司的部分	103.39+1.05/16 盎司				
特殊大件：超出首重 1 440 盎司的部分	171.99+1.10/16 盎司				

表 6-14　多渠道订单加急配送费　　单位：美元

加急配送隔日达					
尺寸分段	包含单件商品	包含 2 件商品	包含 3 件商品	包含 4 件商品	包含 5 件以上商品
小号标准尺寸：不超过 2 盎司	8.10	4.65	4.00	2.80	2.30
小号标准尺寸：2 ~ 6 盎司	8.15	5.35	4.00	3.35	2.35
小号标准尺寸：6 ~ 12 盎司	8.40	5.85	4.49	3.60	2.79
小号标准尺寸：12 ~ 16 盎司	10.00	6.35	5.10	4.20	3.15
大号标准尺寸：不超过 2 盎司	8.29	4.65	4.10	2.89	2.30
大号标准尺寸：2 ~ 6 盎司	8.29	5.35	4.15	3.39	2.35
大号标准尺寸：6 ~ 12 盎司	9.00	5.85	4.65	3.60	2.79
大号标准尺寸：12 ~ 16 盎司	10.00	6.35	5.10	4.20	3.15
大号标准尺寸：16 ~ 32 盎司	10.00	6.95	5.25	4.30	3.70
大号标准尺寸：32 盎司以上	10.00+0.49/16 盎司	6.95+0.49/16 盎司	5.25+0.49/16 盎司	4.30+0.49/16 盎司	3.70+0.49/16 盎司
小号大件：32 ~ 480 盎司	14.49+0.49/16 盎司	10.29+0.49/16 盎司	9.65+0.49/16 盎司	9.35+0.49/16 盎司	9.05+0.49/16 盎司
小号大件：480 盎司以上	30.69+0.49/16 盎司				
中号大件：超出首重 32 盎司的部分	24.05+0.51/16 盎司				
大号大件：超出首重 1 440 盎司的部分	122.99+1.14/16 盎司				
特殊大件：超出首重 1 440 盎司的部分	204.77+1.20/16 盎司				

表 6-15　多渠道订单优先配送费　　单位：美元

优先次日达					
尺寸分段	包含单件商品	包含 2 件商品	包含 3 件商品	包含 4 件商品	包含 5 件以上商品
小号标准尺寸：不超过 16 盎司	16.64	9.10	6.85	6.35	5.10
大号标准尺寸：不超过 16 盎司	17.95	10.00	8.15	7.50	5.20
大号标准尺寸：16 ~ 32 盎司	18.00	10.20	8.90	7.75	6.25
大号标准尺寸：32 盎司以上	18.00+0.50/16 盎司	10.20+0.50/16 盎司	8.90+0.50/16 盎司	7.75+0.50/16 盎司	6.25+0.50/16 盎司
小号大件：超出首重 32 盎司的部分	27.05+0.50/16 盎司	14.69+0.50/16 盎司	11.30+0.50/16 盎司	10.70+0.50/16 盎司	10.25+0.50/16 盎司
小号大件：480 盎司以上	41.70+0.50/16 盎司				
中号大件：超出首重 32 盎司的部分	32.68+0.51/16 盎司				
大号大件：超出首重 1440 盎司的部分	167.00+1.14/16 盎司				
特殊大件：超出首重 1440 盎司的部分	278.15+1.20/16 盎司				

标准尺寸和特殊大件：使用商品重量计算每件商品的发货重量。尺寸为小号和大号标准尺寸分段且重量不足16盎司的发货重量，将向上取整到最接近的整数盎司。对于其余尺寸分段，发货重量将向上取整到最接近的整数。

重量超过12盎司的大号标准尺寸商品、小号大件、中号大件和大号大件商品：每件商品的发货重量按商品重量或体积重量中的较大值进行计算。体积重量等于商品体积（长 × 宽 × 高）÷139。大件商品体积重量对应的最小宽度和高度为2英寸。每件商品的总发货重量将向上取整到最接近的整数磅数。

亚马逊FBA相关物流配送配送费、仓储费、移除订单费、多渠道订单费等收费标准，会根据亚马逊不同时间物流政策调整有所变化。

任务三　配送订单的创建与管理

任务描述

小刘在亚马逊上开设了自己的店铺，销售特色手工艺品。随着订单量的逐渐增加，他开始意识到配送订单的创建与管理对于业务的顺利运作至关重要。他决定深入了解亚马逊的配送系统，以确保客户能够及时收到满意的商品。

任务分析

小刘作为亚马逊平台上的卖家，如果使用FBA，可以了解如何将商品发送到亚马逊仓库、库存管理、订单包装和发货流程。为高效管理，小刘需掌握亚马逊后台的批量处理功能，一次性处理多个订单，提高效率。同时利用亚马逊的报告功能监控配送绩效，包括订单缺陷率、迟发率和取消率，以优化配送流程。通过本任务的学习，帮助学生了解利用亚马逊平台创建配送订单。

任务实施

亚马逊FBA发货的商品，在商品上传完成后，需要先创建货件计划，由亚马逊分配仓库后，再发货到亚马逊仓库，等待亚马逊仓库接收完产品，商品才会显示在前台以供买家下单。本任务仍以亚马逊为例，主要介绍如何完成货件创建、创建移除订单、创建多渠道配送订单，了解影响库存绩效指标的因素有哪些、提升库存绩效指数（inventory performance index，IPI）分数的技巧以及关于仓储库存的建议等内容。

一、货件创建详解

完整的货件创建流程如下。

（1）登录亚马逊卖家平台，单击“库存→管理亚马逊库存”，然后选择卖家要发送至亚马逊的商品，单击“发/补货”。

（2）进入“发/补货”页面，产品第一次发货，先选择条形码类型为“亚马逊条形码”，再选择“转换并发送库存”（Send to Amazon），即跳转到产品发货具体信息填写页面。

（3）确认填写商品发货地址，若默认地址不对，可以选择“从另一地址发货”填写正确的发货地址，然后选择商品的包装类型。若一个箱子有2个及以上商品一起发货（相同商品的不同颜色或尺寸也属于），则选择“混装商品”；若一个外箱有且只有一款商品，即选择“原厂包装发货商品”。若选择其他第三方物流商，而不是走亚马逊官方物流，则取消“我想通过亚马逊运输货物”选项，单击“继续前往Send to Amazon”。

（4）填写商品发货信息。

①选择商品发补货的目标商城，如补货到美国，选择“美国”。

② 包装详情：两种包装方式，一个是“单件商品”；另一个是“创建新的原厂包装模板”。当每箱的件数、包装箱的尺寸、包装箱的重量、商品的预处理方法和商品的贴标方信息一致时，就可以创建可供重复使用的包装箱模板，以便于日后再为此SKU补货的时候，不需要再重新输入这些信息，可以帮助节省时间，这时可以选择“创建新的原厂包装模板”；其他情况选“单件商品”。

◆选择“单件商品”，单击边上的编辑按钮，填写一下商品的预处理信息。商品的预处理根据分类有所不同，亚马逊有相应的一些下拉选项，如尖利物品、母婴、成人、粉末和颗粒物品、服装面料、毛绒玩具等需要特殊包装预处理；不在亚马逊单独列出来的范围产品，可以直接选择“无需预处理”，选择完成，保存。

商品预处理选择完成保存后，继续跳转，选择商品的贴标方。商品贴标方选择“由亚马逊处理”，则需要付贴标服务费，贴标费用根据商品的不同，收费不同；选择“由卖家提供”，则由卖家自己贴标，选择完保存即可。

◆选择“创建新的原厂包装模板”，设置相应的装箱模板名称，每一箱的商品装箱数量，包装箱的尺寸和重量信息，选择相应的商品预处理方式和贴标方，设置完成保存即可。

③ 在包装详情中完善了商品预处理和贴标方信息后，可以通过框表示的区域，打印出商品的商品表，即含有FNSKU编码的标签，贴在每个售卖商品的包装上。

④ 以选择“单件商品”包装方式为例，接下来设置商品发货数量，填写完成保存即可。例如，设置商品数量为100，单击“准备包装”后，即可单击下面按钮继续。

（5）“单件商品”包装接下来需要填写商品的包装信息。若发货的商品数量恰好可以一箱完全装下发货，选择“所有商品都将装入同一包装箱中”；若需要多个包装箱，则选择相应选项，单击确认。

例如，现在某商品发货数量为100件，需要2个外箱来装，则需要填入相应的箱数，单击“打开web表单”，进入箱子信息填写页面具体填写。

（6）卖家按照页面中的提示填写发货日期、运送方式及承运人。

发货日期：发货日期是指卖家将库存交给承运人的日期。填写此日期可帮助亚马逊运营中心提前安排，准备接收卖家的库存。

运送方式：根据卖家的实际需求情况，选择小包裹快递或汽运零担。一般除了海卡外，都可选择“小包裹快递”方式。

承运人：亚马逊合作承运人适用于目的国当地的入库运输。如果卖家的商品是从目的国当地（例如海外仓）发货，那么卖家可以选择使用亚马逊合作承运人。如果卖家是从中国发货运往目的国的亚马逊运营中心，那么需要选择非亚马逊合作承运人。非亚马逊合作承运人选项中主要列出了快递方式，不是走其中的快递，都可以选择“其他”。

（7）打印箱子标签，在上一步中选择的运送方式是“小包裹快递”，接下来就需要选择标签纸类型及大小打印标签。此外，亚马逊会自动生成货件名称，卖家也可以通过重命名，更改成自己容易识别的货件名称。单击“继续输入追踪详情”，至此货件计划创建完成。

货件创建完成后，接下来卖家需要做以下工作：为每个包装箱贴上正确的亚马逊物流包装箱编号标签；与承运人协调，为包装箱创建承运人货件标签；将包装箱交给承运人，获取到相应的货件追踪编码；到“库存—管理亚马逊货件”找到此货件名，单击货件对应的“处理货件”按钮，进入货件处理进程中；填写承运人给的货件追踪编码，这有助于亚马逊运营中心将货件接收速度提高30%，并让商品更快上架销售。

至此，卖家的整个商品FBA头程配送工作完成，等待商品的配送情况、物流信息可以在“库存—管理亚马逊货件”页面中查看，直至亚马逊接收完成，商品上架销售。

二、创建移除订单

在亚马逊运营过程中，常有如备货过多、过季或不再销售的库存需要移除；想移除即将需要缴纳长期仓储费的商品；商品需要移仓换标；有不可售的瑕疵品或损坏的商品需要销毁等，都会需要用到相关的移除订单操作，具体的移除订单操作如下。

（1）在卖家账户后台中心，单击“库存—管理库存”找到并勾选需要销毁或是移除的商品，选择“创建移除订单”。

（2）进入移除订单创建页面，可看到有三种移除方式：一是批量清货，主要用于清库存，当商品不想再继续销售时，清货人通过批发对符合条件的库存进行清货，从而收回这些库存的价值。清货人将以平均售价的大约5% ~ 10%的价格购买这些库存，卖家会在提交批量清货订单后的60 ~ 90天内收到付款；二是配送地址，这种方式需要填入详细的收货地址，一般用在提前移出需要长期仓储费的商品或是需要海外仓协助换标签的情况；三是弃置，一般用在不可售商品的移除情况。相应的移除方式，可通过下方选择要移除“可售数量”还是“不可售数量”，输入数量后，单击“查看”即可。

（3）单击查看后，跳出确认页面，确认移除信息无误，单击“确认”后即可生成订单，完成创建。后期可在导航“订单—管理订单”中查看到此移除订单相关情况。

三、创建多渠道配送订单

若有从亚马逊仓库调货配送给其他渠道销售的订单，具体的多渠道订单创建操作如下所示。

（1）在卖家账户后台中心，单击“库存—管理库存”找到并勾选需要配送的商品，选择“创建多渠道配送订单”。

（2）进入多渠道订单创建页面，在“输入买家地址”栏中先填写完成收件人的名字、地址等信息，在“添加商品”栏根据订单需求填入需要配送的商品数量，在“选择配送速度”栏中亚马逊系统会根据前两栏填写的信息，生成相应的订单配送费用，选择合适的订单配送速度，单击“下单”，可生成相应的多渠道订单单号等信息，创建完成。

（3）多渠道订单创建完成后，可将生成的订单单号给到其他渠道，单击确认发货，订单相关配送情况可在亚马逊卖家后台导航“订单—管理订单”中查看到此订单相关情况。

四、库存绩效指标

库存绩效指标是衡量一段时间内卖家库存绩效的指标。库存绩效指标分数（IPI）用于衡量卖家在管理亚马逊物流库存方面的效率和成效。从2022年1月1日开始，亚马逊物流仓储限制的IPI阈值为400分合格。从2023年3月1日起，IPI每月核算一次。

（一）影响库IPI的因素

影响IPI的重要因素主要有四个，分别是冗余库存、售出率、无在售信息的亚马逊库存和有存货库存。账户的库存绩效情况可以在账户后台的“库存—管理库存”页面中单击“库存控制面板”中查看，在“库存绩效”页面还提供了与每个因素相关的其他指标，卖家可以选择“显示更多详情”来查看这些指标。

1. 冗余库存百分比

根据预测需求，如果商品的供货时间超过90天，亚马逊会将其视为冗余商品。“冗余库存百分比”，即被确定为冗余库存的亚马逊物流库存商品所占的百分比。

追踪冗余库存的目的是帮助卖家了解卖家在亚马逊运营中心有哪些库存仓储的成本高于采取措施清理的成本，卖家会看到这类库存的仓储费占销售收入的比例即将增加，所以卖家可以考虑通过调整商品价格，改善listing，或者移除库存，来改善库存健康状况。有时即使卖家的销售计划非常好，也可能出现库存无法按照预期进行销售，从而导致库存积压的情况出现。

2. 亚马逊物流售出率

如果可维持连续90天的亚马逊物流售出率，即可在库存上保持适当的平衡。亚马逊物流售出率的计算方法是：卖家在过去90天内发货的商品数量除以该时间段内卖家在运营中心的平均可售商品数量。售出率是按季度更新的指标，代表着它是基于过去12周的情况，来计算卖家的库存在今天、30天、60天及90天内的收益情况。售出率是提高IPI分数最重要的影响因素之一。

尽早采取措施处理那些不满足卖家销售预期的库存，是成功保持卖家全年售出率的关键之一。尽早采取措施减少库龄超过365天的库存，有助于提高IPI分数，同时降低成本，提高卖家的收益。

3. 无在售信息的亚马逊库存百分比

因商品信息存在问题而无法供买家购买的库存会导致销量降低，并产生仓储成本，此类库存称为“无在售信息的亚马逊库存”。无在售信息的亚马逊库存百分比是通过计算当前卖家在亚马逊商城无法供买家购买的亚马逊物流库存商品所占的百分比来衡量的。

该项指标表明卖家在亚马逊运营中心有库存，但是无法销售给买家。无在售信息的库存会影响卖家的IPI分数，是因为一旦listing无在售信息，意味着此类库存在产生费用的同时，无法带来销量。

快速修复卖家的无在售信息库存，可以最大限度地降低对IPI的影响。“修复无在售信息的亚马逊库存”页面提供了商品无在售信息的原因，以及修复无在售信息可以采取的措施。如果一个商品无在售信息超过30天，将会被自动移除。

4. 亚马逊物流有存货率

保持可补货的畅销商品有存货，有助于最大限度地提高销量。亚马逊物流有存货率追踪卖家在这一分类的绩效，是可补货亚马逊物流ASIN在过去30天有货的时间所占的百分比，按每个SKU在过去60天售出的商品数量计算。有存货率的目的是帮助确认是否保持可补货的商品有货。

建议卖家浏览“补货”页面中的建议补货数量，补货设置也是系统的默认设置，可根据实际情况进行自定义设置，这样亚马逊可以基于设置信息，提供更精准的补货建议。

（二）提升IPI分数的技巧

1. 清理库存积压，减少冗余库存

冗余库存百分比是对过去90天冗余库存情况的考核，库存过多会影响利润。采取管理冗余库存页面上提供的措施，以降低仓储费和保管成本。具体做法如下。

（1）下载库存、销售报告等分析沉淀库存原因，对症处理。

（2）安排（站内或站外）促销活动快速出货。

（3）通过降价让利的方式进行清仓。

（4）挖掘线下渠道清库存。

（5）转交给海外第三方机构进行清库存处理。

（6）提前查看动销关系，预判库存情况。

2. 推新品、爆品，提高售出率

销售量是对过去90天售出库存的考核，需要商品量和销售量达到平衡。避免库存老化和变得冗余。采取库存页面上提供的措施，以提高低流量和低转化率商品的亚马逊物流（FBA）售出率。具体做法如下。

（1）分析、挖掘爆款产品上架售卖（新品库存量多，短期内售出率增长快）。

（2）加大补货和广告推广，拉高售出率。

（3）新品+优惠券，不定期地开。

3. 修复商品信息，优化无在售信息

无在售信息的滞销库存百分比是对因前台页面信息/listing有问题而无法售卖库存的考

核，需要修复商品信息问题，使商品可供销售。采取修复无在售信息的亚马逊库存页面上提供的措施，确保卖家的库存处于可购买状态。具体做法为如下。

（1）商品描述问题。修改，直接上架。

（2）商品缺少资质。尽快提交，审核上架。

（3）弃置商品。先恢复商品页面信息，创建弃置订单。

总结以下四类建议可帮助提高库存绩效指标。

（1）避免冗余和超龄库存。保持充足的库存，以满足30～60天的预期销量。

（2）在连续90天内保持适当平衡的库存水平，提高这段时间的售出率。

（3）修复无在售信息的亚马逊库存的商品信息，确保库存处于可售状态。

（4）确保畅销商品有货，从而提高销量。

（三）关于仓储库存的建议

近几年由于疫情影响，国内与国际物流情况十分不稳定，时效也很难得到保证。产品未能及时入仓导致库存告急，不少卖家因物流关系吃了不少的亏，所以目前来说，物流问题需要卖家持续关注，具体内容如下。

（1）卖家可利用头程渠道及海外仓备货中转的方式，提高补货效率，减少产品断货情况和在售冗余问题，更快速地提高库存绩效分，避免被限制补仓，影响销售。

（2）时刻关注平台动向和政策变化，及时关注货物的最新消息，适时调整出货计划。选择一个有跟踪信息的物流是关键。

（3）多渠道发货，可以根据自己产品的需求，选择海运、空运等多种方式发货。空运价格具有不确定性，海运补货周期长，可综合这两种方式取其各自的特点合理安排补货渠道，全面考虑，取长补短。

（4）高效核对在途与在库库存盘点，进行库存周转率管理，以减少呆滞库存，降低库存成本占用，对库存成本进行科学化精细管理。

拓展阅读

亚马逊的FBA操作

亚马逊提供的代发货服务，卖家把货物发往FBA的仓库，亚马逊提供仓储、拣货打包、派送、收款、客服、退货处理等一系列服务。亚马逊平台非常看重卖家的物流配送和售后服务的质量，为了达到平台的物流标准，对于大部分卖家来说，都建议使用FBA服务，尤其是针对欧洲市场的卖家，国内寄往欧洲的商品物流时间长、费用高，如果卖家不能保证买家在7-10天里收到包裹，那么就会严重影响卖家的综合评分。所以，这时候选择FBA是比较明智的做法。

1.将商品设置为FBA发货

进入卖家后台，单击“INVENTORY”→“Manage Inventor”菜单项，进入库存管理界面，选择要通过FBA发货的商品。在已选好商品的“Action”下拉菜单中选择“Change to Fulfilled by Amazon”选项。单击“Yes，continue”按钮或“No，return to full list”按钮。

2.发货到FBA

选择“Send/Replenish Inventory”，勾选要发货的商品。默认选项是“Create a new shipping plan”，发货地址会自动生成，如需改写可单击“Ship from another address”，选择打包方式“Individual products”或“Case-packed products”单选按钮，然后单击“Continue to shipping plan”按钮。在打开的页面中设置“Set Quantity”选项卡，输入发货商品的数量和尺寸，然后单击“Continue”按钮。

在打开的页面中选择“Seller”或“Amazon”打印标签，再选择标签打印方式。这里选择“Amazon”打印标签，在弹出的对话框中选中“I agree to the Terms of Service”单选按钮，然后单击“Save”按钮，返回页面后单击“Approve shipment”按钮同意发货。

打开“Label Products”选项卡，在“Apply to all”下拉列表框中选择商品类目，再单击“Continue”按钮。

打开“Review Shipments”选项卡，单击“Approve shipment”按钮。

打开“Prepare Shipment”选项卡，输入发货信息并单击“Complete shipment”按钮。

打开“Summary”选项卡，单击“Work on another shipment”按钮进行发货。打印标签后将标签贴在包裹外面。

项目工单

学习完本项目的内容后，认真完成表6-16的项目工单。

表6-16 项目工单

跨境电子商务发货实践	
实践任务	掌握电子商务物流的基本流程，对商品进行发货及物流追踪
实践目标	1. 掌握跨境电子商务物流的基本流程与操作技巧； 2. 理解跨境电子商务物流中的关键环节和常见问题； 3. 提高物流操作的规范性和效率
实践步骤	1. 选择跨境电子商务平台并了解物流规则 （1）选择一个跨境电子商务平台（如亚马逊、全球速卖通等），并注册账号； （2）仔细阅读平台物流规则，包括发货时间、物流方式、运费计算等

续表

实践步骤	2. 选择物流方式并了解费用 （1）根据产品特性、目的地国家等因素，选择合适的物流方式（如国际快递、国际小包、海运等）； （2）了解不同物流方式的费用、时效及优缺点 3. 处理订单并安排发货 （1）在平台上接收订单，确认订单信息无误； （2）根据物流规则，选择合适的包装材料，对商品进行妥善包装； （3）打印物流标签，贴在包裹上； （4）联系物流公司，安排发货
实践步骤	4. 跟踪物流信息并处理异常 （1）在平台上查看物流信息，确保包裹正常运输； （2）若出现物流异常（如包裹丢失、延误等），及时联系物流公司并处理 5. 评价物流服务 （1）根据物流服务的实际效果，对物流方式、物流公司等进行评价； （2）总结本次实训的经验教训，提出改进建议
实践提示	1. 在选择物流方式时，要充分考虑产品特性、目的地国家、运费预算等因素，确保物流方式既经济又可靠； 2. 在包装商品时，要确保包装牢固、防水、防摔，避免商品在运输过程中受损； 3. 在打印物流标签时，要确保标签清晰、准确，避免因标签问题导致包裹无法顺利运输； 4. 在处理物流异常时，要保持冷静、耐心，及时与物流公司沟通，寻求解决方案； 5. 在评价物流服务时，要客观、公正，既要关注物流服务的优点，也要指出不足之处，以便在后续实训中改进
实践总结	

实践评价

完成以上实践后，认真完成表 6–17 的实践评价。

表 6–17　实践评价

评价内容	分值	得分
参与实践的积极性、主动性	25	
独立思考能力	25	
创新能力	25	
对发货流程的掌握程度	25	
教师点评：		

项目小结

跨境电子商务的物流是连接买卖双方的关键环节，涵盖了多种常用物流模式及产品配送方式。其中，跨境物流主要通过海运、空运、快递等方式进行，而跨境电子商务则常用邮政包裹、集中发货、海外仓和国际快递等模式。

在产品配送方式上，FBM和FBA是两大主流模式。FBM由卖家自行负责配送，而FBA则由亚马逊负责存储、包装和配送，为买家提供更快的物流服务。

在配送订单的创建与管理方面，卖家需精确创建货件、移除订单以及多渠道配送订单，并关注库存绩效指标，以确保订单的高效处理与顾客满意度的提升。同时，物流配送服务及费用也是卖家需仔细考虑的因素，以平衡成本与服务质量。

思考练习

1. 简述跨境电子商务物流运输方式中，海运的优势与不足。
2. 简述在亚马逊平台上进行商品FBA头程配送的主要步骤。

项目七

跨境电子商务的营销推广

项目导读

跨境电子商务平台为买卖双方提供了一个便捷、高效的交易渠道，促进了商品的全球流通。然而，在竞争日益激烈的跨境电子商务市场中，如何制定有效的营销推广策略，提高品牌知名度和销售额，成为众多商家关注的焦点。

学习目标

知识目标

1. 掌握主流跨境电子商务平台的促销节点。
2. 了解跨境电子商务平台广告的分类。

技能目标

1. 掌握主流跨境电子商务平台站内促销功能。
2. 熟悉广告投放的作用、意义、注意事项。

素质目标

1. 提升学生对跨境电子商务营销推广的认知，为后面的学习打下基础。
2. 增强学生对跨境电子商务营销推广知识的学习意识，能认识到营销在跨境电子商务运营中的重要地位。

思政目标

在跨境电子商务营销中，与不同文化背景的客户进行沟通是必不可少的。通过营销推广相关知识的学习教育，可以加强学生的跨文化沟通能力，使学生更好地理解客户需求，提高客户满意度，也能培养学生具有全球化视野、创新能力、团队协作能力和社会责任意识，为我国跨境电子商务行业的健康发展提供人才保障。

任务一　网络营销与推广概述

任务描述

小张拥有一家专门销售中国传统工艺品的在线店铺。他一直梦想着将这些充满东方魅力的商品带给全球的消费者。然而，他很快意识到，要在竞争激烈的国际市场上脱颖而出，仅靠优质的产品是不够的，还需要精心策划的网络营销与推广。

任务分析

为顺利进行网络营销与推广，首先小张要了解什么是网络营销，它较于传统的营销方式有哪些优点。其次还要根据产品特点和市场需求采用合适的营销策略。通过本任务的学习，帮助学生了解跨境电子商务网络营销与推广的策略。

任务实施

跨境电子商务网络营销与推广是通过互联网和国际网络平台，将商品和服务销售给不同国家或地区的消费者的一种营销策略。随着全球化和互联网的深入发展，跨境电子商务已经成为了全球贸易的重要组成部分。在跨境电子商务中，网络营销与推广起着至关重要的作用。

一、网络营销与推广

“营销推广”由“营销”与“推广”两部分组成。网络营销与网络推广呈现出一种包含与被包含的关系，网络推广是网络营销的一个重要组成部分。

网络营销与推广

网络营销侧重于营销层面，着重关注营销活动是否带来实际的经济效益。评价营销工作的成效，通常依据销售的产品或服务的数量。一般而言，网络营销所需的投入成本较大。

网络推广更侧重于推广本身，它更关注通过推广活动为商家带来的网站流量、排名提升、访问量增加以及注册用户数的增长等，旨在扩大商家的知名度和影响力。可以说，在网络营销中，网络推广是不可或缺的一环，甚至可以说是网络营销的核心工作。

与传统的营销与推广相比，网络营销与推广具有以下五个特点。

（一）跨越时空

营销与推广的终极目标在于占据市场份额。互联网具备超越时空界限的特性，使得营销与推广活动能够突破时空的束缚，实现更广泛、更灵活的交易可能。因此，商家得以在更广阔的时空范围内开展销售活动，而消费者则能随时随地获取不同空间商家的营销与推广信息。

（二）个性化

电子商务注重以消费者需求为导向，采用个性化的经营策略。网络营销作为一种高度目标化、循序渐进的小群体营销方式，有效避免了传统推销方式的干扰。它通过提供信息与交互式沟通，与消费者建立长期稳固的关系，从而满足消费者多元化、个性化的生活方式需求，真正实现了消费者的个性回归。因此，在营销与推广实践中，个性化的重要性日益凸显。

（三）双向性

传统的营销与推广方式往往依赖于杂志、电视等媒介进行广告投放，消费者被动接收信息。而网络营销与推广则通过商品图像展示和商品信息资料库查询等方式，实现供需双方的互动与双向沟通。消费者可根据自身喜好和需求，主动选择、搜索相关信息，充分展现其主观能动性。

（四）高效性

计算机技术的运用使得网络营销与推广具备高效性。大量信息得以储存、传递，且传递的精准度远超传统媒介。同时，根据市场需求，产品更新与价格调整可迅速进行。从商品信息查询到交易完成、售后服务，整个过程高效流畅，能够及时有效地满足消费者需求。此外，商家还可利用在线产品测试和消费者满意度调查等手段，获取消费者数据，进行精准营销。

（五）经济性

网络营销与推广通过在线信息发布实现信息交换，不仅简化了分销环节，扩大了销售范围，还降低了传统营销所需的印刷、邮递等成本。同时，网络营销与推广能够迅速响应市场变化，灵活调整策略，以适应不断变化的市场需求。

二、跨境电子商务网络营销与推广的策略

在跨境电子商务领域中，网络营销与推广策略的制定至关重要。其核心目的在于精准地通过多元化的推广渠道向全球潜在客户传递信息，激发客户的购买意愿，引导客户购买跨境电子商务平台上的商品或服务。通过精心策划的推广策略，可以有效地将品牌故事、产品详情、服务特色以及企业理念传达给目标顾客群体。

跨境网络营销的目标在于，让更多的潜在客户通过各种推广渠道发现并访问跨境电子商务网店，从而转化为实际购买的消费者。为实现这一目标，网络营销与推广策略的制订需全面考虑以下几个方面。

（一）定位网店的目标人群

在跨境电子商务的网络营销与推广中，精准定位目标人群同样具有举足轻重的地位。由于跨境电子商务覆盖全球各地，目标受众的文化背景、消费习惯和需求特点千差万别，因此在制定营销策略时，必须紧密围绕特定目标人群的特性。

避免将商品宽泛地推向所有潜在顾客，否则既无法有效吸引目标客户，也无法实现销售的最佳效果。为了更有效地进行营销与推广，深入了解并研究目标人群的需求和偏好至关重要。

通过对目标人群进行细致的市场细分，可以准确把握各类潜在顾客的独特特点，进而为客户定制个性化的推广策略。以跨境女性服装电子商务为例，可以将产品细分为“Z世代”偏好的、欧洲风格的、职场女性适用等多个类别。针对这些不同类别的潜在顾客，如年轻潮流的“Z世代”、职业女性、成熟女性和追求时尚的女性等，可以设计更具针对性的营销策略。

在深入了解各个人群的特点和习惯后，可以选择最符合其偏好的营销与推广手段，如社交媒体广告、电子邮件营销、内容营销等，从而更有效地吸引潜在顾客，并提升销售业绩。这种以目标人群为导向的营销策略，是实现跨境电子商务长期发展和盈利的关键所在。

（二）制订有效的推广方案

在跨境电子商务领域中，网络营销与推广的策略显得尤为关键。一个精心策划的网络营销与推广方案，是基于市场需求、目标受众以及产品特性而制定的，旨在将商品和服务有效地推广至全球范围内的潜在消费者。

首先，网络营销与推广方案是跨境电子商务企业进行全球市场推广的战略蓝图。它为整个营销活动提供了清晰的指导，确保每一步都能精准地触及目标市场。这种策略性的规划有助于企业更准确地定位全球市场，提高营销效率和投资回报率。

在制定网络营销与推广方案时，跨境电子商务企业应深入了解自身的产品特性，明确产品的优势和卖点。同时，对目标市场进行深入分析，了解不同国家和地区的消费者需求、文化习惯以及购物偏好。基于这些分析，企业可以选择最适合的推广策略，如社交媒体营销、搜索引擎优化、电子邮件营销和内容营销等。

其次，在确定了推广策略后，企业需要制定详细的推广计划，包括推广的时间表、预算分配、人员配置等。同时，企业还需要对推广成本进行预估和控制，确保在推广过程中保持财务稳定，避免不必要的浪费。

最后，跨境电子商务企业应持续关注推广效果，通过数据分析来评估各种推广策略的有效性。这种实时监控和分析有助于企业及时调整策略，优化推广方法，从而在竞争激烈的全球市场中保持领先地位。通过不断完善和更新网络营销与推广方案，跨境电子商务企业可以更加精准地触达目标消费者，提高品牌知名度和销售额。

（三）发挥商品的特色

在跨境电子商务领域，网络营销与推广扮演着至关重要的角色，它们是将商品与服务推向全球消费者视野的桥梁。这不仅仅是一个简单的展示过程，更是一个精心策划的战略行动，旨在吸引并留住目标客户。

网络营销与推广的实质在于，通过多元化的渠道和策略，如社交媒体、搜索引擎优化、电子邮件营销等，精准地传递商品信息，触动全球消费者的购买欲望。然而，推广的成功并非只依赖于这些手段，更重要的是商品本身的独特性、卓越的质量和出色的顾客体验。

在跨境电子商务中，商品的功能是吸引国际消费者的重要因素。一个商品若能满足不同国家消费者的特定需求，并提供超越竞争对手的独特功能，便能在全球市场中脱颖而出。例如，一款具有多国语言支持、符合国际标准的电子产品，将更容易吸引全球消费者的关注。

同时，商品的质量对于跨境电子商务而言至关重要。高质量的商品不仅能够为消费者带来更好的使用体验，还能增强品牌在国际市场的信誉。在全球竞争的背景下，质量往往成为消费者选择品牌的重要依据。

此外，跨境电子商务中的顾客体验同样不容忽视。从浏览商品详情、下单购买到物流配送、售后服务，每一个环节都需要为消费者提供便捷、高效和贴心的服务。一个出色的顾客体验能够增强消费者对品牌的忠诚度，促进再次购买和口碑传播。

（四）选择合适的推广方法

深入细致的分析基础上。确保对目标人群有清晰明确的认知，是选择科学有效推广方式的关键。根据分析结果，有时搜索引擎优化（search engine optimization，SEO）或搜索引擎营销（search engine marketing，SEM）是合适的选择，有时则更适合采用网站品牌广告的形式，甚至可能更倾向于植入式广告或社交网络平台（social networking services，SNS）的互助推广策略。

随着信息技术的飞速发展，跨境电子商务的营销与推广手段日益丰富多样。然而，并非每种方法都能迅速产生显著效果。因此，在推广过程中，必须结合跨境网店的实际情况，详细列出所有可行的网络推广方案，并从多个维度进行对比分析，对预期效果进行科学合理的预估。最终，筛选出2～3种最符合网店特点和需求的营销与推广方法，以确保推广活动的针对性和实效性，从而最大化地提升跨境电子商务的网络营销效果。

（五）预估与控制

在跨境电子商务中，精准的网络营销与推广策略对于实现成本效益最大化至关重要。为了在全球化市场中脱颖而出，以下是一些针对跨境电子商务网络营销与推广的改编建议。

1. 精确预估与推广成本相关的各项因素

在跨境电子商务的推广中，对成本的预估需涵盖多个维度，包括不同国家的广告投放渠道成本、目标市场的消费者行为分析、文化差异的考量、推广活动的时区覆盖等。深入研究和理解这些因素，能帮助企业更准确地预测推广成本，从而制定出更为合理的预算策略。同时，这也能有效避免由于预算不足或过度投入而导致的资金风险。

2. 精准投放，避免无效花费

在跨境网络营销中，避免无效花费尤为关键。企业应优先选择那些能够精确触达目标受众、转化率高的广告平台。同时，结合不同国家和地区的消费习惯、文化背景，制定具有针对性的推广策略。在推广过程中，密切关注数据反馈，及时调整策略，确保每一分钱都得到最有效的利用。

3. 警惕高成本推广方法，关注长期效益

对于高成本的推广方法，企业应保持谨慎态度。虽然这些方法可能在短期内带来大量流量，但长期效果可能并不理想，且成本高昂。相比之下，企业应更加关注那些能够带来长期效益、成本可控的推广方式。例如，通过优化店铺的搜索排名、提升用户体验、建立国际品牌口碑等方式，吸引更多的潜在顾客，实现跨境电子商务的可持续发展。

（六）完善推广方案

在跨境电子商务环境中，网络营销与推广策略的制定与执行尤为关键。为了有效地将产品、服务或品牌推向全球市场，制定一个精准且高效的推广策略是不可或缺的。

1. 产品深度解析

在跨境电子商务中，对产品的深度解析是推广策略的基础。这包括产品的核心特性、独特优势、市场定位以及与竞品的差异化。通过细致的产品分析，可以更准确地把握产品的卖点，并针对目标市场的消费者需求进行精准营销。

2. 目标市场与人群洞察

了解目标市场的文化背景、消费习惯以及目标人群的需求和偏好，对于跨境电子商务的推广至关重要。这有助于制定更符合目标市场特点的推广策略，提高推广效果。

3. 时间管理与成本控制

在推广过程中，时间管理和成本控制同样不可忽视。制定详细的推广时间表，确保各项活动按计划进行；同时，合理分配推广预算，严格控制各项费用支出，确保推广活动的经济效益。

4. 执行计划与风险评估

执行计划是推广策略的核心内容。制定具体的推广措施、实施步骤以及人员分工，确保推广活动有序进行。同时，对执行计划进行风险评估，提前预见可能出现的问题并制定应对措施，以降低风险并提高推广效果。

5. 效果预期与持续优化

根据产品特点、目标市场以及市场环境等因素，预测推广活动可能带来的效果，包括销售额、市场份额以及品牌知名度等方面的提升。通过实际效果与预期效果的对比，可以对推广策略进行持续优化，不断提高推广效果。

6. 从执行者角度完善策略

在制定推广策略时，需要站在执行者的角度考虑所有问题。关注策略的可行性和可操作性，对可能出现的问题进行预期并补充解决方案。同时，对策略进行反复检查和分析，修改其中的不足之处，并添加必要的补充说明，以确保策略的完整性和准确性。

通过以上步骤，可以为跨境电子商务制定一个精准、高效且可持续的网络营销与推广策略，帮助企业更好地开拓全球市场。

（七）分析网店的数据

当顾客在跨境电子商务平台上浏览、搜索、点击或收藏商品时，这些行为会在平台的后端留下丰富的数据足迹。这些数据是商家进行跨境网络营销与推广的宝贵资产，通过深度分析，商家能够洞察顾客的行为模式与偏好，从而制定更为精准的营销策略。

1. 顾客的浏览行为揭示兴趣倾向

通过跟踪和分析顾客的浏览路径，商家能够了解顾客对不同品类商品的兴趣程度和关注焦点。例如，如果顾客频繁浏览家居用品，商家可以推断出该顾客对家居生活有浓厚兴趣，进而推送更多家居用品的优惠信息和新品推荐。

2. 搜索行为反映明确需求

当顾客在跨境电子商务平台上搜索特定商品时，顾客往往已经有了明确的购买意向。商家可以通过分析搜索关键词的频次和热度，了解顾客对某一类商品的关注程度。基于这些信息，商家可以调整商品库存、优化上架策略，确保能够满足顾客的购买需求。

3. 点击行为体现购买意愿

顾客的点击行为进一步表明对商品的兴趣和购买意愿。商家可以关注商品的点击率，了解哪些商品更受顾客欢迎。对于点击率高的商品，商家可以加大推广力度，提高商品的曝光率；而对于点击率较低的商品，商家则需要审视商品详情页的内容和质量，进行必要的优化。

4. 收藏行为预示潜在购买

顾客将商品加入购物车或收藏夹，意味着其对该商品有潜在购买意愿。商家应关注这些被收藏的商品，通过发送定制化的优惠券、限时折扣等信息，刺激顾客的购买欲望，促使潜在购买转化为实际订单。

在跨境网络营销与推广中，商家应根据不同国家和地区顾客的特点和偏好，提供个性化的商品推荐和优惠活动。同时，商家还应持续优化商品详情页、提升跨境电子商务平台的用户体验，以吸引更多潜在顾客，实现销售业绩的稳步增长。

（八）竞争对手分析

在跨境电子商务领域，网络营销与推广策略的制定与实施具有举足轻重的地位。正如兵法所云："知彼知己，百战不殆"，此理同样适用于跨境电子商务的市场竞争。

首先，深入剖析竞争对手的网络营销与推广策略，能够帮助跨境电子商务商家洞察市场趋势和消费者需求。观察对手的广告布局、促销手段、社交媒体策略等，可以揭示哪些方式更受国际消费者青睐，哪些策略可能存在问题。这些信息对于商家优化自身网络营销策略至关重要。

其次，竞争对手的失败案例也是宝贵的教材。当竞争对手在跨境电子商务营销中遭遇挫折时，商家应深入分析其失败原因，如产品定位失误、服务质量不佳等。通过借鉴这些失败经验，商家可以避免在自身的网络营销与推广中重蹈覆辙。

然而，学习竞争对手并不意味着盲目模仿。关键在于理解其背后的营销逻辑与思路，结合自身的特点和优势，制定独具特色的跨境电子商务网络营销策略。

在跨境电子商务领域，产品间的相似性较高，因此，商家在营销与推广时需格外注重差异化。通过在价格、定位、宣传等方面展现独特之处，以凸显自身品牌的价值与优势。

跨境电子商务的网络营销与推广是一个不断变化的过程，需要商家根据市场变动及时调整与优化策略。随着市场环境、消费者需求以及产品特点的变化，商家需保持敏锐的洞察力，时刻关注市场趋势、竞争对手动态以及消费者反馈。同时，还需关注自身网店的发展状况，如销售额、用户增长、客户满意度等指标，以便及时发现问题并调整营销策略，提升跨境电子商务网店的竞争力。

任务二　跨境电子商务广告策划

任务描述

在全球化的浪潮中，一家名为“全球购”的跨境电子商务平台迅速崛起，它连接着世界各地的消费者与商家，提供从电子产品到家居用品的多样化商品。随着市场竞争的加剧，公司意识到需要一个强有力的广告策划来提升品牌知名度和市场份额。

任务分析

广告策划是现代商品经济高度发展的必然产物，它标志着广告活动的科学化和规范。通过本任务的学习，帮助学生了解广告创意的理论、流派、思维等，掌握广告策划的具体操作方法。

任务实施

策划是一项经过深思熟虑和细致分析的过程，它基于全面的市场调研和系统化的分析，充分利用现有知识和资源，科学、合理、有效地规划营销和广告战略及其活动流程。通过这一过程，能够预先洞察和判断市场趋势以及消费群体现有和未来的需求，同时预测未知情况的潜在结果。

一、广告策划概述

美国是最早实施广告策划制度的国家，随后，许多商品经济成熟的国家也纷纷建立了以策划为主导、以创意为核心的广告计划管理体系。

在我国，1986年广告界首次正式提出了“广告策划”的概念。自1979年我国广告业恢复以来，这一概念的提出对广告理论领域产生了深刻的观念冲击。它促使人们重新审视广告工作的本质和功能，从而推动广告业向为客户提供更为全面、深入服务的新阶段迈进。

广告策划的分类主要涵盖两个方面：一是单独性广告策划，即针对一个或多个单一性的广告活动进行规划和设计，通常被称为单项广告策划；二是系统性广告策划，即针对企业在某一特定时期内的整体广告活动进行全面规划和布局，通常被称为总体广告策划。

（一）广告策划的内容

一个较完整的广告策划主要包括以下内容。

1. 分析广告机会

进行广告策划，首先要通过广告机会分析解决针对哪些消费者做广告以及在什么样的时机做广告等问题，为此就必须搜集并分析有关方面的情况，如消费者情况、竞争者情况、市场需求发展趋势、环境发展动态等。然后根据企业的营销目标和产品特点，找出广告的最佳切入时机，做好广告的群体定位，为开展有效的广告促销活动奠定基础。

2. 确定广告目标

确定广告目标，就是根据策划的总体目的，依据现实需要，明确广告宣传要解决的具体问题，以指导广告活动的执行。广告策划的具体目标可以是使消费者了解企业的新产品、促进购买/增进销售，或提高产品与企业的知名度以便形成品牌偏好群等。

3. 形成广告内容

广告的具体内容应根据广告目标、媒体的信息可容量来加以确定。一般而言，应包括以下三个方面。

（1）产品信息

产品信息主要包括产品名称、技术指标、销售地点、销售价格、销售方式以及国家规定必须说明的情况等（图 7–1）。

图 7–1　亚马逊平台上的产品信息

（2）企业信息

企业信息主要包括企业名称、发展历史、企业声誉、生产经营能力以及联系方式等。

（3）服务信息

服务信息主要包括产品保证、技术咨询、结款方式、零配件供应、保修网点分布以及其他服务信息。

4. 选择广告媒体

（1）印刷媒体

印刷媒体，作为一种历史悠久的传播媒介，主要涵盖报纸、期刊等印刷出版物，它们在广告传播中扮演着至关重要的角色（图7–2）。报纸作为其中的一种，其显著优势在于信息传递的及时性，得益于广泛的记者网络和稳定的新闻来源，其报道内容具有较高的可信度。此外，报纸刊登日期和版面的选择灵活性高，为广告内容的详尽阐述提供了便利。同时，报纸还具有便于保存、制作简便、费用较低的特点。

图 7–2 印刷媒体

报纸其时效性相对较短，受众群体相对有限；同时，由于印刷形式的限制，其表现形式往往不够形象和生动，因此感染力相对较弱。

与报纸相比，期刊作为另一种重要的印刷媒体，其优势在于读者对象的稳定性，这使得广告能够更精准地送达特定的目标群体。此外，期刊的时效性较长，阅读者众多，且易于保存。同时，期刊的印刷质量通常较高，能够呈现出更为精美和具有感染力的广告内容。

期刊由于期刊的出版周期较长，广告信息的传递时间也相对较长，这在一定程度上影响了信息的及时性。此外，期刊的发行量中可能包含一部分无效发行，即并未真正到达目标受众的发行量，这也对广告效果产生了一定的影响。

（2）视听媒体

视听媒体主要有广播、电视等。广播的优点是：覆盖面广，传递迅速，展露频率高；可选择适当的地区和对象，成本低。广播的局限性是：稍纵即逝，保留性差，不宜查询；受频道限制缺少选择性，直观性与形象性较差，吸引力与感染力较弱。电视的优点是：覆盖面广，传播速度快，送达率高；集形、声、色于一体，生动直观，易于接受，感染力强（图7–3）。电视的局限性是：展露瞬间即逝，保留性不强；对观众的选择性差，绝对成本高。

图 7-3 电视媒体

（3）户外媒体

户外媒体包括招牌、广告牌、交通工具、霓虹灯等（图 7-4）。户外媒体的优点是：比较灵活，展露重复性高，成本低，竞争少。户外媒体的局限性是：不能选择对象，传播面窄，信息容量小，动态化受到限制。

图 7-4 交通工具广告

（4）邮寄媒体

邮寄媒体是指遍布全国乃至全世界的邮政网络。邮寄媒体的优点是：广告对象明确且具有灵活性，便于提供全面信息。邮寄媒体的局限性是：时效性较差，成本比较高，容易出现滥寄的现象。

（5）新媒体

新媒体是相对于传统媒体而言的一个概念，指互联网时代背景下的网络媒体，如博客、社交媒体平台等。网络媒体的优点是：覆盖面广，触及率高，时效性好，能与受众形成双向互动，成本较低。网络媒体的局限性是：虚假信息泛滥，难以保证信息的准确度和可信度，同质化程度高，普及程度有局限。

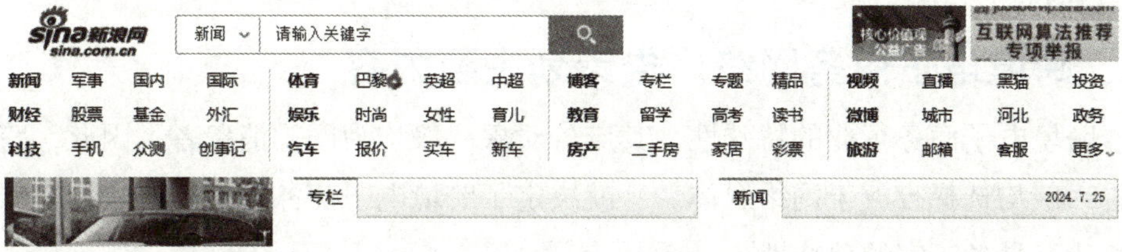

图 7-5 网络媒体

（二）广告策划的意义

广告策划的意义不仅仅在于传达信息，更在于通过创新、独特的视角和手法，让品牌与消费者建立深厚的情感连接，提升品牌的知名度和美誉度。它是品牌成功的重要保障，也是品牌与消费者之间不可或缺的联系纽带。

广告策划的意义为确保广告活动的目标性、计划性、创造性、连续性与最佳效果。

1. 目标性的明确与实现

广告策划方案的制定，必须严格依据企业的营销战略、品牌管理战略等核心目标。在策划过程中，需运用科学的研究和分析方法，汇聚丰富的经验和智慧，对各项活动进行周密细致的规划与安排。每一项活动都应紧密围绕最终的总体目标展开，确保所有努力均指向共同的目标，从而确保广告目标得以实现。

2. 计划性的严谨与执行

广告策划在提升企业对市场应变能力的同时，也有效降低了各种不利因素的影响。通过科学的广告策划，企业能够明确广告目标和诉求对象，避免广告活动的盲目性；能够选择有效的广告媒介，防止或减少广告媒介资源的浪费；还能够合理分配和使用广告经费，确保广告活动的顺利进行。

3. 创造性的激发与运用

广告活动的创造性是实现其目标的关键因素。广告策划能够汇集各个方面的智慧，发挥团队集思广益、取长补短的优势，激发灵感和创意。通过充分发挥创意高手的推动作用，广告策划能够确保整个广告活动的每一个环节都充满高水平的创意，从而最大限度地发挥广告对消费者的说服效力。

4. 连续性的维护与增强

广告的根本目标在于促进产品销售、塑造品牌形象。要实现这样的目标，仅仅依靠一两次广告活动是无法完成的。只有通过长期不懈的努力和日积月累，才能逐步显现广告的效果。广告策划在此过程中起到协调各方资源、确保广告效果一致性和连续性的重要作用。

5. 最佳效果的追求与实现

广告活动所投入的人力、物力均十分庞大。通过精心策划，企业能够使广告活动更加合理，减少浪费和污染。广告策划人员需运筹帷幄，总结正确的广告经验，制定明确的广告目标，并充分发挥各个环节的优势，以争取达到最佳的广告效益。

二、跨境电子商务网络广告策划主要内容

由于跨境电子商务行业的特殊性，其广告对象一般均为网购消费者，因此，跨境电子商务广告一般均选择投放于网络媒体。这就决定了跨境电子商务网络广告策划与传统的广告策划相比，具备一定的独特性。

网络广告策划是指根据广告主的网络营销计划和广告目的，在市场调研的基础上对广

告活动进行整体的规划，是根据互联网的特征及网络人群的特征，从全局角度所展开的一种战略、策略的运筹。一般而言，跨境电子商务网络广告策划应包含以下内容。

（一）公司资源状况分析

公司资源状况是指通过外部网络中反映的状况来分析目前公司网络推广已有资源的基本情况，主要包括：公司网站在谷歌、百度等搜索引擎的排名情况，主关键词的排名情况，网站本身的结构和内容，网站上包含的其他关键词等；公司在谷歌、百度等投入的收费广告情况，以及单次的点击费用等；公司在阿里巴巴国际站、全球速卖通、亚马逊等平台的信息、证书等是否完整。

（二）同行状况分析

同行的网络广告状况分析应包括以下内容。

1. 收费广告状况

同类型企业在网络上的资金和人员的投入情况，如在谷歌、阿里巴巴等平台的广告投入和搜索排名情况、广告的格式、位置和创意等。

2. 搜索引擎状况

同类型企业在搜索引擎上的数量、相关关键词、排名等情况，以及网站的布局、广告的形式、内容等。

（三）目标受众分析

虽然网络广告的受众均为当地市场的网民，但是未必所有的网民都是广告的对象，根据产品特点、品牌定位等，跨境电子商务企业还是应该对目标受众做更进一步的具体分析。刻画受众的指标有多种，如性别、年龄、收入、受教育水平、家庭结构、消费习惯、兴趣爱好等。

除此之外，还有间接的广告对象，如网民的传播可以影响周围部分人的购买行为，这些人就可叫作第二对象，由此还会形成第三、第四等多层广告对象。因此，在策划中不应该将广告对象局限于网民中。

（四）确定广告目标

在设计具体的广告与文案之前，首先要确定自己希望通过这一系列的网络广告达到什么样的目标。

网络广告目标的确定之所以如此重要，是因为它揭示了消费者对广告信息反应的一般心理规律，从而确定了沟通能够影响营销的理论基础。广告目标带着广告对受众所能提供的特定贡献而设定，这种特定贡献，即通过信息沟通，使消费者产生对品牌的认知、情感、态度和行为的变化。总而言之，广告目标就是对沟通效果的设定。

一般而言，广告目标主要有告知（inform）、说服（persuade）和提醒（remind）三个方面。通过广告传播提高商品的知名度，让目标消费者认知商品，这是广告传播最直接的目标。在消费者对商品和品牌有了基本了解的基础上，还必须向其展示为什么你的商品和品牌相较于别的商品和品牌来说是更好的。最后，必须在一个成熟的市场上强化品牌信息，让品牌一直保留在消费者的脑海里，并防止竞争对手抢走客户。

在设定广告目标时，要注意目标必须是具体的、可量化的，这样才能为日后的广告效果评估打下基础。同时，要明确广告目标的时间性。一般而言，企业所确定的广告目标有长期、中期、短期之分。每一个产品都有其生命周期，在导入期的广告一般以告知为主要目标；在成长期的广告则以促进销售为主要目标；而在成熟期的广告以塑造品牌的忠诚度为主要目标。

（五）媒体选择与组合

在现代广告中，媒体的选择余地更大了，各种形式的广告更是五花八门，这既是机遇又是挑战。众多的媒体在组合上存在困难，如何花最小的成本，达到最优化的组合，即将广告最有效地全面推向社会，是现代广告策划的重点。

对网络广告来说，媒体主要就是网络。媒体策划主要是指对网站与广告工具的选择，以及网站与其他传媒的配合。不同网站的覆盖人群也有差别，选择合适的网站就是有针对性地向网民推销自己的产品。不同网站的广告成本也是不同的，结合成本投人、播出频率、触及范围、网民特点、网站信誉等与网站有关的因素进行的分析就是网站策划。

选择好网站之后还要考虑广告的形式和与其他媒体的搭配问题。网络广告的形式有横幅广告（banner）、图标广告、文字广告、视频广告、分类广告等。这些形式往往与网站的特点紧密相关，只有充分研究好各个网站，才能选择最合适的形式，并将组合效用发挥到最大。

网络广告在媒体选择与组合上主要应考虑的有点击率、覆盖面、信誉度等问题，可以从广告目的、广告成本、营销市场、竞争对手、潜在市场等实际与企业相关的商业环境出发去考虑。

（六）广告效果评估

进行广告效果评估，就是运用科学的方法来鉴定所做广告的效益。广告效果评估一般可分为心理效果评估、经济效益评估和社会效应评估。评估的标准应该和当初设立的广告目标一一对应，是可量化的、可衡量的。

三、跨境电子商务网络广告策划主要方法

在进行跨境电子商务网络广告策划时，除了使用折扣、优惠券等方法外，还有以下一些方法。

（一）专注于产品和品牌

在跨境电子商务企业的运营中，产品无疑占据着举足轻重的地位。它不仅是企业立足

市场的基石，更是吸引消费者目光的核心要素。相较于各种华丽的广告语，高质量的产品往往更能触动消费者的心弦，产生强烈的购买欲望。因此，在进行网络广告策划时，需要深入挖掘并精准展现产品的独特卖点。

首先，关注产品所特有的或领先市场的成分与材料。这些独特的元素往往能在众多竞品中脱颖而出，成为吸引消费者目光的亮点。

其次，强调产品所带来的长期价值。这种价值不仅仅体现在产品的使用寿命上，更在于其能否持续满足消费者的需求，为消费者带来长期的利益。

再次，针对用户的痛点进行精准打击。深入了解目标用户的需求和困扰，通过产品功能或特性解决消费者的实际问题，将极大提升产品的吸引力。

同时，人性化的售后服务也是不可忽视的一环。优质的售后服务能够提升消费者的购物体验，增加消费者对品牌的信任度和忠诚度。

最后，充分利用优质的客户评价作为产品推广的有力支撑。这些来自真实用户的评价更具说服力，能够有效影响潜在消费者的购买决策。

（二）4W1H战略

跨境电子商务网络广告策划的4W1H战略是一个全面且系统的策划方法，它涵盖了广告活动的各个方面。以下是基于4W1H战略的跨境电子商务网络广告策划要点。

1. Where

Where，即广告的地域战略，要在什么地方实施广告，实施后要把产品推向什么地方。可分为全方位地域战略和局部性地域战略。

2. When

When，即广告的时间战略，按时间先后顺序分步骤实施不同的广告计划。产品推出初期，广告的重点是说服顾客；而当产品推出一定时间后，市场日趋成熟，这时广告应以开拓市场为主；在后期，广告则应配合、巩固现有市场，阻止竞争对手进入。

3. Why

Why，即广告的目标战略，是广告要达到什么样的目的的安排和布置。可分为市场渗透、市场拓展、市场保持三种类型。

4. What

What，即产品战略，根据自己的产品特点而实施的战略，如快消产品、母婴产品、保健品、化妆品等，因性质的不同往往会有不同的产品战略安排。

5. How

How，即如何实施广告的战略安排，可分为以下几种策略。

（1）针锋相对式

针锋相对式是指对对手采用“正面打击、强行突破”，以迅速、锋利为特点抢占广告宣传的主动权，这要求企业自身的实力大过对手，否则会导致自己“粉身碎骨”。

（2）旁敲侧击式

旁敲侧击式多用在对手比自己强大，无法与之正面较量的实践中，这时，待机对“敌方”的侧面进行“骚扰”，打乱对手的阵脚，有利于寻找突破口以抢夺对方市场。

（3）游踪不定式

游踪不定式是指不让对方看清自己的真实动机，并想办法误导对方，把对方的注意力引开，然后以迅雷不及掩耳之势抢占当地市场。

（4）浑水摸鱼式

浑水摸鱼式是指在对方经营出现混乱，或者商业环境处于无序状态时，采取迅速的行动以抢占市场，争取广告的控制权。

（三）灵活运用不同的广告战术

相对于战略策划而言，对广告战术的策划是一个具体的工作，是对战略的具体运用。在一般的广告实践，包括网络广告实践中，分为开诚布公、说服感化、货比三家、诱客深入、契约保险等战术。

1. 开诚布公

在广告策略中，开诚布公的手法尤为关键，它要求广告主将产品的性能及特点以客观、公正的态度向顾客全面展示。为了增强这种客观性和科学性，广告主可以运用物理、化学等科学手段，对产品进行严谨的性能检测，并将检测结果公之于众。若产品具备特定的专利技术或设计，更应在广告文案中明确标注，并附上专利号，以此彰显产品的专业性和可信度。

在网络广告领域，利用科技手段对产品进行“透视”显得尤为重要。通过多媒体技术，广告主可以在显示器屏幕上完整呈现产品的实验过程，让消费者更直观地了解产品。此外，消费者还能通过点击相关窗口，获取更为详尽的产品资料。这种交互式的广告形式，在网络广告中具有得天独厚的优势。

为了实现广告的客观性与说服性，利用名人效应亦是一种有效策略。广告主可以邀请知名人士在网上与消费者进行实时交流，分享他们使用产品的真实感受。这种策略在传统广告中已有所应用，但受限于传统媒体技术，名人与消费者之间往往存在距离感，导致效果不尽如人意。然而，在网络技术的支持下，如聊天室、在线直播等形式，能够实现名人与消费者的即时互动，从而取得传统媒体无法比拟的效果。

在选择广告代言人时，广告主需进行严格的背景调查，确保代言人的形象与产品、品牌定位相契合。在当今的互联网时代，邀请专业领域的意见领袖作为代言人亦是一种常见做法，他们的专业知识和权威性能够有效地提升广告的权威性。

此外，从消费者或权威机构的角度出发对产品进行评价，同样能取得良好的广告效果。例如，引用ISO质量体系认证机构的认证结果、展示其他消费者使用产品后的真实感受等。在网络广告中，广告主可以开辟专门的认证机构查询平台，让消费者能够自主查询相关信息，这种方式相较于单纯地告诉消费者更加具有说服力。

2. 说服感化

说服感化是指在战术上先制造悬念，再诱导消费者做出购买行为的方法。使用悬念是说服感化的前奏，只有吸引了消费者的注意力，才有说服感化的可能。

在现代广告中，悬念法早已广泛使用，对网络广告来说，使用悬念的条件更加成熟。制造悬念的目的在于吸引顾客，而真正需要下功夫研究的却是如何说服顾客购买自己的产品，这时使用诱导的方法是必要的。

诱导分为权威感化和情感感化两种，前者是用权威性的评论或判断让消费者相信这种产品是信得过的，对于有一定消费经验、对产品有一定了解的人来说，这种方法更加奏效。而对于另外一些富于情感的人来说，使用情感诱导则更有效。这个群体可能并不要求产品的实际性能有多么出众，而是更加注重情感的表达，如在特定节日的仪式感、怀旧的情怀等，这时真情流露往往能够感化顾客。

3. 货比三家

货比三家是针对一般顾客都有的“货比三家、货看三家”的消费心理而策划广告的战术。在买方市场中，顾客一般都有对同一种商品“先进行比较再购买”的心理。

在传统广告中，提供同类产品的信息进行比较往往受媒体的限制而不能实现。但在网络广告中，提供同类产品的信息则是易如反掌。在比较的时候，要将自己产品的性能、设计等优点罗列出来，再把同类产品的同项指标罗列出来，尽量不要做任何评论，以客观的事实证明自己的优越性。顾客的眼睛是雪亮的，自然知道孰好孰坏，如果加入了评论，则有贬低竞争产品的嫌疑。

4. 契约保险

契约保险是广告战术的又一种形式。这种形式主要针对网络虚拟化的特点而设计。在虚拟空间中，交易双方和主体的权利义务关系并不好界定，这既使得许多广告语言生动活泼，令消费者产生了购买欲望，但出于权利无保障的担心，这种形式仍然将一部分网上顾客拒之“网”外。

契约保险作为一种商业机制，旨在实现两个核心目标。

首先，契约保险旨在为顾客的购买行为提供明确的担保。通过明确的契约条款，顾客在购买产品或服务时能够拥有清晰的权益保障，一旦发生问题，双方可以依据契约内容进行公正合理的评估与解决。此外，契约保险也有助于降低交易成本，因为它减少了因不确定性而引发的争议和纠纷，从而提高了交易的效率和顺畅性。

其次，契约保险在心理层面上起到了缓解消费者顾虑的作用。它为消费者提供了一种心理上的保障，让消费者在购买决策时更加安心。特别是在某些高价值或风险较高的商品交易中，明确的契约条款能够打破消费者的心理障碍，增强消费者的购买信心。例如，当企业承诺“一年内出现问题者，退还全部购货款，并赠送新机”时，这无疑为消费者提供了一颗定心丸，使消费者更加愿意进行购买。

当然，承诺与契约的完成也伴随着一定的风险。但是只要企业能够确保产品质量过关，这些风险并不会成为太大的问题。因此，契约保险式的网络广告战术在实践中具有广泛的应用前景。特别是对于那些信誉卓越、品质优良的企业来说，这种战术更是一种有效的营销手段，能够帮助企业进一步巩固市场地位，提升品牌形象。

任务三　跨境电子商务的平台促销

任务描述

在全球化的电子商务市场中，一家名为“跨洋精选”的跨境电子商务商家，主营海外直邮商品，从奢侈品到日常消费品，应有尽有。随着市场竞争的加剧，商家决定通过促销活动来吸引更多顾客，但面对全球不同时区和文化差异，商家在选择促销时间节点上犯了难。

任务分析

在选择促销节点时，了解市场的需求和竞争对手的促销策略对于确定促销活动时间和周期至关重要，这有助于更好地制定自己的促销活动计划。同时，节假日和特殊事件通常会对消费者的购买行为产生影响。因此，在确定促销活动时间和周期时，要注意节假日和特殊事件，并结合相关的促销策略，吸引消费者的注意。通过本任务的学习，帮助学生了解通过分析历史销售数据，可以发现销售高峰期和低谷期，从而确定合适的促销活动时间和周期。

任务实施

一、跨境电子商务平台促销节点

跨境电子商务节点营销是由跨境电子商务平台发起，多方深度参与，融合多种营销手段的大规模促销活动。促销活动在跨境电子商务平台可见度非常高，可以帮助卖家快速提高并积累销售的机会。不同的电子商务平台，目标市场受众和消费文化不同，衍生出了不同的促销活动节点，且不同的活动，也会有不同的节假日产品需求，适时把握这些营销节点，做好选品、物流及营销节奏规划，也是精品化运营的重要一环。对跨境卖家来说，在跨境电子商务节点营销大型促销活动有助于爆单。

二、主流跨境电子商务平台促销节点

下面以大促日历简单展示不同平台及站点2022年的一些大促节点。

1. 亚马逊

亚马逊站点遍布全球，不同站点有特有的一些节日促销活动，除了Prime Day外，还有如返校季以及日本的赏樱季、盂兰盆节等节日促销，卖家可以针对不同节点做一些节日特有产品的销售和促销。

2. Shopee

Shopee不同站点的促销活动日历如下。Shopee业务覆盖中国台湾、新加坡、马来西亚、菲律宾、越南、泰国以及拉美市场的巴西、墨西哥、哥伦比亚、智利和欧洲波兰等十多个市场，每个市场宗教信仰、气候、人文不同，因而每月促销活动的站点有所区别，但是平台的3.3大促、6.6大促、9.9大促、10.10大促、11.11大促及12.12大促这些平台大促则是全站点参与。

3. Lazada

Lazada不同站点的促销活动日历如下。Lazada业务主要覆盖印度尼西亚、泰国、越南、菲律宾、新加坡六大东南亚市场，除了跟Shopee一样的3.3大促、6.6大促、9.9大促、10.10大促、11.11大促及12.12大促外，Lazada还针对越南和菲律宾站点有相关的LazMall品牌大促活动，以及3月的Lazada生日大促，都是比较重要的促销节点。

4. 全球速卖通

全球速卖通平台则每年会有三次大促，分别是328大促、828大促和双11大促，通常会提前一个月左右招商。328大促是全球速卖通平台的周年庆活动，每年都会举行，作为仅次于“双11”的大型促销活动，能为卖家输送海量流量，帮助卖家显著提升订单量。828年中大促是旺季来临的标志，衔接双11大促。双十一是全球速卖通力度最大的促销活动。

三、主流跨境电子商务平台站内促销功能概述

（一）Shopee

Shopee平台提供了很多的店铺营销工具，运营人员需要熟练掌握并使用Shopee的营销工具。Shopee主要的几种营销工具有折扣活动和Shopee店铺优惠券、套装优惠和运费促销、限时抢购和加价购，以及关注有礼和热门精选商品。这些运营工具各有区别、营销的使用场景也各有不同，正确地使用营销工具可以提高店铺商品的转化率。

1. 限时特卖活动

限时特卖活动可以通过在平台首页进行限时特卖活动。限时特卖活动具有高曝光和高转化的优势，从类型来说比较类似于秒杀，通过秒杀打造爆款商品。

2. Shopee 折扣活动

Shopee折扣活动主要用途在于商品原价基础上打折，折扣展示的位置在商品首页的最醒目位置，这样就有利于客户进入店铺快速吸引用户从而下单。

3. Shopee 优惠券功能

Shopee优惠券主要用途是不改变商品价格，让买家主动点击领券参与活动获得折扣，最终买家在下单时通过折扣券享受减免金额得到实惠。

4. Shopee 店内闪购功能

Shopee店内闪购主要用途是可以帮助卖家在大促期间提高转化，根据Shopee店内闪购规则设置，一次闪购活动最多可添加二十件商品。

5. 热门精选商品

热门精选商品是一种关联营销方法。卖家可自由选出店铺主推款、热销款商品，买家点击浏览商品信息时，可以浏览到店铺的其他商品，从而吸引和引导买家点击进店。一组热门精选最少需要选择4个商品，上限为8个商品，可自由调整顺序或替换展示的商品。

6. 套装优惠

套装优惠也被称为多件多折，多用于单价低的商品。有利于引导买家购买多件，提高单价、增加利润。

7. 关注礼

关注礼有助于提高店铺粉丝量。

8. 运费促销（免运）

运费促销和国内一样，买家大都喜欢包邮的产品。免运能够强烈刺激买家的购买欲望。

9. 加价购

加价购也是提高店铺商品曝光的一种方式，同时能够利用主商品提高副商品的动销。

（二）Lazada

Lazada卖家主要面对的市场是东南亚市场（图7-6）。Lazada商家为了提高店铺销量，平时都会借助营销工具来为店铺引流。

图 7-6　Lazada 官网首页

Lazada几种主要营销工具如下。

1. Seller Voucher

Seller Voucher，是店铺优惠工具，卖家可设置全店或部分商品满减和满折两种优惠方式。首页有专门优惠券入口、产品页面有优惠券展示，有引流、提高转化率、提升销售额的作用。

2. Flexi Combo

Flexi Combo是多件多折工具，支持卖家设置全店或选择部分产品满多少件获得一定额度折扣的一种优惠促销工具。该工具可以增大店铺客单价，同时带动店铺除爆款外其他产品的曝光和销售，很好地提升店铺的转化率。

3. Bundles

Bundles是捆绑，可设置买一送一、免费赠品、组合购买等不同优惠方式。

4. FreeShipping

免费送货，指的是商家在相关产品和店铺中设置了包邮后，买家消费只要满足包邮门槛（消费满X金额或购买满X件）即可享受免付购买国本地的末端运费。买家认为运费是一笔额外支付，因此产品是否包邮成为购买该产品的最终决定因素。卖家可以设置全国包邮还是局部包邮，邮费是卖家出全部还是一部分，包邮是长期的还是短期的，是针对整个店铺产品还是部分产品。

（三）全球速卖通

全球速卖通自主营销工具有：限时限量折扣、店铺优惠券、全店铺满立减、全店铺打折。

1. 限时限量折扣

吸引流量，积累客户。爆品的销量高，排序靠前，用这部分商品引流，可以促进商铺中更多商品的成交，换季清仓商品，可以清仓，减少库存积压，回收成本，配合使用全店铺满立减效果更好。

2. 店铺优惠券

可以作为店铺常规活动，长期存在，刺激买家多买，提升客单价。活动生效后，主动通知老买家到店铺中领取，提升老买家回头购买率，结合其他营销工具，特别是限时折扣和全店铺打折，把买家吸引到宝贝详情页面后用优惠券刺激其立刻购买。

3. 全店铺满立减

利用折扣吸引买家流量，并通过折上折刺激买家多买。

4. 全店铺打折

在平台大促销期间，借平台大量引流的力量，提升自身店铺竞争力。多款新品上市，换季时节，全店铺打折既可以提升新品销量又可以对过季商品进行清仓。

此外还有一些付费推广工具如直通车、全球速卖通橱窗、联盟营销和A+计划等。

（四）eBay

eBay会不定期地邀请拥有好产品好价格的卖家参与各站点的deals&events促销活动。各eBay站点deals&events种类数量众多，不同类型活动，对于参加活动的卖家及产品都有不同的要求（图7–7）。

图 7–7　eBay 官网首页

1. Weekly deals

Weekly deals即每周都有的活动，是eBay的重要活动之一。Weekly deals提报的产品会在deals页面的首页下方非置顶位置展现，同时在活动期间还有EDM推广、当地网红引流、网络联盟推广以及站点优惠券支撑。

2. Primary deals

Primary deals活动是会在相应站点的deals首页置顶的版块展现的，能带来更多的曝光和流量。

3. Super weekend

Super weekend活动目前主要在法国、意大利、西班牙站三个站点进行。除了在首页banner上进行推广之外，还有站外曝光，活动位置较多，比较容易提报。

4. Buyer Coupon

Buyer Coupon是针对买家的一个优惠券活动，美国、英国、德国、法国等8个站点都是可以加入的，并且会在首页的banner做推广。

5. Daily Deals

Daily Deals俗称“秒杀”，在eBay的首界面可以清楚地看到Daily Deals，eBay的首界面也是一个很好的广告位。

（五）Amazon

Amazon的促销工具，主要有秒杀和促销两种方式，秒杀活动包含秒杀（lightning deal）、7天促销（7-daydeals）、镇店之宝（deal of the day）三种，促销方式包含有Coupons，Prime专享折扣、购买折扣、买一赠一以及社交媒体促销代码几种方式，相关内容将在后面的项目任务里详细讲解。

任务四　跨境电子商务的广告投放

任务描述

在数字化时代，一家名为“环球易购”的跨境电子商务平台，专注于将中国制造的优质商品销往世界各地。随着业务的不断扩展，公司决定加大广告投放力度，以提升品牌知名度和市场占有率。然而，面对复杂的国际市场和多样化的消费者群体，如何进行有效的广告投放成为了一个挑战。

任务分析

为进行有效的广告投放，首先要选择一种恰当的广告形式，同时在投放广告时还要注意有哪些影响广告投放效果的因素。在确定了合适的广告形式之后，接下来需要确定广告的投放需依据怎样的步骤进行。通过本任务的学习，帮助学生了解跨境电子商务平台广告的分类、作用和意义。

任务实施

对于跨境电子商务卖家来说，好的选品是打造爆款的基础，而广告投放是跨境电子商务平台重要的引流手段，是跨境电子商务运营中十分重要不可或缺的一环，能最大限度地提高店铺产品的曝光度。

一、跨境电子商务平台广告的分类

跨境电子商务平台广告主要分为站外广告和平台站内广告，与搜索引擎营销、社交媒体营销、KOL营销、电子邮件营销等站外广告方式相比，各大跨境电子商务平台站内广告是更为直接的营销推广方式，在引流促销以及流量精准度方面的作用都是毋庸置疑的。平台站内广告不仅可以有效利用站内营销工具，让卖家的商品在站内得到直接的展示，而且展现位置多样化，能帮助卖家进行引流推广，实现更高的销售转化。

不同的平台广告投放展示原理大致相同，如关键词广告投放设置基本都是卖家设置关键词→买家搜索关键词→平台匹配展示产品→买家下单，但不同平台广告设置类型不同。

Shopee店铺的广告类型一般有三种：关键词广告、关联广告、商店广告；Lazada的付费广告，一般有直通车、超级联盟、超级推荐等；Amazon的广告主要有商品推广广告、品牌推广广告和展示型推广广告。

随着越来越多的卖家加入跨境电子商务平台，各个类目的竞争也越来越激烈。卖家如果希望自己的产品能够出现在搜索结果靠前的位置，可以借助广告来实现。

二、广告投放的作用和意义

广告针对的目标客户群体匹配度高，只要listing表现不算太差，一旦投放了站内广告，曝光量和点击量都会有一定的上涨。精准的流量可以带来较高的转化率，如果投放得当，可以让新品或排名靠后的产品展示在前边，为卖家带来更多的曝光、流量和订单，成为卖家推动一条listing快速提升销量和排名的利器。

广告投放的作用和意义如下。

（1）让产品搜索排名靠前。

（2）获得更多的曝光和流量。

（3）提高销量和销售排名。

（4）抢占更多的市场份额。

为了有更好的投入产出比（return on investment，ROI）和流量表现，站内广告的投放策略也包含着多个维度的内容。后面的项目里将会以亚马逊为例，详细介绍相关内容。

三、网络广告投放效果的影响因素

网络广告的投放效果是由众多因素共同决定的，这些因素包括但不限于广告内容的精确吸引力、广告形式的创新度与目标受众的匹配度、广告投放时间的精准把握、广告投放位置的显眼程度、广告投放频率的适度控制以及广告投放预算的合理分配。这些因素相互交织，共同决定了网络广告的投放效果。

（一）广告内容的创意性和针对性

广告内容需要具备高度的创意性，以便能够有效地吸引目标受众的注意力。同时，广告内容也需要具备针对性，以便能够满足目标受众的需求。只有这样，广告才能产生预期的效果。

（二）广告形式的创新和多样性

广告形式的创新和多样性将直接影响到广告是否能够符合目标受众的喜好，进而影响广告的传播效果。广告形式需要与时俱进，紧跟时代潮流，以便能够吸引目标受众的注意力。

（三）广告投放时间的选择

广告投放时间的选择需要根据目标受众的活跃时间段进行，以确保广告能够在目标受众活跃的时间段内出现，从而提高广告的曝光率和影响力。

（四）广告投放位置的选择

广告需要出现在目标受众容易注意到和接触到的位置，这样才能最大程度地发挥广告的作用。广告投放位置的选择需要考虑目标受众的行为习惯和偏好，以便能够提高广告的可见度和影响力。

（五）广告投放的频率控制

广告投放频率需要适度控制，既不能过于频繁，引起受众的反感，也不能过于稀少，无法产生足够的印象。广告投放频率的控制需要根据广告的目标和预期效果进行，以便能够达到最佳的广告效果。

（六）广告投放预算的合理分配

预算需要根据广告的目标和预期效果进行合理分配，以确保每一分钱都能发挥最大的价值。广告预算的合理分配需要考虑广告的规模、投放渠道和目标受众等因素，以便能够实现广告效果的最大化。

四、网络广告投放的基本步骤

在完成了网络广告策划之后，就进入至关重要的投放阶段。为了确保投放效果的最大化，以下是一系列正式且详尽的投放步骤。

（一）确定广告目标

要确定投放广告的目的，是新品宣传，还是促销活动，抑或是品牌推广等。

除此之外，还要确定最终想要取得什么样的广告投放效果，如投放广告后使新产品销售提高多少，促销活动有多少人参加，网站流量增加多少等。指定的目标要切实可行，不可异想天开。

在确定广告目标时，最好能够将目标量化，确定投放广告的时间，按时间段或地区来量化目标，分阶段实施。这样不仅实现起来比较容易，而且当上一阶段目标达成时，可以增强信心，如果出现问题还可以及时调整战略。

（二）确定广告预算

在正式讨论确定广告预算的方法时，通常可归纳为以下几种策略。

1. 基于历史经验的预算确定

企业可以依据过往的广告投放经验，结合历史数据，来制定当前的广告预算。这种策略允许企业参考以往成功的广告活动，从而更加精准地预测未来的广告效果。此外，企业也可以参考行业内的广告平均费用，以确保预算的合理性。

2. 基于行业数据的预算确定

企业可以参考权威机构如艾瑞网、易观国际等发布的行业报告，以获取行业内的广告投放数据和趋势。这些报告通常包含有关广告费用、效果等方面的详细数据，有助于企业做出更加明智的预算决策。

3. 通过测试阶段的预算确定

在广告投放初期，企业可以选择进行一段时间的测试，如两周或一个月。通过测试期的广告效果和费用支出，企业可以估算出整个投放周期的费用，从而制定出更加精确的预算。这种策略有助于企业在广告投放过程中进行实时调整，确保预算的有效利用。

4. 参照传统广告成本的预算确定

企业可以根据传统广告媒体的投放费用来估算网络广告的费用。例如，如果企业在传统广告媒体上的投放费用为50元，而网络广告的成本相对较低，约为传统广告的60%，那么可以大致估算出网络广告的费用为30元。通过这种比例关系，企业可以估算出整体投入的费用，从而制定出符合自身实际情况的广告预算。

（三）选择广告媒体

在选择广告投放的媒体时，需进行一系列严谨而细致的考量，以确保广告能够精准触达目标用户群体并有效传达广告信息。以下是需考虑的几个关键方面。

1. 明确目标用户群体

首先，应明确广告的目标用户是谁。这包括对用户的性别、年龄、职业、地域、收入、消费习惯及喜好等进行深入分析。通过对目标用户群体的精准画像，可以更加精准地定位广告的内容和投放策略。

2. 制定吸引用户的广告策略

其次，需考虑如何通过广告吸引目标用户的注意。这需要根据广告的目的，制定合适的广告策略，包括广告的创意、文案、视觉设计等方面。通过独特的广告展现方式，能够吸引用户的眼球，提升广告的点击率和转化率。

3. 分析目标用户的上网习惯

同时，需要了解目标用户的上网习惯。这包括用户经常访问的网站、上网的时间段、地点等信息。通过对用户上网习惯的分析，可以确定广告的投放时间和地点，确保广告能够在用户活跃的时间段和地点展示。

4. 选择适合产品的广告媒体

在选择广告媒体时，应根据产品的特点和目标用户的需求，选择最适合的广告媒体。这并不意味着选择最昂贵的广告媒体就一定能够取得最佳效果，而是要根据实际情况进行权衡和选择。

5. 考虑集群作战策略

最后，如果广告是针对某地区用户的，可以考虑采用集群作战策略。即在该地区所有知名的资讯网站、论坛等投放广告，通过广泛的覆盖和密集的展示，提高广告的曝光率和知名度，进而吸引更多的目标用户关注和购买产品。

（四）选择广告位置

在选择广告投放位置时，应综合考虑以下关键因素，以确保广告的有效性和品牌形象的维护。

1. 深入分析页面浏览量

首先，对目标投放广告网站的各个页面进行深入分析，以确定哪些页面的浏览效果更佳。基于这些分析，选择浏览量高、受众群体与目标客户群更为匹配的页面进行广告投放，从而提升广告的曝光率和潜在转化率。

2. 精准评估广告位所在页面的内容

广告位所在页面的内容需与所推广的产品或服务高度相关，以确保广告信息与受众需求的有效对接。同时，广告定位需与品牌形象保持一致，以增强品牌认知度和信任感。

3. 细致研究广告位的点击率

点击率是衡量广告效果的重要指标之一。通过对广告位点击率的分析，可以了解受众对广告内容的兴趣程度和广告位的吸引力。基于这些数据，可以对广告内容和投放策略进行优化，提升广告的点击率和转化率。

4. 密切关注用户反馈

用户评论、帖子等是了解广告效果的重要渠道。应密切关注用户对广告的反馈，包括正面评价和负面评价，以及用户的意见和建议。基于这些反馈，及时调整广告内容和投放策略，以满足用户需求并提升广告效果。

5. 参考权威媒体广告位介绍

在选择广告投放位置时，可以参考一些权威媒体给出的广告位介绍，了解各个广告位的优劣势和适用场景。这有助于更准确地选择适合自身品牌和产品特点的广告位，提升广告的有效性和投资回报率。

（五）制作广告创意

在制作具体的广告创意时，以下几点是至关重要且需予以充分重视的。

1. 确保广告的冲击力

广告的首要任务是吸引用户的注意力。因此，广告内容必须设计得足够醒目，具有强烈的视觉或情感冲击力，以便在海量信息中脱颖而出。

2. 精心撰写广告语

广告语在广告中扮演着至关重要的角色，它不仅是广告内容的精炼总结，更是与用户建立情感联系、传递产品价值的关键。因此，广告语必须明确、简洁地表达产品能够为用户带来的实际好处或解决方案，同时，其长度也应适中，避免冗长。

3. 适应不同广告位

由于网络广告投放的灵活性和多样性，广告创意需要能够灵活适应不同大小和形状的广告位。这要求广告设计师在创作时充分考虑各种可能的投放场景，确保广告在不同平台、不同位置都能保持其吸引力和效果。

4. 多样化广告创意

为了避免用户的视觉疲劳，并加深其对广告的印象，建议准备多套广告创意。这些创意可以在不同时间段进行轮换，以保持广告的新鲜感和吸引力。

5. 注重标题和图片的创新性

大多数用户对于新颖、独特的标题和图片更为敏感和喜爱。因此，在广告创意中，应注重标题的吸引力和图片的创新性，以吸引用户的注意力并激发其兴趣。

（六）广告投放测试

为了更好地分析广告效果，区分投放的侧重点，及时调整广告战略，在开始正式投放广告之前，一般会做一个广告投放测试。即通过对比同广告、同页面、同位置、同着陆页的综合数据对比广告效果，可以根据曝光量、浏览量、注册量、询盘量、成交量等不同的数据来对比哪个网站效果更好、性价比更高。

而针对同网站的测试，则是根据不同页面的广告位、不同的广告素材、不同的着陆页等数据来对比得出哪个方案的效果更好、性价比更高。

（七）网络广告监测

在实施网络广告活动时，监测其效果是至关重要的。为确保广告活动的高效与精准，需着重关注一系列关键的监测指标。这些指标不仅有助于卖家评估广告的实际效果，还能为未来的优化策略提供数据支持。

首先，应当关注网页的曝光量和浏览量。曝光量反映了广告被潜在受众看到的次数，而浏览量则揭示了真正进入网页的访客数量。两者共同构成了广告触达目标受众的基础数据。

其次，广告展示次数、点击率和跳转率也是不可或缺的监测指标。展示次数反映了广告被展示的频率，点击率则体现了访客对广告内容的兴趣程度，而跳转率则揭示了访客从广告页面跳转到目标页面的比例。这些指标有助于卖家了解广告的吸引力和转化率。

此外，访客平均停留时间也是一个重要的考量因素。它反映了访客在网页上的停留时长，从而间接体现了广告内容的质量和吸引力。

在咨询与曝光的关系方面，咨询量与曝光量之间的比例能够揭示广告对潜在客户的吸引力和转化率。这一比例越高，说明广告的效果越好。

在交易环节，交易量、总销售额、客单价、利润率以及开发单个用户的成本等指标提供了更具体的商业价值评估。这些指标不仅反映了广告的直接收益，还能帮助卖家分析广告活动对整体业务的贡献程度。

（八）优化投放广告

优化的目的主要是提高转化率，从而提升销售额。

网络广告的投放是一个动态的过程，根据对网络广告监测的数据，卖家应当适时地优化广告的内容和投放的策略。例如：当发现访客在广告页面平均停留时间过短时，就要考虑是否广告的具体内容不够吸引人、卖点不够突出，或是内容太冗长使得访客失去耐心。

五、跨境电子商务广告投放的注意事项

随着全球化进程的不断加速，跨境电子商务行业取得了显著的发展成果。为了提高品牌知名度和市场占有率，广告投放成为了各大跨境电子商务企业的重要营销手段。但在广告投放过程中，需要注意以下几个方面的问题，以确保广告效果的最大化。

（一）了解目标市场和消费者需求

在进行跨境电子商务广告投放之前，首先要深入了解目标市场的消费习惯、文化背景和消费者需求。这样可以确保广告内容符合当地消费者的审美和兴趣，提高广告的吸引力。

（二）选择合适的广告平台

不同的跨境电子商务广告平台具有不同的用户群体和传播效果。广告主需要根据自身产品的特点和目标市场，选择最合适的广告平台。例如，针对年轻消费者的产品可以选择在社交媒体平台投放广告；针对中老年消费者的产品则可以选择在传统媒体平台投放广告。

（三）制定合理的广告预算和投放策略

广告预算和投放策略是影响广告效果的关键因素。广告主需要根据自身财务状况和市场竞争力，制定合理的广告预算。同时，要结合广告平台的特性，制定有针对性的投放策略，确保广告资源的合理利用。

（四）注重广告创意和内容质量

广告创意和内容质量是吸引消费者关注的重要因素。广告主需要注重广告的创意设计，以生动、有趣的方式展现产品特点。同时，要保证广告内容的真实性，避免虚假宣传和误导消费者。

（五）监测和优化广告效果

广告投放过程中，要持续监测广告效果，了解广告投放的数据表现，如点击率、转化率等。通过对数据的分析，找出广告投放中的问题和不足，及时调整广告策略。通过不断优化广告效果，提高广告投放的回报率。

（六）遵守广告法规和平台规定

跨境电子商务广告投放需要遵守各国家和地区的广告法规，确保广告内容的合法性。

同时，要遵循广告平台的明确规定，如禁止发布虚假广告、侵犯他人权益等。遵守法规和平台规定，有助于维护企业和品牌的声誉。

总之，跨境电子商务广告投放是一项系统性的工作，需要从多个方面进行考虑和策划。只有关注以上注意事项，才能确保广告投放的效果，助力企业实现营销目标。

项目工单

学习完本项目的内容后，认真完成表 7-1 的项目工单。

表 7-1 项目工单

跨境电子商务营销推广	
实践任务	制定符合跨境电子商务市场的营销策略并推广实施
实践目标	1. 了解跨境电子商务市场的特点和营销策略； 2. 掌握跨境电子商务营销推广的基本方法和技巧； 3. 提高实际操作能力，为将来的跨境电子商务工作打下基础
实践步骤	1. 市场调研与分析 （1）收集目标市场的跨境电子商务平台、消费者需求、竞争对手等信息； （2）分析目标市场的特点，确定适合的营销策略和推广渠道 2. 产品定位与选品 （1）根据市场调研结果，确定产品定位和目标客户群体； （2）挑选具有市场竞争力的产品，进行产品详情页的优化 3. 营销策略制定 （1）制定针对不同平台、不同客户群体的营销策略； （2）确定营销活动的主题、时间、渠道等
实践步骤	4. 营销推广实施 （1）利用社交媒体、搜索引擎优化、广告投放等手段进行营销推广； （2）关注客户反馈，及时调整营销策略 5. 数据分析与优化 （1）收集营销活动数据，进行效果评估； （2）根据数据分析结果，优化营销策略和推广渠道
实践提示	1. 在进行市场调研时，要确保信息的准确性和完整性，避免因为数据错误导致营销策略失误； 2. 在制定营销策略时，要充分考虑目标市场的文化和消费习惯，使用本地化的语言和文化，以更好地吸引目标受众； 3. 在实施营销推广时，要遵守跨境电子商务平台的规则和政策，避免违规行为导致的处罚； 4. 在数据分析与优化阶段，要关注关键指标，如点击率、转化率等，以便及时发现问题并进行调整
实践总结	

实践评价

完成以上实践后，认真完成表 7-2 的实践评价。

表 7-2 实践评价

评价内容	分值	得分
参与实践的积极性、主动性	25	
独立思考能力	25	
创新能力	25	
对营销推广策略的掌握程度	25	
教师点评：		

项目小结

在跨境电子商务领域，网络营销与推广成为企业获取市场份额、提升品牌知名度的关键。本项目深入探讨了网络营销与推广的核心理念，针对跨境电子商务的特点，提出了多种营销策略，如本地化内容营销、社交媒体推广等。在网络广告策划方面，着重于目标市场分析和受众定位，确保广告信息精准传达。此外，平台促销和广告投放策略也被详细讨论，旨在通过多元化的推广手段，提升跨境电子商务的销售效果和市场竞争力。

思考练习

1. 简述在电子商务平台中，使用“加价购”营销方式的主要目的。
2. 简述广告投放的作用和意义。

项目八

跨境电子商务平台账号的风险与安全

项目导读

跨境电子商务平台账号在运营过程中面临着诸多风险，包括账号安全、数据安全、支付安全等方面的挑战。这些风险不仅可能影响企业的正常运营，还可能给企业带来严重的经济损失和声誉损害。

学习目标

知识目标

1. 了解不同跨境电子商务平台账号绩效的作用。
2. 掌握亚马逊账号绩效指标中的客户服务绩效、配送绩效以及政策合规性。
3. 熟悉亚马逊账号安全风险有哪些。

技能目标

1. 掌握如何查看账户状况评级、业绩通知以及买家之声等账户状况。
2. 掌握账户问题申述技巧。

素质目标

1. 提升学生对跨境电子商务平台账号风险的认知，增强安全防范意识。

2. 增强学生对账号风险与安全相关知识和技能的学习，为更全面掌握跨境电子商务知识夯实基础。

思政目标

通过学习跨境电子商务平台账号风险与安全知识，让学生了解跨境电子商务平台账号的潜在风险，如账号被封、知识产权侵权等，可以培养学生的风险意识，提高学生在跨境电子商务交易中的警惕性和自我保护能力，同时也能让学生明白企业的社会责任，培养学生的社会责任感，而这有利于推动跨境电子商务企业履行社会责任，实现可持续发展。

任务一　主流跨境电子商务平台账号绩效概述

任务描述

在跨境电子商务的激烈竞争中，一家名为“跨境先锋”的公司专注于通过亚马逊、eBay、Wish 等主流平台销售电子产品。随着业务的扩展，公司意识到账号绩效管理的重要性，这直接关系到店铺的信誉和销售表现。公司需要确保其账号绩效符合各大平台的要求，以保持竞争力和市场地位。

任务分析

账号绩效对于卖家不断调整店铺运营计划起着重要作用。通过本任务的学习，帮助学生了解账号绩效的重要性，知晓账号绩效的关键指标有哪些，采取适应的账号绩效管理策略；才能确保其账号绩效符合各大平台的要求，保持竞争力和市场地位。

任务实施

跨境电子商务平台账号的绩效，能直接反映一个店铺在运营过程中的优势和不足，对账号的风险与安全有着重要影响。

一、账号绩效作用

为了帮助卖家更直观地查看账户健康状况，跨境电子商务平台设置了衡量卖家账户状况的绩效指标。绩效通常是评估店铺业绩的标准，也是店铺质量的衡量标准。账户健康状态可以让卖家长时间监测和观察商店的运营表现，帮助卖家发现需要进行改善的地方，以获得更好的商店及产品评价、更高的订单完成率和销售额，同时带给买家更优质的服务。

二、不同跨境电子商务平台账号绩效的作用

不同的跨境电子商务平台会有不同的考核指标以及目标考核分值。一般从平均用户评分、订单履行率、有效物流跟踪率、产品质量原因退款和确认履行用时等多个基本指标多个维度评定卖家账户。

（1）Shopee 一般从回复率、延迟发货率、未完成订单率、违反上架规则几个维度作为店铺表现考核标准，并设置延迟发货率、未完成订单率、违反上架规则、被证实存在刷单

欺行为几个惩罚考核项目。

（2）Lazada主要是对发货率、分拣中心扫描率、取消订单率、退货率这四个标准进行考核后对店铺评级。等级一共分为7级，1级最低；7级最高。等级越高，排名就越靠前，商品交易总额（gross merchandise volume，GMV）也会越高。

（3）全球速卖通从卖家综合服务等级、卖家服务等级评价及针对产品描述、卖家沟通以及物流服务几个方面来评分。

（4）Amazon一般从客户服务绩效、配送绩效、商品政策合规性及邮件回复等几个维度来综合评判。

除此之外，影响账户绩效表现的还有违规指标和其他指标。账户绩效状况一般与店铺等级直接挂钩。卖家可以定期记录当前店铺各项指标的分数，以备在店铺等级下滑时，判断是由于哪一指标的分数变化导致店铺等级下滑。倘若各项指标均表现正常，店铺等级却下滑了，多是由违规行为导致的，并且违规行为对店铺等级的影响是即时生效的。常见的违规指标主要分为“政策违规”和“履行违规”，不同的违规均会对账号店铺的级别产生严重的影响，尤其是政策违规行为。一般来说，是否违规是卖家可以控制的。因此卖家可以利用绩效指标的数据来改善自己的合规表现，从而提升级别。

跨境电子商务平台卖家需要达到绩效目标和政策要求，否则可能导致卖家的商品被下架或账户被停用，账户状况是否健康将直接影响到卖家的旺季销售收益。因此，平台卖家应当有针对性地根据账户绩效指标来调整店铺运营。以亚马逊平台为例，详解跨境电子商务平台账号绩效及风险把控。

任务二　账号风险把控

任务描述

在跨境电子商务的浪潮中，一家名为“电子领航”的公司专注于通过亚马逊平台销售高科技电子产品。随着业务的扩展，公司意识到账号风险把控的重要性，这直接关系到店铺的信誉和销售表现。

任务分析

公司需要确保其账号绩效符合亚马逊的要求，以保持竞争力和市场地位。通改本任务的学习，帮助学生了解如何查看账户状况，以便及时处理风险问题。

任务实施

本任务以亚马逊为例，介绍跨境电子商务平台账号风险把控。在亚马逊平台，亚马逊账号绩效的指标包括客户绩效、配送绩效、商品政策合规性，以及掌握如何查看账户绩效等，这些因素都对账号的风险把控有重要影响。

一、账号绩效指标

在亚马逊平台上，账户状况重要指标主要包含三大部分：客户服务绩效、配送绩效、商品政策合规性。

（一）客户服务绩效

客户服务绩效是针对卖家或者亚马逊配送的商品销售健康的评判指标，一共包含两个部分：订单缺陷率和发票缺陷率。其中最主要的是订单缺陷率，包括负面反馈、亚马逊商城交易保障索赔（A-to-Z）、信用卡拒付索赔。

1. 订单缺陷率

订单缺陷率（order defect rate，ODR）是衡量卖家能否提供良好买家体验的主要指标。该指标是在给定的60天内，存在一种或多种缺陷的所有订单占订单总数的百分比。如果某笔订单存在负面反馈、亚马逊商城交易保障索赔（未被拒绝）或信用卡拒付，则该订单具有缺陷。亚马逊政策规定，卖家应维持低于1%的订单缺陷率（订单缺陷率ODR<1%），才能在亚马逊商城销售商品。如果订单缺陷率高于1%，可能会导致账户被停用。

订单缺陷主要有负面反馈、未被驳回的亚马逊商城交易保障索赔、信用卡拒付3种类型。如果出现负面反馈，A-to-Z索赔，或者信用卡拒付索赔，一定要及时处理，特别是A-to-Z索赔。卖家可以直接在后台查看到对应的订单，选择联系买家解决问题，或者根据反馈改进产品。

（1）负面反馈，指店铺收到的差评，会以百分比的形式表示，等于相关时间段内收到负面反馈的订单数除以该时间段内的订单总数。此指标与订单关联，在计算负面反馈率时，亚马逊会考虑下单日期，而不是收到反馈的日期。负面反馈率可能与买家看到的反馈不同，显示给买家看的反馈率以收到反馈的时间计算，而不是以下订单的时间计算的。每个负面反馈卖家都要重视，具体分析每个问题，针对性地解决，降低店铺的不良影响。

（2）亚马逊商城交易保障索赔（A-to-Z），指买家和卖家因为订单问题沟通后无法达成一致解决方案，买家向平台开启客服介入处理的纠纷，这个是亚马逊对购买第三方卖家商品的买家实施的保护政策。如果买家不满意第三方卖家销售的商品等，可以发起A-to-Z保护。亚马逊商城交易保障索赔率（以百分比的形式表示）等于在给定的60天内收到相关索赔的订单数除以该时间段内的订单总数。这种情况一般是很严重的问题，对账户安全影响比较大，新店铺可能遇到一两个这样索赔就会直接挂店铺，所以卖家遇到客户要退款、退货等问题时，尽量协商满足买家的要求，不要与其产生纠纷。以下类型的索赔会影响订单缺陷率。

① 买家已获批准且亚马逊认为卖家有过错的索赔。

② 在索赔提交后卖家为买家提供了退款的索赔。

③ 导致卖家或亚马逊因为相关索赔而取消了订单的索赔。

④ 等待申诉处理决定的索赔。

（3）信用卡拒付索赔，以百分比的形式表示，等于相关时间段内收到信用卡拒付的订单数除以该时间段内的订单总数。此指标与订单关联，在计算信用卡拒付率时，亚马逊会考虑下单日期，而不是收到服务性信用卡拒付的日期。信用卡拒付与亚马逊商城交易保障索赔相似，只是索赔处理和决策由信用卡发放机构完成，而不是亚马逊。

当买家就某笔向其信用卡扣款的购买交易提出异议时，亚马逊将此情况称作信用卡拒付请求。亚马逊将信用卡拒付大致分为欺诈性拒付和服务性拒付两类。

欺诈性信用卡拒付意味着买家声称根本未购买商品。这类索赔通常与欺诈性买家使用窃得的信用卡相关。在计算订单缺陷率时，亚马逊不会考虑欺诈性交易信用卡拒付。

服务性信用卡拒付指买家确认购买了商品，但向信用卡发放机构表明自己遇到了问题。在这种情况下，如果信用卡公司决定支持买家的主张，该笔拒付便会计入卖家的订单缺陷率。

2. 发票缺陷率

发票缺陷率是在发货后的一个工作日内，未向亚马逊企业购买家订单上传发票的所有订单占亚马逊企业购买家订单总数的百分比。政策规定，卖家的发票缺陷率应低于5%，这样才能在亚马逊商城销售商品。如果发票缺陷率高于5%，可能会导致卖家的账户被停用。

亚马逊企业购买家需要发票进行税务计算和财务核算。卖家如果要向买家提供发票，可以启用亚马逊增值税计算服务，让亚马逊免费代开发票或者通过第三方解决方案提供商自动上传发票，也可以通过管理订单页面手动上传发票。在欧盟和英国均免于注册增值税的卖家，在申报增值税豁免后，即可让亚马逊免费代开收据。

（二）配送绩效

配送绩效主要针对卖家自配送（FBM）商品订单，主要包含四个指标：迟发率（late shipment rate，LSR）、预配送取消率（cancellation rate，CR）、有效追踪率（valid tracking rate，VTR）、准时交货率（on-time delivery rate，OTDR），任意一个指标超过规定都有可能导致账户被停用。

1. 迟发率

迟发率（LSR）是在10或30天的时间段内，在预计配送时间之后确认配送的所有订单数占订单总数的百分比。根据亚马逊规定，卖家应维持低于4%的LSR，这样才能在亚马逊上销售商品。高于4%的LSR可能会导致账户停用。

2. 预配送取消率

预配送取消率（CR）是在给定的7天时间段内，卖家取消的所有订单占订单总数的百分比。此指标包括所有由卖家取消的订单，但买家使用其亚马逊账户中的订单取消选项请求取消的订单除外。买家在亚马逊上直接取消的等待中订单不包括在内。政策规定，卖家应维持低于2.5%的CR，这样才能在亚马逊上销售商品。高于2.5%的CR可能会导致账户停用。

3. 有效追踪率

有效追踪率（VTR）是指在给定的30天时间段内具有有效追踪编码的所有货件数占总货件数的百分比。亚马逊的买家根据追踪编码了解订单配送状态和预计收货时间。根据亚马逊规定，卖家应维持高于95%的VTR。如果某商品分类的VTR低于95%，亚马逊可能会限制卖家在此分类下销售非亚马逊物流（FBA）商品的权限。以下货件被视为获得豁免的货件。

（1）由未与亚马逊合作的承运人配送的重型大件商品。

（2）订单价值低于10美元（含运费）且使用美国邮政服务标准邮件信封或一类邮件信封配送的轻小商品计划商品。

（3）从中国发货且订单价值低于5美元（含运费）的国际货件。

（4）从美国和中国境外发货的国际货件。

（5）承运人无法实际配送的数字订单，如有声书。

4. 准时交货率

准时交货率（OTDR）是指在预计交货日期交付的所有货件占跟踪的总货件的百分比。建议卖家维持高于97%的准时交货率，可以给客户提供更好的购物体验，不过目前亚马逊对于没有满足绩效目标的情况暂无处罚。

出现配送绩效问题时，可以在后台下载对应报表，查看具体违规订单，以便及时做出应对。如果有卖家因疫情导致货物不能及时发出，应及时关注账号绩效问题，根据亚马逊平台相关政策及时进行申诉或暂停销售，以免影响账户状况。

（三）商品政策合规性

商品政策合规性主要考核的是卖家在运营过程中是否出现涉嫌侵犯知识产权、知识产权投诉、商品真实性买家投诉、商品状况买家投诉、商品安全买家投诉、上架政策违规、违反受限商品政策、违反买家商品评论政策的情况。商品政策合规性可以帮助卖家查看店铺中的商品是否符合亚马逊政策规定，也就是是否侵权。卖家可以在该功能页面查看出现问题的商品及原因，方便及时采取应对措施。

如果商品出现过多违规问题，比如价格不合理、知识产权投诉、违反买家商品评论政策等，有可能会被亚马逊直接下架商品，严重者账号可能直接被停用。

后台查看路径如下：可以通过卖家平台，单击“绩效”版块，进入“账户状况”页面，查看商品政策页面。

了解影响账号安全的相关绩效指标后，作为卖家，在运营过程中一定要了解平台的相关规定，在遵守平台规则的前提下做好风险防范，千万不能掉以轻心，要时刻注意账号安全，以免账号被封。只有保持长期稳定的运营，才能使业绩持续地增长，避免错失商机。

亚马逊账户指标还有客户体验健康指标（customer experience，CX）和客户体验差评率（negative customer experience，NCX）。目前这两个指标不会影响账号绩效，但在某种程度上可能会影响卖家排名。

CX可以根据卖家近期的订单和客户反馈情况，为卖家提供信息，帮助其了解自己相对同类产品卖家表现如何。卖家能通过该指标发现问题，识别表现差的产品。

NCX与客户体验健康指标不同，客户体验差评率不是为了让卖家认识到自己产品的不足，而是让亚马逊通过买家退货、退款情况和产品评论等来了解客户反馈。NCX＝客户报告产品/listing问题的订单数量 ÷ 总订单数量。

二、账户状况查看

作为一名合格的亚马逊卖家，账户的健康安全是卖家必须关注和重视的一项指标，一个安全稳定健康的账户，是一切运营的基础。任意一部分出现问题，都需要及时处理，否则将会触发亚马逊的账户审核机制，情况严重可能会直接封店。亚马逊卖家可以通过账户状况评级、业绩通知、买家之声等多维度查看账户状况。

（一）账户状况评级

后台查看路径：通过卖家中心后台页面上的绩效（performance）菜单选项卡，可以进入账户状况（account health）页面，点击查看“账户状况评级”，即可看到账户绩效考察的大方面，包含客服服务绩效、政策合规性绩效、配送绩效等具体内容在内。

账户状况评级是亚马逊基于卖家对销售政策遵守情况做出的反馈，能帮助卖家了解账户的健康状况，绿色代表良好；黄色代表存在风险；红色代表严重。若卖家看到黄、红色时，请注意卖家的账户状况存在停用风险，卖家需要格外注意。

但无论卖家的评级如何，卖家都需要及时解决任何显示在“账户状况”页面上的问题以保证长期健康的账户状态，降低潜在的账户停用风险。

（二）业绩通知

亚马逊会通过业绩通知，及时告知卖家有关账户状况的问题内容。卖家可以根据通知内容及时解决账号健康问题。具体操作方式可以通过卖家平台，单击“绩效”版块，进入“业绩通知”页面进行查看。通常触发业绩通知有如下几种情况：①价格过高或者过低；②收付款发生变化（绑定或更换）；③listing质量问题警告；④listing出现ODR超标、被下架blocked；⑤店铺被移除销售权限；⑥Amazon新政策；⑦KYC和身份验证审核（seller identity verification，SIV）。

除此之外，亚马逊还会评判卖家的邮件回复时间（contact response time）。此指标用于衡量卖家在24小时内回复的、由买家发起的消息的百分比>90%，延迟回复≤10%。

如果出现超时未回复的邮件，可以先点击“不需要回复”，然后再回复买家消息，这种情况不会被计入绩效。

不过，超时邮件可能会引发买家差评、投诉等售后问题，因此还是建议及时回复买家邮件，以免引起不必要的售后问题。

（三）买家之声

卖家在运营过程中一定要及时查看“买家之声”中每款商品的指标，如果某款商品因为被买家投诉过多，就会变成“不佳/不合格”甚至“极差”状态。这种情况如果多次出现，亚马逊很大概率会自动暂停销售卖家的产品。“买家之声”分为五个等级指标：极好、良好、一般、不合格、极差（表8–1）。

表 8–1　买家之声等级指标

极好	卖家上架商品的绩效显著优于类似的商品
良好	卖家上架商品的绩效要好于类似商品或同样出色（停售商品可重新编辑上架）
一般	卖家上架商品的绩效与类似的商品相当
不合格	卖家上架商品的绩效要低于类似的商品，并且可能由于买家不满意，面临撤销上架的风险
极差	卖家上架商品的绩效明显低于类似的商品，并且可能由于极高的买家不满意率而被撤销上架

注：不满意率高将被停售（不满意率＝不满意订单/总订单）

可在控制面板查看买家反馈。买家之声控制面板是一个操作中心，在此面板中，卖家可以监控已上架商品买家的满意度状况，从中可以根据买家的反馈优化商品和商品信息，更好地为买家提供服务。在该控制面板中，卖家可以查看上架商品的买家体验（CX）健康度，阅读客户评论，确认商品和商品信息问题。确认问题之后，就可以采取补救措施。如移除已残损、有缺陷或误贴标的库存或更新商品的详情页面。

如果商品因为极高的买家不满意率而被禁止显示，卖家可以在“商品最近的停售日期”列中给出的关闭日期下看到“需要操作”。卖家可以单击“解决问题”查看最近的买家反馈，了解商品或商品信息是否存在系统性的问题，可以编辑商品信息，重新发布商品等。

任务三　账号安全

任务描述

在全球化电子商务的激烈竞争中，一家名为“丝路电子商务”的公司专注于通过亚马逊平台销售特色手工艺品。这家公司以其独特的产品设计和优质的客户服务赢得了良好的声誉。然而，一次意外的账号违规导致他们的亚马逊账号被暂停，这对公司来说是一个巨大的打击。

任务分析

针对“丝路电子商务”公司的情况，公司需使用稳定的网络环境，避免使用公共网络登录卖家平台，以减少安全风险。还需要有明确的团队管理策略，确保权责清晰，避免账号交叉登录和信息泄露。在进行账号申诉时，公司首先需要明确账号被暂停的具体原因。根据发现的问题，公司需要制定一个详细的行动计划，说明将如何解决这些问题，并预防未来再次发生。通过本任务的学习，帮助学生了解账号安全和账号申诉的相关知识。

任务实施

账号安全问题可谓是每个跨境电子商务卖家关注的核心问题之一，健康、安全的账户是冲顶销量的核心基础。本任务主要从账号安全风险以及账号申诉两个方面来介绍如何保障账户安全以及出现账户安全问题时应如何应对。

一、账号安全风险

政策环境千变万化，作为亚马逊卖家，要打理店铺、提高流量销量；要服务好客户、注意合规经营。店铺的亚马逊销售权被移除，对卖家来说是打击极大的。如果有一天，卖家中心左上角的小旗帜飘红了，点开查看是亚马逊的通知，告知卖家的账户已经被移除销售权，这时卖家需要仔细阅读亚马逊发来的邮件，根据具体情况，才能进一步拯救账户。

（一）单账号和关联账号限制

亚马逊运营中最危险的事情莫过于账户关联，因为亚马逊禁止卖家在同一个地点拥有两个账号。如果亚马逊通过技术手段，检测出卖家有两个或两个以上的账号，特别是当现在的账户被亚马逊告知已经关联到了一个已被关闭（被永久移除销售权限）的账户，那么现在这个账户也一定会被永久移除销售权限。由于亚马逊判定账号关联的因素很多，如电脑、IP、账号信息、产品信息、注册资料等，都是会影响判定账号关联的因素。想要进行多账号的操作一定要排除这些关联因素，保证每个账号彼此独立地在不同的网络环境、不同操作设备上操作。

（二）刷单、刷评论

亚马逊严厉打击严重扰乱市场秩序的恶意竞争，对于刷单、测评严惩不贷。如果曾经有过刷评、恶意刷差评、恶意跟卖等扰乱市场的行为，那么账户轻则被亚马逊删评限评，重则直接封号。随着亚马逊对于刷单而来的虚假评论打击力度不断加大，各位卖家要谨遵电子商务平台规则，以免账号被封。

（三）KYC审核不过关

KYC审核特别针对欧洲平台卖家。根据欧洲有关监管机构要求，亚马逊需要对欧洲平台（包括英国、法国、德国、西班牙、意大利等）上开店的卖家进行身份审核，即KYC审核。卖家只有在亚马逊欧洲验证团队审核通过后，才能在欧洲平台销售。如果欧洲站点的审核有一个站点不通过，那其他站点也会被关闭。

（四）侵权，违反销售政策

国外的产权意识很强，亚马逊也不断在加强知识产权的护城河，侵权是不被允许的，违反会被审核或受限。

因此，针对以上提到的一些常见的违规行为，请各卖家注意规避，以免账号被封造成不必要的经济损失。

二、账号申诉

对于亚马逊卖家来说，账号申诉是掌握账号生死的关键。在收到账号冻结、销售权限被移除的邮件之后，卖家如果还想要回此账号，就需要向亚马逊平台进行账号申诉。

（一）查找账户被冻结的真正原因

卖家在遇到账号受限时，一定要冷静分析通知邮件中的内容，分析清楚当前的情况，确认被移除销售权限的具体原因，然后根据通知中的提醒，准备申诉所需的资料，有针对性地书写申诉邮件，有针对性地一步步行动，账号被解除限制的概率才会大一些。

首先，卖家可以查看自己店铺的绩效指标数据，查看产品是否违反了Amazon销售政策，也可以查看一二星feedback记录或者是以往纠纷索赔事件等，找出具体原因并且认真分析。其次，弄清楚店铺被封原因后，要确认是因为账号表现问题还是违反亚马逊政策问题。在账号受限的通知中，亚马逊系统一般会告知卖家导致账号受限的真正原因，通知中可能没有详细地罗列具体内容，所以卖家需要根据通知的内容，结合账号的实际情况，进行深度和全面的分析，找到出现问题的原因。如果确实判定不了账号受限的原因，可以直接向亚马逊平台客服咨询。

（二）拟写申诉信内容

在进行账号申诉时，申诉邮件的内容、措辞的表达，以及改善方案的详尽与否等，都会影响亚马逊账号绩效审核团队的判定，影响到账号能否被解除限制。在申诉邮件中要阐明问题出现的原因，说清楚下一步的行动计划，并且表现出自己积极诚恳的态度，努力打动亚马逊账号绩效审核团队的成员，这样有利于账号快速解除限制。

一般申诉除了要提供必要的证据、授权、发票以外，最重要的还是提供一封专业有效的亚马逊行动计划（plan of action，POA）。申诉信（POA）邮件一般按照3部分5段式进行撰写，具体步骤如下。

（1）第一部分（第1段）：简述当前出现的问题，承认错误并诚恳道歉，然后写出自己（团队）的经验教训，过渡到将在以后运营中采取的改善方案。

（2）第二部分（第2～4段）：写出以后运营中的行动计划，三段内容分别围绕当前已出现问题的解决方案、当前问题可能引起的潜在问题的预防方案，以及在以后的运营中如何调整运营策略以避免影响买家体验和卖家绩效的问题再出现。在用词造句上要用诚恳的语言表达出改进的决心，改善方案要环环相扣、层层递进。

（3）第三部分（第5段）：在最后一段，要表达渴望收到回复和渴望账号被解除限制的迫切感，同时还要做出承诺，表达自己在以后的运营中一定会严格遵守平台规则，努力成长为一名优秀卖家的决心，态度一定要诚恳。

想让亚马逊账号绩效审核团队给一次重新获得销售权限的机会，行动计划必须有理有据、态度诚恳，得到审核团队成员的认可，才能获得解除限号的机会。

（三）申诉信（POA）撰写技巧及注意事项

1. 注意申诉时效

一般情况下，账号受限后，亚马逊系统会给卖家预留一个申诉期限。根据不同的受限原因，有最长不超过3天、9天和17天3种账号申诉期限，这就意味着卖家必须在申诉期限内申诉，否则就等于放弃申诉、弃置账号了。卖家要及时关注卖家中心角账号通知，就要及时查看通知的内容并进行回复。

2. 全面分析问题

只有直面事实，了解问题所在，才能有针对性地申诉，申诉的内容才会更有说服力。绩效表现差、ODR指标超标会导致账号受限，政策违规同样也是账号受限的原因。卖家需要重点关注政策问题，如果卖家收到政策警告，请不要责怪买家投诉。侵权投诉可能是自己的商品涉嫌侵犯其他权利人的商标、专利等情况，知识产权投诉可能是自己的商品存在版权侵权、商品描述复制别人的内容或图片盗图被投诉等情况。卖家要了解具体原因及问题并进行推进。

3. 包含所有产品的支持证据

请确保卖家为正在接受审核的所有产品或ASIN提交支持证据。卖家可以在原始通知底部找到产品列表。请务必检查文件请求的时间范围，有些文件要求卖家提供过去365天内的发票。在卖家的支持文件中突出显示区域，卖家可以圈出或突出显示文件中的最重要区域，如ASIN、供应商详情（例如名称和供应商网站）或卖家的条款和条件中的条款，从而使卖家的回复更具相关性。

4. 创建恢复销售权限的行动计划

卖家需要制定一个良好的行动计划。卖家在制定申诉的行动计划中，要在全面分析并找出问题所在的基础上，有针对性地说清楚将在今后的运营中进行哪些改善，确保“行动计划”包含所有导致账号冻结因素的具体处理方法，为所有问题提供说明。某些账户停用可能是由多种问题共同导致的（例如，负面反馈和未配送订单导致订单缺陷率高）。卖家必须针对行动计划中的每种根本原因提供准确回复。行动计划要具体，逻辑要清晰，针对性要强，语言要真诚，争取说服并打动亚马逊。

卖家申诉的行动计划内容务必要包含以下两大点。

（1）让亚马逊知道自己已经认识到了错误，并且清楚明确在销售或者产品管理中存在的某些特定的问题。

（2）说明自己会采取积极的态度并且拿出合适的方案和步骤去改进和避免出现的这些问题，提高用户体验。

注意：卖家的行动计划应真实、直接。专注于导致问题的事实和事件，而不是介绍卖家的产品、业务或买家。

5. 利用项目符号或数字

简单醒目，使用项目符号或数字代替段落来表达卖家知道问题出现的原因所在，以及卖家为纠正错误所采取的步骤，快速向亚马逊展示卖家对发生的事情以及卖家已经解决问题的总体把握。

6. 保持理智清晰，避免使用情绪化语言

在申诉邮件中，对于亚马逊邮件通知中没有提及的问题，卖家不要提及，也不要评论亚马逊的流程、亚马逊团队处理事情缓慢，也不要表达卖家对账号被冻结的负面情绪，不要包含有关账号审核流程或亚马逊的无关信息或评论，专注于展示卖家已经解决相关信息。

（四）账号被关后的避免行为

若卖家在收到账号被关的邮件以及在准备申诉信的过程中，出现了一些不正确的操作，就会错失账号申诉良机，造成一定的经济损失。各卖家在接到账号被关通知后，需要避免以下行为。

（1）放弃旧账号，重新开新账号。有些卖家在账号被关之后，使用部分或者全套店铺资料重新向亚马逊申请新的账号，不仅无法注册新账号，还会造成账号关联，降低了老账号申诉回来的概率。

（2）匆忙提交申诉信。申诉信并不是越早提交越好，卖家要重视每次申诉的机会，越到后面申诉成功的概率越低。卖家在申诉信中要向亚马逊充分表明对关店行为已经有了更充分的认识。

（3）提交虚假资料。在一些关店的邮件中，亚马逊会明确要求卖家提供资料，例如发票、授权书、公司执照、公证书等。提供虚假资料或者是不符合亚马逊要求的资料，是无法通过审核的，也无法申诉成功。

（4）将原因推到竞争对手身上。卖家的店铺被关有可能是竞争对手采取试买、恶意投诉、恶意下单等手段导致的。这种情况下，除非卖家能提供非常有力的证据，或者能证明自己的亚马逊业务完全合规，再尝试将原因归结于竞争对手。否则，只能直面问题，找出原因，好好准备申诉信。

（5）亚马逊关店是有自己的判断标准和触发机制的，卖家不要妄议和评论亚马逊相关流程。在收到账号冻结、销售权限被移除的邮件之后，各位卖家需要静下心来，反思自己运营中的每个细节，并且需要特别注意规避上面提到的一些违规行为，还要密切关注Amazon所有最新的政策，以亚马逊的高标准来运营业务，改善自己的运营方法，提交一份有理有据的申诉信，相信亚马逊也会让卖家继续在平台上销售。

（五）账号被关后的避免行为申诉提交与跟进

申诉邮件写好后，登录卖家账户后台，卖家在受限通知下面的申诉处可直接提交或单击账号绩效（performance）按钮中的业绩通知（performance notifications），找到关于卖家销售权限被移除的告知邮件，打开邮件，单击“Appeal”的申诉按钮，单击申诉（appeal decision）按钮，把卖家的行动计划写入，单击提交（submit），把卖家申诉的内容发给亚马逊审核团队进行评估，审核团队会根据卖家提供的申诉内容以及这次销售权限被移除的严重程度来决定是否恢复卖家的亚马逊账户卖家权限。

之后要时刻关注Email回复和后台通知。亚马逊内部有一个审核的标准操作程序（standard operating procedure，SOP）机制，如果行动计划得到了亚马逊账号绩效审核团队的认可，很快就会收到账号被解除限制的通知。一般来说亚马逊会在收到申诉内容48小时之内查看、评估、决定，然后把最后的结果发送给卖家。但如果行动计划不够详细、缺少说服力，亚马逊账号绩效团队回复说需要补充更详细的行动计划，这时就需要对行动计划做进一步的改进、补充和完善，然后重新提交。一般情况下，情节不是特别严重的（三番五次侵权或其他违规行为），亚马逊不会过于刁难。

注意：申诉信的撰写，前三次机会非常宝贵，第一封邮件尤为重要，在逻辑不清或材料不足的情况下不要尝试无效沟通，否则会造成问题升级。

不同的卖家店铺，被封的原因各不一样，解决方案也不一样。有以下几个案例。

1. 过高的订单缺陷率导致账号被封

例如：买家投诉产品实物与描述不符。

解决方案：主动移除不真实的图片以及产品详情不够真实的SKU。

在申诉方案中需要提到，自己已经意识到哪些具体类目的SKU、图片和文字描述确实不够完整，没有给客户提供完整的产品信息。在改进方案中可以承诺，自己已经重新拍摄了产品图片，并对产品的重量、尺寸等参数重新核对，保证上架的产品使用的是真实标准的图片和更加详细真实的描述，并确保解决了有损坏或缺陷的库存产品。在提交申诉方案的同时，也要落地实施改进的方案，并且联系留有差评的买家尝试改善评价。

2. 发货延迟率过高导致账号被封

例如：买家投诉付了款后迟迟不发货。

解决方案：需要核查已付款的订单，确认订单情况。

在申诉方案中，需要认识到自己设置的预计发货时间太短，不符合实际操作，对于造成买家提醒发货的行为表示愧疚。然后在改进方案中，需要提到自己会在“OFFER”里的“Handing Time”选项里面修改预计发货天数，日后将严格控制自己的发货时间，并且在发货之后第一时间通知买家。

3. 有效追踪率过低导致账号被封

例如：买家投诉卖家提供的快递单号无法有效追踪包裹。

解决方案：需要重新找到买家投诉的订单单号，可能会发现国际物流公司提供单号无法追踪信息。

在处理方案中，要明确提到，因为国际物流公司运转效率降低的客观原因，导致买家无法追踪到物流信息，表明已主动联系国际物流公司跟踪最新情况，确保客户会在预计时间内收到产品。在改进方案中，提及将会选择使用FBA发货或者与物流服务更好的国际物流公司合作，提升用户购物体验。

4. 违反亚马逊关于禁售商品的政策导致账户被封

例如：销售亚马逊明令禁止的种子、刀、药物、一次性食用餐具、图书杂志等商品。

解决方案：重新学习了解亚马逊关于禁售商品方面的政策并会严格遵守。要让亚马逊感受到卖家已经改正错误并且会严格遵守亚马逊关于禁售商品的政策。

如果卖家是新手，一定要在邮件中表明自己是新手，刚开店对亚马逊政策了解不够，但在收到封账户邮件通知后，已经重新学习、了解亚马逊关于禁售商品方面的政策，并且重新审查店铺中上架的产品，保证已经删除了禁售的listing（可以具体到删除的是哪个类目的产品、具体数量是多少）。

三、账号安全与审核

（一）账号安全

亚马逊规定，一个卖家主体只能拥有一个亚马逊账号。对于亚马逊卖家来说，账号安全问题中最值得关注的莫过于账号关联了。账号关联即亚马逊通过技术手段或者各种交易数据的检测和核对，匹配关联因素后，发现一个卖家主体拥有两个及以上的同站点亚马逊账号，就会被判定为关

账号安全与审核

联，亚马逊会对关联账号做出处罚。

账号关联的判定是基于多个因素的综合判定，单一因素可能并不会直接导致被判定关联，但多个因素的高度相似性，必然会导致被判定为关联账号。如果被亚马逊检测出关联，封停账号的可能性极大。

亚马逊全球开店服务，支持一账号开通多个站点店铺，这种情况不会被判定为关联。

1. 账号关联因素

（1）电脑：主要指硬盘信息，卖家最好使用独立的电脑运营独立的账号。

（2）网络：主要指外网IP地址，有些卖家会采用VPN或浏览器插件，稍不注意，网络代理掉线，多账号同时在一个IP上登录容易造成关联。

（3）网卡MAC地址：部分卖家基于成本的考虑，在一个账号被关后，可能将电脑格式化，重装系统后继续登入新的账号，在电脑网卡是集成的、没有禁用网卡或者更换新的网卡的情况下，容易造成账号关联。

（4）路由器：路由器中物理地址很容易被亚马逊系统记录而导致账号关联。

（5）浏览器记录（浏览器指纹）：包括电脑设备系统、分辨率、系统时区、浏览器插件、操作版本、打字方式、打字速度、系统字体、网络通信协议、Cookies、亚马逊邮件Flash、Java script等方面。如果在这些方面相似度很高，也会被判定为关联。

（6）账户信息：注册人姓名、信用卡持卡人姓名、收款账号信息、公司信息邮箱地址、电话号码、密码等，尽可能都要不同，无规律可循。

（7）店铺产品信息（产品相似度）：店铺之间产品重复率最好不要超过30%。

2. 账号关联防范措施

如果被判定为关联，要么强制下架listing，账号可能会存活下来；要么就是直接关闭账号，无申诉可能性，店铺资金全部被冻结。

（1）账号关联的后果：关闭其中一个或多个账号，保留一个；关闭所有账号。

（2）避免账号关联，需要卖家做到以下几点：保证IP、路由器、网卡、系统、电脑只登录过一个账号。使用新的注册信息来注册新的账号，而且多个账号之间不能使用相同的税号信息和收款账号。各店铺之间的产品信息尽量不要重复。如果有重复，重复信息不要超过30%。尽量做到通过浏览器传输给亚马逊的数据都是不一样的。

（二）账号审核

跨境电子商务市场发展渐趋成熟，各大跨境电子商务平台的政策规则日趋完善，卖家账号安全问题影响业务的拓展，是卖家的核心关切，各大跨境电子商务平台不断推出新举措来保障卖家合规运营。为进一步保障买家和卖家的正当权益。以亚马逊账号注册为例，亚马逊针对北美和日本的账号注册，通过二审来验证申请资料；针对欧洲站，会以KYC来审核卖家的资质。

1. 账号二审

跨境电子商务平台一般需要对账户注册资料进行审核。以亚马逊平台为例，平台账号审核主要分为亚马逊一审和亚马逊二审。

亚马逊一审是指卖家刚注册亚马逊时的审核，审核法定代表人身份证和执照等信息，换句话说亚马逊一审就是审核注册销售权限的。

亚马逊二审在内部全称是bad actor prevention（BAP），其实就是亚马逊对法定代表人、公司主体、营业场所之间真实性关系的审核，针对一些关联存疑、资料存疑、合规性存疑的账号，进行进一步审核验证的一轮审核。

二审阶段是由对应站点的亚马逊审核团队审核，一般是采用机器加人工相结合的方法进行工作的，所以有时候会出现提交同一份材料上去，审核的结果存在差异，建议卖家理性看待亚马逊二审。

对账户注册资料进行二次审核，不一定发生，不同站点不同时期二审触发概率不同。若触发二审，需提交近三个月内水费、电费、煤气、固定电话和网络宽带中的任意一种账单。账单需要公共事业单位开具，体现户名是法定代表人名或是公司营业执照名，地址是营业执照注册地址或是实际办公地址。若触发二审，没有特殊的应对技巧，提供的账单尽可能符合亚马逊对账单的要求，资料真实有效（图8-1）。

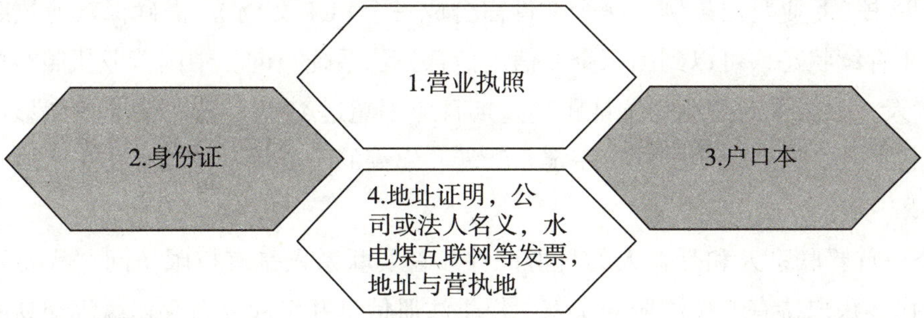

图8-1　二审审核资料

2. 欧洲KYC审核

KYC审核是亚马逊对在欧洲站开店卖家的资质审核。根据欧洲监管机构的有关要求，亚马逊需要对在包括英国、法国、德国、西班牙、意大利等欧洲国家开店的卖家进行身份核实。只有通过了资质审核才可以在欧洲站长期销售，是对账户持有人的强化审查。

KYC仅限于欧洲站点，有别于其他站点二审，必然发生。

（1）欧洲站的KYC审核触发条件

① 被动触发。根据注册信息不同，卖家触发审核的时间将有所区别。有的在账号注册下来后的24小时内，就会收到审核的邮件通知；有的当店铺累计销售额大于5000欧元时，才会收到一个审核通知，在销售额大于15000欧元时，还未提交审核材料或材料提交

有误，店铺就会面临封号。

② 主动触发。在账号注册下来后的24小时内没有触发KYC审核，这个时候可以自主联系亚马逊审核团队或者招商经理主动提出进行KYC审核。

（2）KYC审核资料

KYC审核所需资料如下（图8-2）。

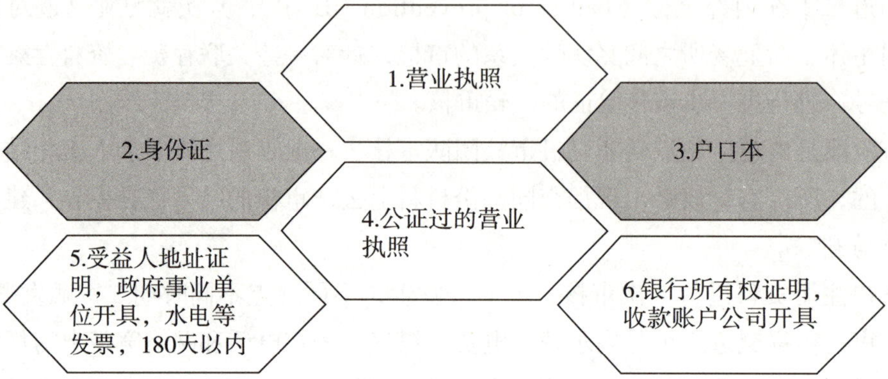

图8-2　亚马逊欧洲KYC审核资料

① 公司营业执照。中国公司要求提供营业执照正本/副本；中国香港公司要求提供公司注册证明书+商业登记条例（两个文件需合成一个PDF文档）。需确保营业执照上登记的公司处于存续状态，可以到国家企业信用信息公示系统查询。中国营业执照距离过期日应超过45天；中国香港商业登记证距离过期日应不超过45天。公司营业执照彩色扫描件或清晰彩色照片。营业执照的红章一定要清晰，模糊的不要用，建议上传正本或电子版的营业执照。

② 公司首要联系人和受益人的身份证件。首要联系人是有权限访问“我要开店”付款账户、代表账户持有人（注册的卖家）提供注册信息并发起支付和退款等交易的人。受益所有人是在公司通过直接或间接拥有股份等于或超过25%的自然人或法定代表人。

材料要求护照扫描件或身份证正反面彩色扫描件加户口本本人信息页。需确保身份证上的姓名必须与营业执照上法定代表人的姓名完全一致，并与注册的亚马逊账户上的姓名完全匹配。身份证必须在有效期内，由中国出具。

③ 公司首要联系人和受益人个人费用账单。亚马逊可以接受由当地政府部门签发的有效居留许可证或手机缴费增值税发票、公共事业账单或收据（天然气、水、电、电视、互联网、手机或固话）、主要联系人经银行盖章认证的个人账户综合信息查询凭证扫描件、银行卡/信用卡对账单或账单、房产或物业管理公司提供的账单等任何一种文件。如果该账单是在配偶名下，需同时提交结婚证复印件；如果账单是在公司房东名下，需提交正规的房产或物业管理公司的房屋租赁合同来证明，亚马逊不接受私人房东的租赁合同。

材料要求在180天内开具证明/文件，文件需要带有相关人员真实姓名、居住地址和签发日期的地址证明文件，文件可以是原件照片或彩色扫描件，不能是屏幕截图。提供的文件需要确保使用的是支持的语言（如简体中文或英文），文件上的姓名和地址必须与在卖家平台中的姓名和地址一致。

④ 银行账户所有人证明。亚马逊接受银行对账单、银行资信证明、支付服务提供商（第三方收款公司）提供的账户对账单里的任何一种文件。材料要求在180天内开具证明/文件，文件带有公司名称和银行账号，也带有银行业务验证码的印章以及银行的名称或徽标，不接受屏幕截图。

⑤ 公司章程。材料要求注册公司的最新版完整的公司章程，要求能准确体现全部股东姓名和股份分配的文件，需要所有受益人签字，加盖公司公章。

⑥ 授权函。对于首要联系人非公司法定代表人或者受益人的情况，亚马逊会要求卖家提供一份由公司法定代表人授权首要联系人实际运营该账户的授权函。材料要求在有公司抬头的公司专用纸张上，按照提供的范例撰写，由法定代表人签名，公司盖章，体现签署日期，没有时间限制或终止日期。

（3）KYC审核注意事项

个人卖家无法通过欧洲站资质审核。在提交审核之前，要注意材料的一致性以及证件的有效期。务必要真实地填写公司和个人信息，并上传真实的材料。任何错填信息、伪造单据、篡改材料的行为都将无法通过审核，严重可导致账户将永久封号。

涉及公司的名字全部使用汉语拼音，以保证准确性。中国香港公司按照注册证书上的公司英文名称填写，千万不要自己翻译一个类似中文发音的英文名，亚马逊不会认可。

务必一次性交齐全部审核材料及信息。当上传完所有需要的材料信息后，再单击身份信息页面上的提交按钮，否则需要等待亚马逊审核过后，才能上传其余文档。

KYC一般会有时效要求。建议卖家最好是在开始申请账号时就备齐KYC审核所需的全部资料。KYC以卖家账户收到的审核团队通知邮件中的提交时间要求为准，如果通知邮件中未提及时间限制，则文件准备好后提交即可。一般来说，越早提供审核越容易，建议尽早提交，以免影响账户审核。VAT一经注册可以增加KYC审核的通过率。

项目工单

学习完本项目的内容后，认真完成表8–2的项目工单。

表8–2 项目工单

跨境电子商务平台账号安全管理实践	
实践任务	维护跨境电子商务平台账号安全
实践目标	1. 理解跨境电子商务平台账号的风险点； 2. 掌握跨境电子商务平台账号的安全管理策略； 3. 提高学生在跨境电子商务平台上的账号运营能力和风险防范意识

续表

实践步骤	1. 收集跨境电子商务平台规则和政策，阅读并理解相关规定； 2. 分析实际案例，识别账号风险点； 3. 制定跨境电子商务平台账号安全管理策略； 4. 搭建安全网络环境，实施账号隔离措施； 5. 进行账号操作，确保合规性； 6. 定期检查账号安全，更新安全措施
实践提示	1. 在实践过程中，务必遵守跨境电子商务平台的规则和政策，避免触发风控系统； 2. 使用专为跨境电子商务设计的浏览器时，确保为每个账号设定独立的浏览器指纹； 3. 在维护账号隔离时，注意避免使用相同的 IP 地址、设备信息和银行账户等可能导致关联的因素； 4. 定期检查账号安全，关注平台的风控政策更新，及时调整安全管理策略； 5. 在实践过程中，保持警惕，避免泄露个人敏感信息和账号信息
实践总结	

实践评价

完成以上实践后，认真完成表 8-3 的实践评价。

表 8-3　实践评价

评价内容	分值	得分
参与实践的积极性、主动性	25	
独立思考能力	25	
创新能力	25	
对账号安全风险的掌握程度	25	
教师点评：		

项目小结

跨境电子商务平台账号的绩效直接关乎卖家信誉和盈利能力，其绩效指标不仅反映了经营水平，更影响商品曝光与买家信任度。各平台对账号绩效的要求不尽相同，但核心均在于维护交易公平与买家体验。

在账号风险把控上，卖家需时刻关注账户状况，及时应对潜在风险，确保账号安全。一旦遭遇账号安全风险，如误封或投诉，卖家应迅速进行账号申诉，提供有力证据，争取权益。

跨境电子商务平台账号的风险与安全管理至关重要，卖家需全面把握绩效与风险，确保账号稳健运营。

思考练习

1. 简述跨境电子商务平台账号绩效的重要性，并举例说明卖家如何根据绩效指标调整店铺运营。

2. 亚马逊卖家在运营过程中需要注意哪些常见的违规行为，以避免账号被封或销售权被移除?

参 考 文 献

[1]《跨境电子商务平台运营实务》编写组．跨境电子商务平台运营实务[M]．北京：经济科学出版社，2023.

[2] 龚文龙，王宇佳．跨境电子商务实务[M]．杭州：浙江大学出版社，2022.

[3] 刘春生．跨境电子商务实务[M]．北京：中国人民大学出版社，2022.

[4] 张南雪．跨境电商运营实务[M]．北京：人民邮电出版社，2022.

[5] 陈岩，李飞．跨境电子商务[M]．北京：清华大学出版社，2023.

[6] 纵雨果．跨境电商新时代[M]．北京：电子工业出版社，2024.

[7] 贾如春，向琼英，李晓林．跨境电子商务运营实战[M]．北京：清华大学出版社，2023.

[8] 刘瑶．跨境电子商务运营（微课版）[M]．北京：人民邮电出版社，2024.

[9] 刘钧炎．跨境电子商务基础[M]．北京：电子工业出版社，2023.

[10] 伍蓓，谢甜．跨境电子商务基础[M]．北京：人民邮电出版社，2023.

[11] 梁娟娟，段静毅，林少华．跨境电商运营实务[M]．北京：电子工业出版社，2023.